铁路改革研究丛书

铁路监管体制研究

左大杰 等 著

西南交通大学出版社

·成 都·

图书在版编目（ＣＩＰ）数据

铁路监管体制研究 / 左大杰等著. —成都：西南
交通大学出版社，2020.6
（铁路改革研究丛书）
ISBN 978-7-5643-7440-2

Ⅰ. ①铁… Ⅱ. ①左… Ⅲ. ①铁路运输 – 监管体制 –
研究 – 中国 Ⅳ. ①F532.6

中国版本图书馆 CIP 数据核字（2020）第 096533 号

铁路改革研究丛书
Tielu Jianguan Tizhi Yanjiu
铁路监管体制研究
左大杰 等 著

责 任 编 辑　　　李　伟
封 面 设 计　　　曹天擎

出 版 发 行　　　西南交通大学出版社
　　　　　　　　（四川省成都市金牛区二环路北一段 111 号
　　　　　　　　西南交通大学创新大厦 21 楼）
发行部电话　　　028-87600564　028-87600533
邮 政 编 码　　　610031
网　　　址　　　http://www.xnjdcbs.com
印　　　刷　　　四川煤田地质制图印刷厂
成 品 尺 寸　　　170 mm × 230 mm
印　　　张　　　15.25
字　　　数　　　225 千
版　　　次　　　2020 年 6 月第 1 版
印　　　次　　　2020 年 6 月第 1 次
书　　　号　　　ISBN 978-7-5643-7440-2
定　　　价　　　99.00 元

总 序

　　我国铁路改革始于 20 世纪 70 年代末。在过去的 40 多年里，铁路的数次改革均因铁路自身的发展不足或改革的复杂性而搁置，铁路改革已大大滞后于国家的整体改革和其他行业改革，因而铁路常被称为"计划经济最后的堡垒"。2013 年 3 月，国家铁路局和中国铁路总公司①（以下简称铁总）分别成立，我国铁路实现了政企分开，铁路管理体制改革再一次成为行业研究的热点。

　　以中国共产党第十八届中央委员会第三次全体会议（简称中共十八届三中全会）为标志，全面深化铁路改革已经站在新的历史起点上。在新的时代背景下，全面深化铁路改革，必须充分考虑当前我国的国情、路情及铁路行业发展中新的关键问题，并探索解决这些关键问题的方法。经过较长时间的调研与思考，作者认为当前深化铁路改革必须解决如下 12 个关键问题。

　　第一，铁路国家所有权政策问题。国家所有权政策是指有关国家出资和资本运作的公共政策，是国家作为国有资产所有者要实现的总体目标，以及国有企业为实现这些总体目标而制定的实施战略。目前，如何处理国家与铁路之间的关系，如何明确国有经济在铁路行业的功能定位与布局，以及国有经济如何在铁路领域发挥作用，是全面深化铁路改革在理论层面的首要关键问题。

　　第二，铁路网运关系问题。铁路网运合一、高度融合的经营管理体制，是阻碍社会资本投资铁路的"玻璃门"，也是铁路混合所有制难以推进、公益性补偿机制难以形成制度性安排的根源，因而是深化铁路改革难以逾越的体制性障碍。如何优化铁路网运关系，是全面深化

---

① 2019 年 6 月 18 日，中国铁路总公司正式改制挂牌成立中国国家铁路集团有限公司。

铁路改革在实践层面的首要关键问题。

第三，铁路现代企业制度问题。中共十八届三中全会明确提出，必须适应市场化、国际化的新形势，进一步深化国有企业改革，推动国有企业完善现代企业制度。我国铁路除了工程、装备领域企业之外，铁总及所属 18 个铁路局[①]、3 个专业运输公司绝大多数均尚未建立起完善且规范的现代企业制度，公司制、股份制在运输主业企业中还不够普及。

第四，铁路混合所有制问题。发展铁路混合所有制不仅可以提高铁路国有企业的控制力和影响力，还能够提升铁路企业的竞争力。当前[②]我国铁路运输主业仅有 3 家企业（分别依托 3 个上市公司作为平台）具有混合所有制的特点，铁总及其所属企业国有资本均保持较高比例甚至达到 100%，铁路国有资本总体影响力与控制力极弱。

第五，铁路投融资体制问题。"铁路投资再靠国家单打独斗和行政方式推进走不动了，非改不可。投融资体制改革是铁路改革的关键，要依法探索如何吸引社会资本参与。"[③]虽然目前从国家、各部委到地方都出台了一系列鼓励社会资本投资铁路的政策，但是效果远不及预期，铁路基建资金来源仍然比较单一，阻碍社会资本进入铁路领域的"玻璃门"依然存在。

第六，铁路债务处置问题。铁总在政企分开后承接了原铁道部的资产与债务，这些巨额债务长期阻碍着铁路的改革与发展。2016 年，铁总负债已达 4.72 万亿元（较上年增长 15%），当年还本付息就达到 6 203 亿元（较上年增长 83%）；随着《中长期铁路网规划（2016—2030）》（发改基础〔2016〕1536 号）的不断推进，如果铁路投融资体制改革不能取得实质性突破，铁路债务总体规模将加速扩大，铁路债务风险将逐步累积。

---

① 2017 年 7 月"铁路改革研究丛书"第一批两本书出版时，18 个铁路局尚未改制为集团有限公司，为保持丛书总序主要观点一致，此次修订仍然保留了原文的表述方式（类似情况在丛书总序中还有数处）。

② 此处是指 2017 年 7 月"铁路改革研究丛书"第一批两本书出版的时间。截至本丛书总序此次修订时，铁路混合所有制已经取得了积极进展，但是铁路国有资本总体影响力与控制力仍然较弱。

③ 2014 年 8 月 22 日，国务院总理李克强到中国铁路总公司考察时做出上述指示。

第七，铁路运输定价机制问题。目前，铁路运输定价、调价机制还比较僵化，适应市场的能力还比较欠缺，诸多问题导致铁路具有明显技术优势的中长途以及大宗货物运输需求逐渐向公路运输转移。建立科学合理、随着市场动态调整的铁路运价机制，对促进交通运输供给侧结构性改革、促进各种运输方式合理分工具有重要意义。

第八，铁路公益性补偿问题。我国修建了一定数量的公益性铁路，国家铁路企业承担着大量的公益性运输。当前铁路公益性补偿机制存在制度设计缺失、补偿对象不明确、补偿方式不完善、补偿效果不明显、监督机制缺乏等诸多问题。公益性补偿机制设计应从公益性补偿原理、补偿主体和对象、补偿标准、保障机制等方面入手，形成一个系统的制度性政策。

第九，铁路企业运行机制问题。目前，国家铁路企业运行机制仍受制于铁总、铁路局两级法人管理体制，在前述问题得到有效解决之前，铁路企业运行的有效性和市场化不足。而且，铁总和各铁路局目前均为全民所有制企业，实行总经理（局长）负责制，缺少现代企业制度下分工明确、有效制衡的企业治理结构，决策与执行的科学性有待进一步提高。

第十，铁路监管体制问题。铁路行业已于 2013 年 3 月实现了政企分开，但目前在市场准入、运输安全、服务质量、出资人制度、国有资产保值/增值等方面的监管还比较薄弱，存在监管能力不足、监管职能分散等问题，适应政企分开新形势的铁路监管体制尚未形成。

第十一，铁路改革保障机制问题。全面深化铁路改革涉及经济社会各方面的利益，仅依靠行政命令等形式推进并不可取。只有在顶层设计、法律法规、技术支撑、人力资源以及社会舆论等保障层面形成合力，完善铁路改革工作保障机制，才能推进各阶段工作的有序进行。目前，铁路改革的组织领导保障、法律法规保障、技术支撑保障、人力资源保障、社会舆论环境等方面没有形成合力，个别方面还十分薄弱。

第十二，铁路改革目标路径问题。中共十八届三中全会以来，电力、通信、油气等关键领域改革已取得重大突破，但关于铁路改革的顶层设计尚未形成或公布。个别非官方的改革方案对我国国情与铁路的实际情况缺乏全面考虑，并对广大铁路干部职工造成了较大困扰。

"十三五"是全面深化铁路改革的关键时期，当前亟须结合我国铁路实际研讨并确定铁路改革的目标与路径。

基于上述对铁路改革发展 12 个关键问题的认识，作者经过广泛调研并根据党和国家有关政策，初步形成了一系列研究成果，定名为"铁路改革研究丛书"，主要包括 12 本专题和 3 本总论。

（1）《铁路国家所有权政策研究》：铁路国家所有权政策问题是全面深化铁路改革在理论层面的首要关键问题。本书归纳了国外典型行业的国家所有权政策的实践经验及启示，论述了我国深化国有企业改革过程中在国家所有权政策方面的探索，首先阐述了铁路国家所有权政策的基本概念、主要特征和内容，然后阐述了铁路的国家所有权总体政策，并分别阐述了铁路工程、装备、路网、运营、资本等领域的国家所有权具体政策。

（2）《铁路网运关系调整研究》：铁路网运关系调整是全面深化铁路改革在实践层面的首要关键问题。本书全面回顾了国内外网络型自然垄断企业改革的成功经验（特别是与铁路系统相似度极高的通信、电力等行业的改革经验），提出了"路网宜统、运营宜分、统分结合、网运分离"的网运关系调整方案，并建议网运关系调整应坚持以"顶层设计+自下而上"的路径进行。

（3）《铁路现代企业制度研究》：在现代企业制度基本理论的基础上，结合国外铁路现代企业制度建设的相关经验和国内相关行业的各项实践及其启示，立足于我国铁路建立现代企业制度的现状，通过理论研究与实践分析相结合的方法，提出我国铁路现代企业制度建设的总体思路和实施路径，包括铁总改制阶段、网运关系调整阶段的现代企业制度建设以及现代企业制度的进一步完善等实施路径。

（4）《铁路混合所有制研究》：我国国家铁路企业所有制形式较为单一，亟须通过混合所有制改革扩大国有资本控制力，扩大社会资本投资铁路的比例，但是网运合一、高度融合的体制是阻碍铁路混合所有制改革的"玻璃门"。前期铁路网运关系的调整与现代企业制度的建立为铁路混合所有制改革创造了有利条件。在归纳分析混合所有制政策演进以及企业实践的基础上，阐述了我国铁路混合所有制改革的总体思路、实施路径、配套措施与保障机制。

（5）《铁路投融资体制研究》：以铁路投融资体制及其改革为研究对象，探讨全面深化铁路投融资体制改革的对策与措施。在分析我国铁路投融资体制改革背景与目标的基础上，借鉴了其他行业投融资改革实践经验，认为铁路产业特点与网运合一体制是阻碍社会资本投资铁路的主要原因。本书研究了投资决策过程、投资责任承担和资金筹集方式等一系列铁路投融资制度，并从投融资体制改革的系统性原则、铁路网运关系调整（基于统分结合的网运分离）、铁路现代企业制度的建立、铁路混合所有制的建立等方面提出了深化铁路投融资体制改革的对策与措施。

（6）《铁路债务处置研究》：在分析国内外相关企业债务处置方式的基础上，根据中共十八大以来党和国家国有企业改革的有关政策，提出应兼顾国家、企业利益，采用"债务减免""债转资本金""债转股""产权（股权）流转"等措施合理处置铁路巨额债务，并结合我国国情、路情以及相关政策，通过理论研究和实践分析，提出了我国铁路债务处置的思路与实施条件。

（7）《铁路运输定价机制研究》：在铁路运价原理的基础上阐述价值规律、市场、政府在铁路运价形成过程中的作用，阐述了成本定价、竞争定价、需求定价3种方式及其适用范围，研究提出了针对具有公益性特征的路网公司采用成本导向定价，具有商业性特征的运营公司采用竞争导向定价的运价改革思路。

（8）《铁路公益性补偿机制研究》：分析了当前我国铁路公益性面临补贴对象不明确、补贴标准不透明、制度性安排欠缺等问题，认为公益性补偿机制设计应从公益性补偿原理、补偿主体和对象、补偿标准、保障机制等方面形成一个系统的制度性政策，并从上述多个层面探讨了我国铁路公益性补偿机制建立的思路和措施。

（9）《铁路企业运行机制研究》：国家铁路企业运行机制仍受制于铁总、铁路局两级法人管理体制，企业内部缺乏分工明确、有效制衡的企业治理结构。在归纳分析国外铁路企业与我国典型网络型自然垄断企业运行机制的基础上，提出了以下建议：通过网运关系调整使铁总"瘦身"成为路网公司；通过运营业务公司化，充分发挥运输市场竞争主体、网运关系调整推动力量和资本市场融资平台三大职能；通过进一步规范公司治理和加大改革力度做强、做优铁路工程与装备行业；从日益壮大的国有资本与国有经济中获得资金或资本，建立铁路国有资本投资运营公司，以铁路国资改革促进铁路国企改革。

（10）《铁路监管体制研究》：通过分析我国铁路监管体制现状及存在的问题，结合政府监管基础理论及国内外相关行业监管体制演变历程与经验，提出我国铁路行业监管体制改革的总体目标、原则及基本思路，并根据监管体制设置的一般模式，对我国铁路监管机构设置、职能配置及保障机制等关键问题进行了深入分析，以期为我国铁路改革提供一定的参考。

（11）《铁路改革保障机制研究》：在分析我国铁路改革的背景及目标的基础上，从铁路改革的顶层设计、法律保障、政策保障、人才保障和其他保障等方面，分别阐述其现状及存在的问题，并借鉴其他行业改革保障机制实践经验，结合国外铁路改革保障机制的实践与启示，通过理论研究和分析，提出了完善我国铁路改革保障机制的建议，以保证我国铁路改革相关工作有序推进和持续进行。

（12）《铁路改革目标与路径研究》：根据党和国家关于国企改革的一系列政策，首先提出了铁路改革的基本原则（根本性原则、系统性原则、差异性原则、渐进性原则、持续性原则），然后提出了我国铁路改革的目标和"六步走"的全面深化铁路改革路径，并对"区域分割""网运分离""综合改革"3个方案进行了比选，最后从顶层设计、法律保障、人才支撑等方面论述了铁路改革目标路径的保障机制。

在12个专题的基础上，作者考虑到部分读者的时间和精力有限，将全面深化铁路改革的主要观点和建议进行了归纳和提炼，撰写了3本总论性质的读本：《全面深化铁路改革研究：总论》《全面深化铁路改革研究：N问N答》《全面深化铁路改革研究：总体构想与实施路线》。其中，《全面深化铁路改革：N问N答》一书采用一问一答的形式，对铁路改革中的一些典型问题进行了阐述和分析，方便读者阅读。

本丛书的主要观点和建议，均为作者根据党和国家有关政策并结合铁路实际展开独立研究而形成的个人观点，不代表任何机构或任何单位的意见。

　　感谢西南交通大学交通运输与物流学院为丛书研究提供的良好学术环境。丛书的部分研究成果获得西南交通大学"中央高校基本科研业务费科技创新项目"（26816WCX01）的资助。本丛书中《铁路投融资体制研究》《铁路债务处置研究》两本书由西南交通大学中国高铁发展战略研究中心资助出版（2017年），《铁路国家所有权政策研究》（2682018WHQ01）（2018年）、《铁路现代企业制度研究》（2682018WHQ10）（2019年）两本书由西南交通大学"中央高校基本科研业务费文科科研项目"后期资助项目资助出版。感谢中国发展出版社宋小凤女士、西南交通大学出版社诸位编辑在本丛书出版过程中给予的大力支持和付出的辛勤劳动。

　　本丛书以铁路运输领域理论工作者、政策研究人员、政府部门和铁路运输企业相关人士为主要读者对象，旨在为我国全面深化铁路改革提供参考，同时也可供其他感兴趣的广大读者参阅。

　　总体来说，本丛书涉及面广，政策性极强，实践价值高，写作难度很大。但是，考虑到当前铁路改革发展形势，迫切需要出版全面深化铁路改革系列丛书以表达作者的想法与建议。限于作者知识结构水平以及我国铁路改革本身的复杂性，本丛书难免有尚待探讨与诸多不足之处，恳请各位同行专家、学者批评指正（意见或建议请通过微信/QQ：54267550发送给作者），以便再版时修正。

左大杰

西南交通大学

2019 年 3 月 1 日

前言

在全面深化铁路改革的背景之下，不断完善我国铁路监管体制对保障我国铁路深化改革和良性发展具有重要意义。我国铁路行业监管体制改革存在缺乏顶层设计，法律保障较为滞后，专业监管机构的监管职能不足，监管的独立性较难保证，缺乏监管评估、问责等保障机制，分类监管体系尚未确立等问题，与当前铁路改革发展要求不相适应，铁路监管体制改革已经成为全面深化铁路改革的关键问题之一。

本书立足我国基本国情及路情，以期为我国铁路监管体制提供改革思路，主要内容如下。

第1章：绪论。纵观我国铁路监管体制的发展历史，主要经历了计划经济体制阶段、体制改革和政企分开的初步阶段以及当前体制改革深化阶段。从我国铁路监管体制现状来看，我国铁路仍存在着监管职能履行缺乏法律保障、专业监管机构的监管职能不足、各监管部门有效协调不足、监管的独立性较难保证、缺乏单独的问责监督体制、分类监管体系尚未确立等问题。因此，我国后续的铁路体制改革和机制转换仍然任重而道远。本章最后在现有文献研究的基础上，结合我国铁路实际，提出了本书的研究内容及研究方法。

第2章：我国监管基础理论。在阐述政府监管内涵的基础上，本书介绍了自然垄断理论、可竞争市场理论及政府失灵理论三种基本的政府监管基础理论，并简要介绍了第三方监管的含义，结合我国当前实际情况，提出第三方监管的必要性。本章为我国铁路监管体制的改革提供了理论基础。

第3章：我国铁路监管体制的现状分析。本章主要内容包括：（1）总结了我国铁路监管的现状，并从铁路的分类、主要业务、性质、管理体制、技术特征及经济特征等方面，分别阐述了我国铁路行业的特殊性；（2）以经济学角度，从铁路公共性、外部性及自然垄断性三方面，阐述了铁路行业政府监管的必要性；（3）分析了我国铁路行业监管的内容以及我国铁路行业监管存在的问题。

第4章：国外铁路监管体制改革实践与启示。分析国外铁路监管体制改革实践，总结国外铁路监管机构的组织设置形式、监管机构的组建方式及共性启示。本章旨在通过借鉴国外铁路监管体制改革所取得的成功经验，以期为我国铁路的监管体制改革提供借鉴。

第5章：国内典型行业监管体制改革实践与启示。本章针对我国主要典型行业中的交通运输行业（除铁路）、能源行业、电信行业、金融行业等领域的监管体制改革进行"盘点"，并概括上述典型行业监管体制改革的启示。本章介绍的我国主要典型行业监管体制改革实践，虽然行业特性与铁路不同，但纵观其监管改革历程都取得了不同程度的成绩，有可取相通之处，并值得我国铁路监管体制改革借鉴。

第6章：我国铁路行业监管体制改革的总体构想。本章是本书的核心内容，前面五章为本章提供了理论基础与经验借鉴。本书立足我国实际，提出铁路监管体制改革总体目标、主要原则及基本思路，根据我国铁路监管的内容、监管体制设置的一般模式，提出了我国铁路监管机构设置的构想及权力配置建议，再按照分类监管的思路，提出铁路工程、装备、路网、运营和资本五大领域分类监管构想。

第7章：我国铁路监管体制的保障机制。考虑到启动铁路监管体制改革首先需要坚实的顶层设计为其开山辟路，需要法律保障体系为其保驾护航，在铁路监管体制改革中，又必须处理好各相关利益关系，使改革顺利进行，同时应注意强化对监管机构的监督和约束并充分利用先进技术，以确保监管机构履行监管职能。因此，本章主要从顶层设计、法律保障、利益平衡机制保障、监督机制保障、人员保障、技术保障六个方面为铁路监管体制的进一步完善提供保障机制。

第8章：结论与展望。本章对全书的研究内容进行了总结，并指出未来可进一步深入研究的方向。

本书基本框架、总体思路与主要观点由西南交通大学左大杰副教授负责拟定。各章分别由西南交通大学左大杰（第1章、第6章）、唐莉（第 2 章、第 7 章）、丁祎晨（第 3 章）、乔正（第 4 章）、陈瑶（第 5 章）、罗桂蓉（第 6 章）、黄蓉（第 8 章）撰写。全书由左大杰负责统稿。

本书中参阅了大量国内外著作、学术论文和相关文献等资料（由于涉及文献较多，难免出现挂一漏万的情况发生），在此谨向这些作者表示由衷的谢意！

由于铁路监管理论与实践仍在快速发展中，同时限于作者水平，书中难免存在不当和疏漏之处，在此敬请各位同行及读者批评指正。

左大杰

2018 年 11 月 2 日

目 录

第 1 章　绪　论

1.1　研究背景

《辞海》中将"体制"释义为国家机关、企事业单位在机制设置、领导隶属关系和管理权限划分等方面的体系、制度、方法、形式等的总称。"体制",从管理学角度来说,指的是国家机关、企事业单位的机构设置和管理权限划分及其相应制度的关系。

根据以上释义,本书中"铁路监管体制"是指国家铁路监管机关的组织结构和组织规范的总称。铁路监管体制应由以下三个基本要素构成:铁路监管机构的设置、铁路监管机构的职能配置和职权划分。

1.1.1　我国铁路监管体制的历史

纵观我国铁路监管体制的发展,主要经历了以下三个阶段。

(1)计划经济体制的阶段(1980—1991 年)

该阶段,铁路作为典型的"高、大、半"(高度集中、大联动机、半军事化)产业,实行由国家直接管理、直接经营、统收统支、统负盈亏的管理体制。在这种政企合一、高度集中统一的管理体制下,我国铁路与国家之间的关系是行政关系而不是经济关系。计划经济体制下是不需要铁路监管的,因为政府企业是一家,不存在铁路市场,自然就不需要市场监管。

直至 1986 年,铁道部实行"大包干"改革,即实行"投入产出、以路建路"全行业经济承包责任制,确定了铁道部与国家间的承包关系，形成了一定的责、权、利关系，把铁路改造与企业经济成果关联起来。铁路"大包干"的重大意义在于使国家与铁路的关系从单纯的行政管理转向经济责任制，是对高度集中的计划经济体制的重大突破，但是"大包干"并未改变铁路政企合一的体制。

（2）体制改革和政企分开的初步阶段（1992—2012年）

这一阶段，为适应经济社会不断发展的需要，铁路体制和政企改革逐步进行，主要表现在以下几个方面。

第一，铁路通过建立现代企业制度试点，使我国铁路企业改革从放权让利向制度创新方面迈出了第一步，在一定程度上促进了铁路的政企分开，让铁路企业的产权更加清晰，权责得以明确。1992年，由铁道部、国家体改委、国务院经贸办颁布《铁路企业转换经营机制实施办法》，为铁路企业增强自主经营权、转换经营机制提供了重要的行为准则和法律依据。1993年，铁道部向全路提出了"铁路企业要走向市场"的要求，并于次年出台了《铁道部关于贯彻党的十四届三中全会（决定）深化铁路改革若干问题的意见》，为铁路市场化改革的基本思路和实施步骤做出了具体部署。1994年，铁道部选择广州铁路集团公司、广深铁路总公司等11家企业进行现代企业制度试点。

第二，为积极推进运输改革，不断开拓市场，铁道部在国家的支持和批准下成立了铁路总体改革办公室，先后向国务院分别提出"上下分离""网运分离"和"网运合一、区域竞争"的改革思路。1996年，北京交通大学以荣朝和教授为代表的学者们提出了"上下分离"模式，即铁路运输服务与铁路基础设施建设分别经营、分别管理的管理模式，拉开了我国铁路市场化改革的序幕；2000年，铁道部提出并公布"网运分离"的改革方案，成立国家铁路路网公司和数家客运、货运经营公司，将国家铁路路网基础设施与铁路客货运输运营分离开来，以市场化手段打破铁道部"政企不分"的格局[1]，但考虑到当时铁路运力不足，此方案引入的过强竞争机制有可能导致运行秩序混乱等原因，该方案最终被否。2003年，铁道部又提出"网运合一、区域竞争"改革方案。其主要内容是国家铁路总公司下组建多个铁路运输集团公司及铁路建设投资公司开展区域竞争。新方案对铁道系统震动较小，改革成本也较低，是一种更为现实的解决方案。只是，该方案虽可解决铁路系统政企不分的问题，但无法实现充分的市场竞争，因功效甚微而最终被弃。

第三，铁道部对铁路行业的管理系统进行改革。2005 年，铁道部撤销铁路分局，减少铁路行业的管理层次，转变为铁道部—铁路局—站段三级管理体制。另外，铁路投融资体制改革逐步推进，国家以外的资本进入铁路行业的管制限制放松，我国铁路行业开始形成多元投资和运营主体的格局。在传统的铁路"大一统"的国有铁路之外，出现了地方性铁路、合资铁路等不同所有制类型的铁路公司，但国有铁路仍然占据绝对的主导地位。

该时期，政府铁路管理机构主要有铁道部、国家发改委（原国家计委和国家经贸委）、财政部、环保部、国家安全生产局、国家技术监督局等[2]。主要的管理机构是铁道部，铁路路网建设的投资管理职能和价格监管职能由国家计委负责；铁路行业的技术改造投资和企业改制工作由国家经贸委负责（国家计委和经贸委已经合并为国家发改委）；财政部是铁路行业的国有资产管理以及铁路财税的监管部门；国资委负责铁路行业装备、工程领域国有资产的管理；其他的社会性监管由国家安全生产局、国家技术质量监督局、环保部分别进行安全生产、技术标准、污染排放的监管[3]。

（3）体制深化改革阶段（2013 年至今）

2013 年 3 月 10 日，根据国务院机构改革和职能转变方案，我国实行铁路政企分开。对中华人民共和国铁道部实行机构改革，拟定铁路发展规划和政策的行政职责划入交通运输部；组建国家铁路局，由交通运输部管理，承担铁道部的其他行政职责；组建中国铁路总公司，承担铁道部的企业职责（详见专栏 1-1）；同时不再保留铁道部。至此，我国铁路行业便形成了以专业性监管机构为主、社会性综合监管为辅的监管模式，其中专业监管机构为交通运输部下设的国家铁路局，社会性综合监管机构为财政部、国家发改委、国资委等。

【专栏 1-1】 国务院关于组建中国铁路总公司有关问题的批复（国务院办公厅）

交通运输部、财政部、国家铁路局：

原铁道部关于报请审批中国铁路总公司组建方案和公司章程的请示收悉。现就组建中国铁路总公司有关问题批复如下：

一、原则同意《中国铁路总公司组建方案》和《中国铁路总公司章程》。

二、中国铁路总公司是经国务院批准，依据《中华人民共和国全民所有制工业企业法》设立，由中央管理的国有独资企业，由财政部代表国务院履行出资人职责，交通运输部、国家铁路局依法对公司进行行业监管。

三、中国铁路总公司以铁路客货运输服务为主业，实行多元化经营。负责铁路运输统一调度指挥，负责国家铁路客货运输经营管理，承担国家规定的公益性运输，保证关系国计民生的重点运输和特运、专运、抢险救灾运输等任务。负责拟订铁路投资建设计划，提出国家铁路网建设和筹资方案建议。负责建设项目前期工作，管理建设项目。负责国家铁路运输安全，承担铁路安全生产主体责任。

四、中国铁路总公司注册资金为 10 360 亿元人民币，不进行资产评估和审计验资；实有国有资本数额以财政部核定的国有资产产权登记数额为准。

五、中国铁路总公司的领导班子由中央管理；公司实行总经理负责制，总经理为公司法定代表人。

六、中国铁路总公司为国家授权投资机构和国家控股公司，财务关系在财政部单列，并依照国家有关法律和行政法规，开展各类投资经营业务，承担国有资产保值增值责任，建立健全公司的财务会计制度。

七、同意将原铁道部相关资产、负债和人员划入中国铁路总公司，将原铁道部对所属 18 个铁路局（含广州铁路集团公司、青藏铁路公司）、3 个专业运输公司及其他企业的权益作为中国铁路总公司的国有资本。中国铁路总公司的国有资产收益，应按照国家有关法律法规和有关规定执行，历史债务问题没有解决前，国家对公司暂不征收国有资产收益。在保证有关企业合法权益和自身发展需要的前提下，公司可集中部分国有资产收益，由公司用于再投入和结构调整。

八、建立铁路公益性运输补贴机制。对于铁路承担的学生、伤残军人、涉农物资等公益性运输任务，以及青藏线、南疆线等有关公益性铁路的经营亏损，研究建立铁路公益性运输补贴机制，研究采取财政补贴等方式，对铁路公益性运输亏损给予适当补偿。

九、中国铁路总公司组建后，继续享有国家对原铁道部的税收优惠政策，国务院及有关部门、地方政府对铁路实行的原有优惠政策继续执行，继续明确铁路建设债券为政府支持债券。对企业设立和重组改制过程中涉及的各项税费政策，按国家规定执行，不增加铁路改革成本。

十、中国铁路总公司承继原以铁道部名义签订的债权债务等经济合同、民事合同、协议等权利和义务；承继原铁道部及国家铁路系统拥有的无形资产、知识产权、品牌、商标等权益，统一管理使用。妥善解决原铁道部及下属企业负债，国家原有的相关支持政策不变，在中央政府统筹协调下，综合采取各项措施加以妥善处理，由财政部会同国家有关部门研究提出具体处理方式。

十一、中国铁路总公司组建后，要加强铁路运输调度集中统一指挥，维护良好运输秩序，保证重点运输、公益性运输，确保铁路运输安全和职工队伍稳定。要有序推进铁路建设，按期完成"十二五"规划建设任务。要根据国家产业政策，完善路网结构，优化运输组织，强化安全管理，提升服务质量，提高运输效率和效益，不断增强市场竞争力。要继续深化铁路企业改革，按照建立现代企业制度的要求，推进体制机制创新，逐步建立完善的公司法人治理结构，不断提高管理水平和市场竞争力。《中国铁路总公司组建方案》和《中国铁路总公司章程》由财政部根据本批复精神完善后印发。

组建中国铁路总公司是深化铁路管理体制改革、实现政企分开、推动铁路建设和运营健康可持续发展的重要举措，各地区、各有关部门要积极支持，做好组建中国铁路总公司的各项工作，确保铁路体制改革顺利、平稳实施。

国务院
2013 年 3 月 14 日

资料来源：http://www.gov.cn/zwgk/2013-03/14/content_2354218.htm

中国铁路总公司、国家铁路局的成立，标志着我国铁路改革迈出了实质性的一步。然而，改革是一个循序渐进的过程，后续的体制改革和机制转换仍然任重而道远。

1.1.2　我国铁路监管体制的现状

1. 监管机构

2013 年 3 月，铁路实现了政企分开改革（见图 1-1）。铁道部被撤销，成立了国家铁路局和中国铁路总公司，初步实现了铁路政企分离，相应的铁路产业政策制定、行业管理、质量监管等职能划入交通运输部，中国铁路总公司负责承担铁道部的企业职责。

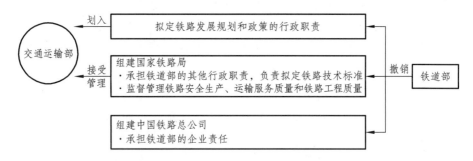

图 1-1　政企实现分开

现在我国的铁路行业政府监管机构有三类：交通运输部、专业监管机构（国家铁路局）、综合监管机构（发改委、财政部、国资委）。这三类监管机构共同构成我国铁路行业政府监管的主体，最终形成的我国铁路监管体制架构如图 1-2 所示。其中交通运输部属于政策性监管机构，处于领导地位；国家铁路局是交通运输部的下设单位，与交通运输部是被领导与领导的关系，国家铁路局也是我国铁路行业的专业监管机构。

（1）交通运输部。它作为一个政策性的监管机构进行政府监管，主要负责制定铁路发展战略、政策、规划及对铁路行业进行政策性行政管理，立法指导与监督[6]。

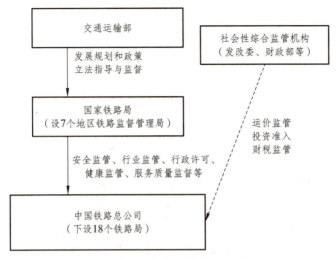

图 1-2　中国铁路监管体制架构[4,5]

（2）专业监管机构。专业监管机构是指国家铁路局，属于铁路行业政府监管的主要部门，主要负责起草铁路监督管理的法律法规、规章草案，参与研究铁路发展规划、政策和体制改革工作，组织拟定铁路技术标准并监督实施；铁路安全生产监督管理，制定铁路运输安全、工程质量安全和设备质量安全监督管理办法并组织实施，组织实施依法设定的行政许可；组织或参与铁路生产安全事故调查处理；拟定规范铁路运输和工程建设市场秩序政策措施并组织实施，监督铁路运输服务质量和铁路企业承担国家规定的公益性运输任务情况等。根据上述职责，国家铁路局设综合司（外事司）、科技与法制司、安全监察司、运输监督管理司、工程监督管理司、设备监督管理司、人事司、直属机关党委共 8 个内设机构；分设沈阳、上海、广州、成都、武汉、西安及兰州共 7 个地区铁路监督管理局及北京铁路督查室[7]。

（3）综合监管机构。它主要是起补充作用，对于其他的非专业性监管由社会监管机构进行监管。国家发改委是铁路行业价格运行和投资管理的政府监管部门，财政部仍然负责铁路财税的监管，国资委负责铁路行业国有资产的管理，环保部是对铁路污染排放的监管。

2. 监管法规

我国铁路监管的法制建设现状，通过表 1-1 反映。

表 1-1 铁路监管主要法规制度一览表[8]

法规制度	名　　称
法律	《中华人民共和国铁路法》(1990 年发布，于 2009 年和 2015 年加以修正)；《中华人民共和国安全生产法》(2014 年最新修正)
行政法规	《铁路交通事故应急救援和调查处理条例》(2013)；《铁路安全管理条例》(2013)；《中华人民共和国无线电管理条例》(2016)
法规性文件	《铁路货物运输合同实施细则》(2011)；《国务院关于保护铁路设施确保铁路运输安全畅通的通知》(2013)；《国务院批转国家计委、铁道部关于发展中央和地方合资建设铁路意见的通知》(2013)；《国务院关于进一步推进全国绿色通道建设的通知》(2013)；《国务院办公厅关于印发国家铁路局主要职责内设机构和人员编制规定的通知》(2013)；《国务院关于组建中国铁路总公司有关问题的批复》(2013)；《国务院关于改革铁路投融资体制加快推进铁路建设的意见》(2013)；《国务院办公厅关于支持铁路建设实施土地综合开发的意见》(2014)；《国务院办公厅关于创新投资管理方式建立协同监管机制的若干意见》(2014)；《国务院安委会关于全面开展安全生产大检查深化"打非治违"和专项整治工作的通知》(2015)；《国务院办公厅关于加强安全生产监管执法的通知》(2015)；《国务院关于取消非行政许可审批事项的决定》(2015)；《国务院关于印发 2015 年推进简政放权放管结合转变政府职能工作方案的通知》(2015)；《国务院办公厅关于推广随机抽查规范事中事后监管的通知》(2015)；《国务院安全生产委员会关于深入开展危险化学品和易燃易爆物品安全专项整治的紧急通知》(2015)；《国务院安全生产委员会关于深入开展危险化学品和易燃易爆物品安全专项整治的紧急通知》(2015)；《国务院安委办关于开展 2016 年全国"安全生产月"和"安全生产万里行"活动的通知》(2016)
部门规章	《铁路建设管理办法》(2003)；《铁路建设工程勘察设计管理办法》(2006)；《铁路行业统计管理规定》(2006)；《铁路技术管理规程》(2006)；《铁路交通事故调查处理规则》(2007)；《铁路交通事故应急救援规则》(2007)；《铁路主要技术政策》(2013)；《铁路机车车辆设计制造维修进口许可办法》(2013)；《铁路机车车辆驾驶人员资格许可办法》(2013)；《铁路运输基础设备生产企业审批办法》(2013)；《违反铁路安全管理条例行政处罚实施办法》(2013)；《铁路运输企业准入许可办法》(2014)；《铁路旅客车票实名制管理办法》(2014)；《铁路旅客运输安全检查管理办法》(2014)；《铁路危险货物运输安全监督管理规定》(2015)；《铁路建设工程质量管理规定》(2015)；《铁路运输基础设备生产企业审批办法》(2013)；《铁路危险货物运输安全监督管理规定》(2015)；《铁路专用设备缺陷产品召回管理办法》(2015)；《关于废止〈外商投资铁路货物运输业审批与管理暂行办法〉的决定》(2016)

1.1.3　我国铁路监管体制存在的问题

2013 年，铁路实现了政企分开，铁道部被撤销，组建了国家铁路局和中国铁路总公司。本次铁路管理体制改革使得监管主体比较明确，权力分配相对清晰，各监管机构职能规定比较明确。但是我国铁路监管体制仍然存在一些深层次问题和结构性矛盾，主要表现如下。

（1）监管职能履行缺乏法律保障

我国目前初步形成了以宪法为基础，以《铁路法》为龙头，以铁路法律和法规为骨干，以行政规章为补充的铁路法规体系基本框架[9]。但这些法律、法规、规章普遍存在不适应之处，且当前铁路行业主要监管机构履行其监管职能主要依据国务院发布的法规性文件通知，国家铁路局的监督管理职责长期弱化甚至虚化。因此，目前亟须修订《铁路法》并制定配套的监管法律法规，使国家铁路局能够依法实施监管。

（2）专业监管机构的监管职能不足

国家铁路局对中国铁路总公司的监管处于长期弱化甚至虚化的状态，一方面是由于铁路发展任务与监管改革可能存在冲突，中国铁路总公司更多考虑经济效益；另一方面是由于中国铁路总公司控制着全国绝大部分的铁路线路、客货运输，在铁路运输市场中处于事实上的垄断地位，而国家铁路局的职权比较虚化，常在履行监管职能过程中受阻，监管效果并不理想。

（3）各监管部门有效协调不足

目前，我国铁路行业监管职能分散在各个职能部门，包括交通运输部、专业监管机构（国家铁路局）、综合监管机构（财政部、国家发改委、国资委及环保部等）。由于监管机构繁多，实际履行监管职能过程中很容易出现各部门有效协调不足的问题，极大影响监管质量。

（4）监管的独立性较难保证

目前，国家铁路局人员配备、技术有限，全面接手监督管理事项难度较大，许多细致工作仍然需要中国铁路总公司提供技术、人员等的支持，监督管理无法独立进行。同时，缺乏法律明确赋予国家铁路局独立行使其监管职能的权力。

（5）缺乏单独的问责监督体制

在现行铁路行业的政府监管体制中，缺乏对监管机构的问责监督体制。在无监督和责任追究的前提下，很容易造成两个方面的问题：一是政府权力滥用，政策低效率，政府创租寻租活动滋生，进而造成监管失效；二是政府监管权力受限，不能充分发挥监管作用，导致政府监管不到位，监管效率难以保证。

（6）分类监管体系尚未确立

铁路涵盖工程、装备、路网、运营、资本等不同领域，这些领域的行业特征不同，功能定位也不同，有些具有较强的公益性，有些具有较强的商业性，有些同时具备公共服务、功能性等多种属性。鉴于此特殊性质，理应充分考虑其功能定位，有针对性地制定分类监管方法，以进一步厘清不同领域在经济社会发展中的功能作用和运行模式，并形成差异化的发展路径。

1.2　研究现状与意义

1.2.1　国内外研究现状

对于政府监管体制问题，国外学者大多是对整个自然垄断行业进行研究（包括被认为是传统自然垄断性行业 —— 铁路），学者倾向于用经济学上的基本理论对政府监管体制进行分析，但是对铁路政府监管的问题，鲜有学者进行专门深入的研究。

新自然垄断理论、规制俘获理论、完全竞争理论、激励机制理论等经济理论发展，为政府当时制定实际监管政策提供了诸多良好建议。随着各国铁路政府管理体制改革的不断推进与业务发展，同时为更好地保障铁路业的健康发展，"放松政府管制、引入市场竞争"逐渐成为众多学者的共识。具体实践中，各国也呈现出不同的铁路改革模式："网运分离"模式、"区域性竞争"模式、"特许权经营"模式、"客货运分离"模式等。

2013年，我国铁路管理体制实现重大改革，政企分开下的铁路监管体制问题，引起专家学者的广泛关注。我国对铁路监管体制的现有相关研究，主要涉及国外铁路监管体制的经验借鉴及我国铁路监管体制改革思路两个方面。

（1）国外铁路监管体制的经验借鉴

赵翔等[10]认为美国的铁路监管体系比较完备，它以监督管理的内容为划分标准来设置监管机构，尤其重视铁路安全监管，并提出中国设置铁路监管机构可借鉴美国经验，同时给出中国机构设置路径的选择。

刘迪瑞[11]认为日本选择的"区域分割"模式，由于其划小了经营和核算单位，增强了铁路企业对多变运输市场的应变能力，密切了铁路与地方行政部门和企业的关系，故值得我国铁路借鉴。

阿其图[12]总结出英国铁路监管体制改革取得的主要经验：在铁路产业的改革中引入竞争机制，可激发铁路产业的活力。

瑞典作为欧洲铁路产业改革的先驱之一，被认为是世界范围内对铁路系统放松管制的典范。特别值得注意的是，瑞典在划定铁路企业边界时，严格界定了政府职能和企业职能，注意发挥政府规范和企业规范的双重优势[13, 14]。

王镠莹等[15, 16]系统总结国外政府部门对铁路行业的监管职责和监管方式，深入综合分析国外铁路监管体制经验，并从完善铁路产业监管体制改革的法律法规、放松运价管制、健全铁路监管职能、防范路网资源垄断、引入民间资本、强化监管决策支持等方面提供建议。

（2）我国铁路监管体制改革思路

本书主要针对2013年铁路实现政企分开后这一特殊节点，综述国内学者针对铁路监管体制改革的思路。

铁路安全监管体制方面：曹巧等[17]发现由于政企初步分开，现存监管人员职责不清、素质参差不齐及监管手段落后等问题，并要求完善《铁路法》安全方面的定责机制，落实安全考核评价体系。铁路工程质量监管体系方面：李婉斌[18]总结得出工程质量在监管思想、政府监管的内容及主体方面存在不足。王磊等[19-22]对铁路监管体制的改革提出了几点建议，应加强铁路监管改革的顶层设计，让监管体制改革以渐进式稳步推进，同时应顺应监管独立性和专业性的要求。王廷琛等[23,24]认为要防止政府对铁路行业的过度干预,让市场享有一定的自主权和主动权。

监管体制改革方向整体思路方面:① 林雪梅等[25-27]认为目前仍应该保持三大监管机构的格局,交通运输部负责承担政策性监管①的工作,而经济性监管、安全监管等权限划拨给专业性监管机构 ——国家铁路局,社会性监管中除去安全监管的其他职能由其他综合监管机构行使;但当我国交通运输监管成熟后,大趋势是构建综合性大交通监管机构,长远来看,需要将监管机构从交通运输部中剥离出来,保持独立性,客观公正地实行监管职权。② 魏际刚[26]指出目前首先应当推进铁路行业重组,引入竞争机制,并建议将铁路货运功能和铁路总公司的高速铁路客运功能分离,成立专门的铁路路网公司和铁路清算公司,撤销中国铁路总公司,组建中国铁路投资和资产管理公司,在此铁路重组改革基础之上,铁路监管体制再随之做出变化调整。

总体上,在当前我国学者对铁路行业政府监管体制相关改革的研究中,学者们在通过国外监管体制改革经验或理论分析的基础上,结合行业实际,提出了我国铁路监管体制改革建议与改革思路,以期为深化铁路改革提供思路。但仍然存在以下不足:① 大多文献主要关注铁路行业监管改革的局部问题;② 对西方先进监管体制改革经验,多为简单的移植,本土化研究不足;③ 鲜有文献对我国铁路监管体制改革后的职能配置、机构设置及监管体制改革的保障机制进行研究。

1.2.2 监管体制改革的必要性及意义

学者们普遍认为铁路作为传统自然垄断行业,在行业准入和市场价格等方面应进行严格的政府监督。20 世纪 80 年代以后,在监管理论的发展以及国有企业经营绩效低下的双重作用下,美国、日本及欧洲等发达国家与地区通过对铁路业的改革和重组,重新界定了政府职能和企业职能,各国政府对原有的铁路监管体制也进行了一系列的改

---

① 此处的"政策性监管"是指制定铁路发展规划和对整个铁路行业进行政策性行政管理,立法指导与监督。

革，取得了积极的效果。世界各国的铁路业趋向于放松监管和自由化的政策方向。

就我国铁路监管体制改革历史来看，其进程较为缓慢，直至 2013 年才取得实质性的进展。2013 年 3 月 10 日，国务院机构改革和职能转变方案，使我国铁路行业政企分开，但是现行监管体制诟病颇多，政府监管严格。2014 年，经济合作与发展组织（Organization for Economic Co-operation and Development，OECD）发布了 1975—2013 年"网络产业市场监管指数（Network Market Regulation Indicators，NMRI）"。OECD 针对我国的铁路监管指数测算时间为 2008 年和 2013 年，该指数赋值区间为[0，6]，指数越接近 6，则说明产业监管越严格，具体见表 1-2。

表 1-2　中国铁路监管指数变化情况表[22]

项目	年份	OECD（平均）	中国
铁路总体监管指数	2008 年	3.69	6.00
	2013 年	3.56	6.00
进入监管	2008 年	2.38	6.00
	2013 年	2.25	6.00
公共产权	2008 年	5.06	6.00
	2013 年	5.06	6.00
纵向一体化	2008 年	3.84	6.00
	2013 年	3.75	6.00
市场结构	2008 年	3.47	6.00
	2013 年	3.19	6.00

由表 1-2 可知，与 2008 年相比，由于市场准入、铁路产权、铁路产业组织、市场结构等各项监管指标没有发生变化(均为 6)，导致 2013 年中国铁路总体指数也没有发生变化。可见，近年在放松铁路监管改革方面实质进展缓慢。

在现阶段铁路行政监管职能剥离的基础上，继续适时稳妥地推进铁路监管体制变革，进而推动铁路建设和运营可持续发展，构建统一开放、公平公正、有效竞争的铁路运输市场，具有较大的现实意义。

1.3 研究内容、方法及创新点

1.3.1 研究目标与主要内容

本书通过综述政府监管与第三方监管的基本理论，以及归纳国内外自然垄断行业监管体制的演变规律及经验，研究我国铁路监管机构的设置、职能配置、保障机制等问题。主要研究内容及拟解决的关键问题如表 1-3 所示。

表 1-3　研究内容与拟解决的关键问题

研究内容	拟解决的关键问题
我国铁路行业及监管基本理论	（1）分析我国铁路运输行业的基本特征； （2）确定监管内涵； （3）梳理与监管相关的理论
国外铁路监管体制改革实践与启示	（1）总结现行各国铁路监管体制； （2）对比分析各国铁路监管体制特点； （3）总结各国铁路监管体制改革经验借鉴
国内其他垄断行业监管体制改革实践与启示	（1）分析具有代表性的垄断行业的管理体制演变历史及现行监管体制； （2）总结各代表性的垄断行业监管体制改革经验借鉴
我国铁路行业监管体制改革总体构想	（1）铁路监管体制改革的基本思路； （2）职能配置； （3）铁路各监管机构的监管内容与职责； （4）铁路五大领域分类监管方案
铁路监管体制改革的保障机制	（1）利益平衡机制保障的内容及方式； （2）其他配套保障机制

其主要技术路线如图 1-3 所示。

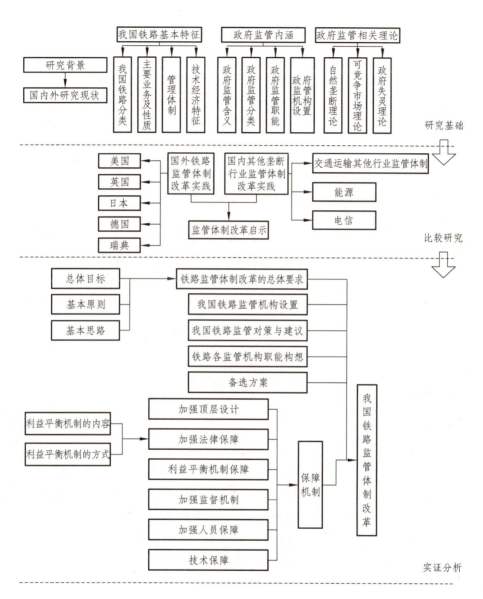

图 1-3 本书研究的技术路线

1.3.2 研究方法

（1）文献研究法。文献研究法为本书的研究提供重要的基础性作用。第 1 章绪论主要采用该方法，通过查阅大量研究学者关于铁路监管体制的研究成果，把握目前该研究领域的研究状况。

（2）原理研究法。第 2 章系统介绍到的政府监管理论发展已经比较成熟，政府监管理论涉及政府监管的分类、职能、机构设置原则等内容。考虑到铁路的属性、铁路市场的特殊性，可将监管原理运用到铁路监管领域。

（3）调查研究法。第 3 章主要通过收集资料，对收集到的资料进行分析、归纳，从而总结出我国铁路行业的基本特征、监管现状及存在的问题。

（4）比较研发法。第 4 章分析国外铁路运输监管体制的现状和特点，并对我国有借鉴意义的地方进行总结归纳。第 5 章特别选取国内具有代表性的自然垄断行业、交通运输其他行业（除铁路）、能源和电信行业，分析其管理体制演变历史及监管体制现状，并总结归纳其经验启示。

（5）实证研究法。结合实证分析并运用上述方法，第 6 章和第 7 章探讨符合我国实际的铁路监管体制构建及其保障机制，从而助力推动我国铁路行业监管体制的进一步完善。

1.3.3 创新点

（1）对我国铁路监管体制的现状及存在的问题进行系统分析。

（2）对国外铁路行业政府监管体制、国内具有代表性的典型行业监管体制进行分析，总结其研究经验，并根据中国实际情况提炼启示。

（3）本书旨在依托现有铁路监管机构，以增强监管能力为切入点，探讨出符合我国实际的铁路行业监管的机制构建，从而推动我国铁路监管体制的进一步完善。

任何成功的改革都是一个道路曲折艰辛的过程，尤其是关系国计民生、国家经济发展的重大问题，本书希望通过对此问题的研究、分析，为铁路改革的监管体制问题提供现实参考。

第 2 章　我国监管基础理论

··

　　监管主要包括政府监管、第三方监管。其中，政府监管是指政府为了达到一定的经济管理目的，凭借其法定的经济调控权力对社会经济主体的活动所施加的某种制约和束缚；第三方监管是指在管理者与被管理者以外的一种监督制度，它不受地方管理者的约束，而可以去约束管理者，它是对政府监管的补充，有利于政府摆脱"信任危机"。

2.1　政府监管内涵

2.1.1　监管的含义

　　"监管"源自英文 regulation，监管也被称为"政府规制或管制"，它是政府治理的工具和手段之一。为了实现特定目标，绝大多数政府往往采取四种途径进行干预，即供应、补贴、生产和管制。其中，管制已成为政府干预公共领域的主要措施。

　　监管是指以政府、司法等为主体的监管者，基于公共权力依法对公共产品生产者的活动进行直接的经济社会控制或干预，以纠正公共产品生产过程中可能出现的资源配置低效和公共产品分配过程中可能产生的不公平，最终实现社会公共利益最大化的目标[28]。

　　监管和行政管理是非常容易混淆的两个概念。行政管理是指国家权力机关的执行机关依法管理国家事务、社会公共事务和机关内部事务的活动。二者区别主要表现在以下几个方面[29]。

（1）主体不同

在我国，行政管理主体是国务院和地方各级人民政府，任何类型的管理，其管理主体必须具有对管理客体的支配权。行政管理的支配权即行政权，它源于国家权力，是一项主动的权力。而监管的主体可以是政府、企业甚至个人，它是一种外部的干预，是按照授权依法依程序进行的一种监督和管理，其自由裁量的空间是受到限制的。

（2）重点不同

行政管理对不同环节的管理是不加区分的，而监管对不同环节管理的方式和重点是不一样的。监管的重点是垄断环节，通过对垄断行为进行控制，防止滥用市场权力，保护消费者合理利益，提高资源配置的效率；对竞争性环节，主要是对竞争行为进行监督，保证市场的公平透明竞争，其作用类似于交警或裁判，不错不纠，不违规不纠。

（3）方式不同

行政管理的方式主要是审批和行政命令，监管的方式主要是依据规则和合同进行。采用规则监管方式进行监管，一般由监管委员会颁布具有普遍适用效力的规则，同时辅以针对特殊个案的一些决定作为补充，各个企业（包括市场）运作时必须遵守这些规则，以此来制约各个企业的行为，保障运输市场的有效运作。

2.1.2　政府监管的含义

政府监管又称政府规制、政府管制，即政府运用公共权力，通过制定一定的规则，对个人和组织的行为进行限制与调控[30]。政府监管是政府为了达到一定的经济管理目的，凭借其法定的经济调控权力对社会经济主体的活动所施加的某种制约和束缚，其宗旨是为市场运作及企业活动建立相应的规则，来弥补市场失灵，从而实现社会福利的最大化。

2.1.3　政府监管的分类与职能

从不同的依据出发，政府监管可划分为不同的类型。日本经济学家植草益根据政府监管的领域、性质和所追求的目标，把政府监管分为直接监管和间接监管两种[31]。其中，直接监管又分为经济性监管和社会性监管两种，而间接监管主要是对不公平竞争的监管，这种分类方法是目前最为普遍的一种，具体如图 2-1 所示。

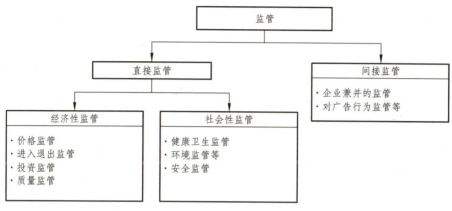

图 2-1　监管的分类与职能

（1）直接监管

直接监管指由政府行政机构直接实施的干预行为。在直接监管中，应当注意区分监管者与被监管者之间的关系。直接监管主要包括以下两种。

① 经济性监管

经济性监管侧重于处理企业间及企业和消费者间纯粹的经济关系，主要是政府在价格、产量、进入与退出等方面对企业决策所实施的各种强制性制约，具体包括对进入、退出、价格、服务质量以及投资、财务、会计等方面的活动所进行的制约和限制。

监管理论和国际上的相关实践表明，经济性监管的作用更多地适合并集中于具有自然垄断特性的产业领域，如包括公用事业、电信、电力、交通等在内的网络型产业。监管的重点主要是政府对价格和市场准入等方面的控制。考虑到无论怎样引入竞争，这些部门仍会有一定程度上的自然垄断，这既与其技术经济特征密切相关，又与这些领域的竞争不充分相关。因此，需要政府将经济性监管作为与竞争政策互补的一种实施产业监控的工具，以防止发生资源配置低效率和确保使用者公平利用。但是，政府经济性监管的同时往往会付出效率的代价，承担较大的成本，故而随着这些领域改革的深入和竞争性的展开，政府经济性监管应逐步放松。

就经济性监管的内容而言，主要包括：第一，价格监管，即政府监管者制定某一特定产业在一定时期内的最高限价或最低限价，并规定价格调整的周期；第二，进入退出监管，就是政府为了获得产业的规模经济性，监管者限制新企业进入产业，同时，为了保证产品供给的稳定性，又限制企业任意退出产业；第三，投资监管，监管机构既要鼓励企业投资，以满足不断增长的产品和服务需求，又要防止企业间过度竞争，重复投资；第四，质量监管，就是为保证消费者的健康，对产品的安全性、准时性、环境效益等方面的监管。总之，政府通过经济性监管改变企业的决策参数与行为取向，从而达到监管的目的。

② 社会性监管

社会性监管偏重于处理企业的经济行为可能给消费者和社会带来的不健康或不安全问题。社会性监管是不分产业的监管，对应于外部性、非价值性物品等问题，主要是以保证劳动者和消费者的安全、健康、卫生，保护环境，防止灾害为目的。

（2）间接监管

间接监管主要指对不公平竞争的监管，即司法机关通过反垄断法、民法、商法等法律对垄断等不公平竞争行为进行间接制约。具体包括对企业兼并的监管，对广告和说明行为的要求和监管，对低价倾销行为、间谍行为的预防和惩戒等[32]。

2.1.4　政府监管机构设置原则

政府监管机构不同于传统的行政机关，它是独立的、承担监管责任的政府机构。政府监管机构是一国根据实际需要为处理某些特殊问题而设立的，所以从整体上讲，政府监管机构不是逻辑设计或计划的产物[33]。

（1）独立性原则

监管机构的独立性有两层含义。一是指监管机构的执行职能与政府其他机构的政策制定职能的分离，实现独立监管，使监管机构的决定不受其他政府机构的不当影响；二是指监管机构与其监管对象之间的分离，实现政企分开，保证监管的独立性。具体来说，监管机构是由具有专业技能的人贯彻政策，独立管理，并按照特定的运行规则对结果负责。

（2）法制原则

法制化原则可以确保监管机构在很大程度上不受政治、金融和运营压力的影响，以保持监管机构拥有足够的实施监管的权力，从而从法律上保证监管机构的独立性，但监管的独立也是要在法律规定的范围内的。通过法律明确监管机构的地位、监管原则、监管目标、监管职责、监管权力等，为监管机构存在与运行提供合法性依据。由于政府监管涉及多方面关系，监管立法虽不能详细规定监管机构的权力，但可以就政府监管的主要内容做出原则性规定，规定监管的总体政策目标和基本内容。

（3）效率性原则

效率性原则强调监管机构与其他政府部门间、监管机构间、监管机构内部各单位间的分工与协调。监管机构的效率体现在三个方面：一是监管机构的高效运行，二是监管工作质量高，三是整个监管系统运转灵活高效。提高监督效率首先要注意管理幅度适度。管理幅度过大或者过小都会影响监管机构运行的效率。同时，管理幅度与管理层次成反比关系。管理幅度小，会造成管理层级过多，从而影响上下层沟通的时间和效率。合理的管理幅度应是在不影响有效监管的原则下尽可能地扩大。监管权力的合理分工也有助于提高监管效率。

（4）透明性原则

具体来说，透明性原则就是指监管机构实施监管的制度依据和做出具体裁定的程序过程必须公开。例如，监管机构的相关办事程序应该公开，经营许可证的颁发条件和程序应该公开，制定政府定价的资费标准也应该依法采取听证会等方式公开听取各方面的意见，监管机构对违反监管规则行为的处罚依据和程序也要公开。与此同时，监管机构还需要对政府、产业和公众负责的责任目标、实现政府所制定政策目标的程度以及为实施监管所采取的一些方法进行公开，监管实施过程应尽可能简单明确并具有可预测性。

2.2 政府监管的理论基础

通过相关政府监管理论的介绍，有助于认识铁路行业的技术经济特征，同时对理论的学习可为制定符合实际需要、科学合理的改革政策提供坚实基础。政府监管的理论基础主要包括自然垄断理论、可竞争市场理论及政府失灵理论。

2.2.1 自然垄断理论

政府对基础设施产业实施垄断性经营的主要依据是基础产业具有自然垄断性。但理论和实践证明垄断经营会导致市场缺乏活力、经营效率低下、缺乏创新、企业竞争力不高等现象，政府如何根据产业特点打破垄断，适度引入竞争机制是亟须思考的问题。

1. 自然垄断

自然垄断是一种特殊的垄断形态，它由于存在资源稀缺性和规模经济效益、范围经济效益，使提供单一物品和服务的经营者或联合提供多数物品和服务的经营者形成一家公司或极少数经营者的概率很高。专家学者对自然垄断的认识，主要分为三个阶段，具体过程如表2-1所示。

表 2-1 自然垄断理论的演进过程[34]

理论阶段	具体内容
第一阶段：基于规模经济的自然垄断理论	传统自然垄断理论认为自然垄断与规模经济紧密相连，在存在规模经济的情况下，由一家企业来提供单一产品比由多家企业进行生产效率更高，成本更低。但是，现实经济生活中的企业只生产单一产品的情况是十分罕见的，几乎所有的企业都生产多种产品；并且将自然垄断的本质归因于规模经济的产业技术经济特征，从而忽略了其他因素如需求因素对自然垄断的影响

续表

理论阶段	具体内容
第二阶段： 基于范围经济的 自然垄断理论	当一家企业生产两种产品的成本低于两家企业分别生产它们的成本之和时，就表明存在范围经济。因此，在此阶段，学者们普遍认为自然垄断的形成是由企业的规模经济和范围经济决定的。即当一家企业在单一产品生产领域存在规模经济时，它便是自然垄断的；而当一家企业在复合产品生产领域存在范围经济时，它就是自然垄断的
第三阶段： 基于成本劣加性的 自然垄断理论	20 世纪 70 年代末 80 年代初，人们逐渐摒弃了规模经济和范围经济导致自然垄断的结论，取而代之的是成本劣加性。成本劣加性是指由一家企业提供整个产业产量的成本小于多家企业分别生产的成本之和。由成本劣加性所定义的自然垄断意味着，如果由一家企业生产一个产业全部产品的总成本比由两家或两家以上的企业生产这个产出的总成本低，则这个行业就是自然垄断行业

自然垄断理论的发展为西方国家自然垄断行业改革提供了理论指导。而逐渐完善的理论也为实践活动提供了更好的指导，无论是规模经济、范围经济还是成本劣加性，都为政府确定管制范围提供了依据，使其能够根据自然垄断的经济技术特征采取更有效的措施。

2. 自然垄断行业特征

自然垄断行业大都集中在基础设施和公用事业，如民航、铁路运输、水运、电力、煤炭、电信等行业，这些行业之所以成为自然垄断行业，主要原因在于一般具有如下特征，具体如表 2-2 所示。

表 2-2　自然垄断行业的特征[34]

特　征	具体表现
经营者服务渠道的 管网性及固定 成本沉淀性	自然垄断行业向社会提供的商品或者服务通常都是通过固定的渠道或者线路进行的。所有这些网络的建设耗时长、投资大、规模大、成本要求高。自然垄断行业在设备和基础设施方面需要数额巨大的投资，固定成本一旦形成，折旧需要很长的时间，并且设备和基础设施很难转用于其他用途，这些资本沉淀在这个产业就很难再抽回

续表

特　征	具体表现
公益性	自然垄断行业面向全社会，为社会提供公共商品和公共服务，服务于各行各业和千家万户，企业经营公益性较强。因此，它们的经营状况如何，能否提供安全和价格合理的商品与服务，直接关系到人民生活和国民经济的发展，并对社会的稳定和安全造成直接的影响。由此，各国对自然垄断行业一般都给予高度的重视，在基本政策方面更多地考虑社会效益，对经济效益的追求服从于社会效益
行业内部的部分业务竞争	并非自然垄断行业的所有业务都具有自然垄断性，有些业务是可竞争性的业务。如电力行业的确带有自然垄断性，但自然垄断性质体现在输电网络这个环节，发电环节则是比较典型的竞争性领域，铁路行业部分产业也存在可竞争业务，比如客货运业务
消费者或者用户的不可选择性	由于在自然垄断行业中，一定市场范围内不存在具有竞争地位的其他经营者，因而对消费者和用户来说，只能被动地接受独占经营者提供的商品和服务。由于选择其他经营者的服务不可能或成本过高，所以，即使经营者提出极为苛刻的条件，消费者往往也必须接受，否则其需求就可能得不到满足。因此，在自然垄断行业中，消费者保护问题便显得尤为突出
缺乏完全市场化的内在动力	自然垄断行业大都属于基础设施和公用事业，这些行业往往投资巨大，投资回收周期长，市场发育水平低，私人经营者力量有限或者私营经营者的唯利性的价值取向难以符合国家要求的社会公共目标，因此，私人投资一般不愿涉及这个领域；同时，由于受社会公共利益的制约，经营行业往往很难获得很高利润回报和在短期内收回投资成本，这使得自然垄断行业缺乏完全市场化的内在动力

3. 在自然垄断行业进行有效竞争

传统观点认为，首先，在垄断行业中，由于新企业进入必然会对原有企业的生产设备进行重复投资，因此任何竞争都将使总成本提高。其次，如果提供竞争性服务，竞争价格受到成本影响，可能要高于垄断性管制价格，消费者福利将受到损失。但是任何企业只要垄断就会产生低效，在缺乏竞争的条件下会放松内部管理与技术创新，结果就是产生实际效率与最大效率的偏差。

民航、铁路运输、水运、电力、煤炭、电信等基础设施行业从宏观看属于自然垄断行业，但是这些自然垄断行业的所有业务并不都具有自然垄断性，有些业务是可竞争性的业务。如果由一家企业实行纵向一体化垄断经营，则新企业很难进入，即使进入，也难以同原有垄断企业展开公平竞争。因为垄断企业可以通过在自然垄断性业务和竞争性业务间采取交叉补贴战略，以掠夺性定价方式把进入的竞争对手驱逐出去。为破解这一难题，许多国家在自然垄断产业政府规制体制改革中，大都对自然垄断产业进行市场结构重组，实行自然垄断性业务与竞争性业务相分离的政策。

20 世纪 80 年代初，随着私有化浪潮的兴起，西方国家自然垄断产业的市场结构重组也轰轰烈烈地开展起来。其方式主要有两种：一种是将原自然垄断产业进行拆分（纵向或横向拆分），即将原来的一家垄断企业拆分成几家竞争性企业；另一种是放松甚至取消进入规制，将私人资本甚至外资引入原国有资本完全占有或主导的行业和领域，通过产权多元化增强自然垄断产业的竞争性。实践中，更多的是同时采用以上两种方式来进行自然垄断产业的市场结构重组。

不同自然垄断产业应视其技术和市场特点不同而采取不同的市场结构重组方式，而同一自然垄断产业的市场结构重组方式也要因不同国家的具体情况而有所差异。如在电信产业，由于其具有较强的正外部性，宜采取"形成若干互利部分"的重组方式。而在电力产业，不同国家应视各自的具体情况不同而采取不同的市场结构重组方式。如英国采取的是"联合所有制"的重组方式，而美国采取的则是"经营权分离"的重组方式。根据中国的实际情况，中国电力产业的市场结构重组宜采取"所有权分离"的方式，即政府将自然垄断产业的自然垄断性业务与竞争性业务相分离，由一家企业经营自然垄断性业务，由若干家企业经营竞争性业务，经营自然垄断性业务的这家企业不能同时经营竞争性业务。具体来讲，就是实行"厂网分离"的市场结构重组方式，输电环节（网络环节）由一家企业实行垄断经营，而发电、配电和售电环节则由多家企业竞争经营[35]。

2.2.2 可竞争市场理论

可竞争市场理论是在 20 世纪 80 年代初政府改革期间出现的，是指导政府管制的新理论，它尝试论证了政府管制政策应以促进市场的可竞争性为目的。

1. 可竞争市场理论的假设条件和基本内容

可竞争市场的概念最早由美国著名经济学家 W. J. Baumol 与 J. C. Panzar 及 R. D. Willing 于 1981 年在《可竞争市场与产业结构理论》一书中提出来。可竞争市场理论的基本假设条件是[36]：（1）企业进入和退出市场（产业）是完全自由的，相对于现有企业，潜在进入者在生产技术、产品质量、成本等方面不存在劣势；（2）潜在进入者能够根据现有企业的价格水平评价进入市场的营利性；（3）潜在进入者能够采取"打了就跑"（Hit and Run Entry）的策略。甚至一个短暂的盈利机会都会吸引潜在进入者进入市场参与竞争；而在价格下降到无利可图时，它们会带着已获得的利润离开市场，即它们具有快速进出市场的能力。更重要的是，它们在撤出市场时并不存在沉没成本，所以，不存在退出市场的障碍。

可竞争市场理论的主要内容可概括为以下两点：

（1）在可竞争市场上不存在超额利润，这对完全垄断企业也不例外。即垄断不阻碍市场的竞争性，潜在竞争的可能性决定了垄断企业的定价原则会从获取垄断利润为目标的垄断高价原则，转化为可维持性定价原则。

（2）在可竞争市场上不存在任何形式的生产低效率和管理上的低效率。由于生产和管理上的低效率都会增加不必要的成本，这些非正常成本像高于平均利润的非正常利润一样，会吸引效率较高的潜在竞争者进入市场。从短期看，现有企业存在低效率现象可能，但从长期看，潜在进入者的威胁会迫使现有企业消除生产和管理上的低效率问题。

2. 可竞争市场理论的争议

可竞争市场理论的重要性在于它为探索许多产业组织和政府管制

问题提供了一种分析工具，它考虑到决定市场结构的外部因素，突出了沉淀成本的重要性，并强调了潜在竞争对促进产业效率的积极作用。但这一理论提出后，也引起了许多争议，可归纳为以下三个方面：

（1）认为该理论对新企业进入产业后所采取的行为及其结果的一些假定是不符合实际的，特别是它假定在产业内现有企业做出降低价格的反应前，新企业能够独立建立自己的业务，能够以更低的价格与现有企业相竞争，能够顺利夺取它所需要的业务量。

（2）认为该理论对沉淀成本为零的假设也是不符合实际的。新企业在采取"打了就跑"的策略时，总会有一部分固定资产沉淀下来不能全部撤走，这些都会影响市场的可竞争性[37]。

在实际中，特别是在电信、电力、煤气、自来水等自然垄断产业中，沉淀成本往往很大，新企业要建立自己的经营规模往往需要花费较长的时间，在此时间内，现有企业完全可能做出降价反应。这些都证明了可竞争市场理论本身具有较大的局限性。

（3）认为该理论不能解释某些经济现象，如市场失效，即指在充分尊重市场机制作用的前提下，市场仍然无法有效配置资源和正常发挥作用的现象。当市场价格不能真正反映商品的社会边际估价和社会边际成本时，市场机制转移资源的能力不足，导致市场失效。造成市场失效的主要原因包括：不完全竞争的市场结构、公共物品的存在以及外部经济效果三个方面。

市场失效的主要表现：① 市场存在垄断或不完全竞争，使其进行市场经济活动时并不总是得到有效的结果；② 市场行为的外部性可能产生负面的外溢效果；③ 市场机制不能完全保证公共物品的供给；④ 市场信息的不完全或不对称性所导致的经济不确定性；⑤ 市场所导致的收入分配不均[38]。

3. 可竞争市场理论的贡献

许多学者不仅对可竞争市场理论本身提出了异议，而且还对该理论的实践问题提出质疑，特别是新企业进入市场后采取的"吸脂"效应可能会导致原有垄断企业的不可维持性问题。吸脂效应的字面含义是"只取出牛奶最上面那层富有脂肪美味的部分来吃"，现在专指在存在内部交叉补贴的产业，放松进入管制后新进入者仅进入高收益业务领域或地区从事经营的情况。产生这种"破坏性竞争"现象成为政府限制其进入的政策依据。也有学者提出，虽然新进企业采取"吸脂"战略有对垄断企业造成不可维持性的可能，但是不足以作为政府限制政策的依据。

可竞争市场理论对政府管制的政策思路及其措施的影响是不可低估的，管制不再是卡恩所说的"用政府命令取代竞争，以取得良好的经济效率"，而是在详细分析现实市场可竞争性的基础上，运用管制手段来促进市场的可竞争性，以取得良好的经济效益。这一理论在实践中仍然产生了一定的影响。正是可竞争市场理论的假设条件与现实存在不一致的地方，才使政府管制成为必要。该理论的主要贡献是"它可以作为政府管制的指南，而不是取消政府管制"[39]。因此，管制政策应以促进市场的可竞争性为目的。

2.2.3 政府失灵理论

政府失灵是指政府在发挥和行使经济社会职能过程中所出现的不可避免的失败现象。它是 20 世纪 70 年代新经济自由主义学派诠释放松、解除政府管制主张的一个重要理论。政府失灵说明政府同市场一样不是完美无缺的，它存在缺陷，为保障社会利益，应当思考的是如何最大限度和最为有效地减少政府失灵。

市场失灵是指市场无法有效率地分配商品和劳务的情况。造成市场失灵的原因概括起来主要包括不完全竞争、公共物品性、外部性的存在以及信息失灵。当出现市场失灵时，就要靠政府行为纠正这种失灵[40]。但是，政府对市场失灵时的经济干预并不是总能发挥积极作用，如果政府出现失灵，显然不能再指望通过政府行为弥补市场的不足。下面介绍政府失灵的主要表现及原因。

（1）政府政策的低效率

政府政策的低效率，又即公共决策失误，它是指政府干预经济活动达不到预期目的，或者即使达到预期目的但成本高昂。造成这一现象的原因是：首先，政府制定的公共政策并不一定代表社会利益，比如说，政府部门为维护相关部门利益而出台的非公益政策，从而导致政府失灵。其次，由于政府获取的信息分散、涉及面广，又加之市场经济活动的复杂多变性等客观因素，无疑加大了政府分析处理信息的难度，很容易导致政府决策的失误，出现政府失灵。此外，必要的政策资源、正确的执行策略、合格的执行者、有效的监督等也是好的政策在实施和执行过程中必须具备的前提条件，这些因素的任何一方面或它们的配合出现了问题，都有可能导致政策失误[41]。

（2）政府工作机构的低效率

它是指政府机构的官僚作风严重，办事效率极其低下。而这必然影响政策执行的结果，从而导致"政府失灵"。造成这一现象的原因是：首先，由于政府在提供公共物品的时候处于垄断地位，政府部门缺少竞争压力、监督制度不完善，这样政府各部门就缺乏提高服务质量的压力。其次，由于政府行为机制与市场机制的差异以及公共物品价格的非敏感性，政府在提供公共物品和从事其他政府行为时，在很多情况下很难判断自己的行为是否有效率。最后，由于民众与政府机构的地位不平等和信息不对称及监督力量薄弱，缺乏对政府机构和官员的有效监督，从而不能很好地促进政府提高效率。

（3）政府的创租、寻租活动及官员腐败

寻租是指由于政府的无意创租、被动创租和主动创租使经济中产生超额收入。在政府干预市场的情况下，政府官员拥有对某个领域资源的特权，市场为了获得资源从而产生寻租行为。通过寻租排除竞争，不仅对提高经济效率没有帮助，反而会导致社会资源的浪费。更值得注意的是，寻租活动扭曲了政府行为，如果政府官员接受了来自企业的特殊利益，就会使政府行为出现不公正，出现官员滥用权力的腐败现象。

（4）政府机构的内在效应及其规模的扩张

内在效应是指政府机构及其官员在以追求公共利益或社会福利为借口的同时，力求实现自身的组织目标或自身利益的现象。政府部门这种追求私利的内在效应必然使社会资源低效配置，并极大地促进政府机构规模的扩张。为了本部门规模的最大化和预算的最大化，官员总是设法从上级争取更多的拨款，其结果有利于官员所属的部门，但损害了公共福利。

政府失灵是客观存在的，是随着经济发展伴生的一种客观经济现象，只要政府存在，政府失灵就不可能完全消除。但市场失灵从现实的角度又需要政府的积极干预，引导无力的政府既无法补救市场失灵，也会造成政府失灵。因此，政府不干预或干预乏力与政府干预过度都不是所需要的执政状态。

为此，就需要政府最大限度地消除导致政府失灵的根源，针对政府失灵的原因采取切实措施。如积极推进政治体制改革，转变政府职能，实施有效的社会监督和约束机制；在公共物品或服务的提供上，引入竞争机制，提高政府机构效率；建立合适的偏好显示机制，提升服务的公共满意度；建立健全法律制度，保障政府决策质量；构建权力制衡机制。

2.3 第三方监管理论

2.3.1 第三方监管的内涵

第三方监管源于建筑业中对工程质量的监管，后应用于金融业中的信托等委托理财领域。随着我国行政管理深度和广度的不断加强及深入，在食品卫生监管、环境治理监管、医疗健康监管、社保基金监管等行政执法领域也相继引入了第三方监管的理念。

第三方监管是指监管方作为第三方进行监管，与交易双方不存在任何关联，包括连带关系、利益关系等，使第三方完全以公开、公平、公正的立场和态度保证交易双方的充分竞争，从而获得各自的利益，交易双方均无权对第三方进行干预和侵犯[42]。

第三方监督制度是指在管理者与被管理者以外的一种监督制度，它不受地方管理者的约束，而可以去约束管理者。这意味着做出评估结论的机构或个人既非政策制定者，也非执行者，其实质是一种更客观的社会监督。第三方监督机制作为监督考核的一种最直接、最有效的方法，直接影响着政府及其工作部门监督考核结果的可信度和透明度。

2.3.2　第三方监管的应用现状

目前，我国各行各业都在引入或即将引入第三方监管进行监督，特别是我国现行制度和法律还不健全，政府监管不完善，加强第三方监管很有必要。

（1）在食品安全领域，引入的第三方监管机构是独立于食品安全保证主体（企业和政府）的，不仅拓宽了政府监管出口食品的范围，且政府对食品安全的监管能力和领域也变得更加宽广。目前，我国出口食品企业所涉及的第三方监管机构主要包括第三方认证、第三方检测、行业协会等。

（2）在环境治理领域，将第三方监管引入环境规制领域中，第三方监管机构以除委托人和代理人之外的第三方对代理人的环境保护行为进行监督管理，第三方监管主体包括媒体、公众、非政府环保组织以及其他独立的环保机构。

（3）在医疗健康领域，医疗质量监管引入第三方监管，建立医疗质量监管评价体系，促使行政管理工作与医疗事业运作相分离，提高行政部门效率和医疗单位的自主权，加强对医疗行业的监管力度，确保医疗卫生事业健康有序发展。

（4）在社保基金领域，政府通过引入第三方监管者来减轻该领域过分依赖政府行政监管的情形，一方面转变既当"运动员"又当"裁判员"的角色，另一方面在客观上减少权力寻租的发生。通过建立第三方监管，确保社会保障基金的安全性，提高社会公开的力度，提升监管的有效性和科学性。

由此可见，第三方独立监管机构是独立于政府的企业，其本质是两个相互联系的主体之外的某个客体，故称之为第三方。它是处于买卖利益之外的第三方，以公正、权威的非当事人身份，根据有关法律、标准或合同进行监管行为。第三方独立监管是对政府监管的补充，可以为政府摆脱"信任危机"。

随着社会的进步和发展，人民群众对民主、公平公正的愿望及要求随之增强和提高，在各单位和各部门自身监督不够，无法满足人们对公平公正要求时，引入第三方监管，既可平衡内部矛盾，又可满足群众对社会公平正义的要求和愿望，其在惩治和预防体系建设及反腐败斗争中开始扮演着越来越重要的角色，为作风建设提供了一个真实反映民意的评估样本。

2.4　本章小结

本章主要阐明我国监管相关理论基础，为后续章节的展开叙述提供理论支撑。本章的主要工作包括：

（1）从监管及政府监管的含义、政府监管的分类与职能以及政府监管机构设置的原则出发，阐述了政府监管的内涵；

（2）在了解政府监管内涵的基础上，阐述了自然垄断理论、可竞争市场理论及政府失灵理论三种基本的政府监管理论基础；

（3）阐明了第三方监管的含义和应用现状，结合我国当前实际，提出第三方监管存在的必要性。

我们认为，铁路行业具有自身的技术经济特点，应以现有监管理论为工具，厘清政府与市场的关系非常重要。

第 3 章　我国铁路监管体制的现状分析

　　铁路行业具有自己独特的产业特征，其公共性、外部性、自然垄断性决定了铁路政府监管的必要性。我国铁路行业政府监管机构有三类：交通运输部、国家铁路局、社会性综合监管机构，三者承担不同的监督管理职能。其中，社会性综合监管机构包括财政部、国家发改委、国资委、国家环保局等。

3.1　我国铁路行业基本特征

　　铁路不同于其他基础设施行业，它有自己独特的产业特征。对铁路行业的基本特征了解，以便政府制定科学合理的政策，包括对铁路监管的政策性规定。铁路的基本特征包括：铁路的分类、铁路目前主要业务及性质、管理体制、技术特征及经济特征。

3.1.1　铁路的分类

　　根据《中华人民共和国铁路法》(2015 年 4 月 24 日修订，简称《铁路法》)，"铁路包括国家铁路、地方铁路、专用铁路和铁路专用线"，这是我国目前以国家法律形式明确的铁路分类。除此之外，随着我国铁路网的不断发展和完善，还形成了按铁路的运输性质、列车运行速度、建设模式、运营管理模式等进行分类的多种铁路分类方式。

　　（1）根据《铁路法》进行的铁路分类

国家铁路：由国务院铁路主管部门管理的铁路。

地方铁路：由地方人民政府管理的铁路。

专用铁路：由企业或者其他单位管理，专为本企业或者本单位内部提供运输服务的铁路。

铁路专用线：由企业或者其他单位管理的与国家铁路或者其他铁路线路接轨的岔线。

（2）按照运输性质分类

客货共线铁路：同时用于旅客运输和货物运输的客货列车共线运行的铁路。我国目前大部分铁路都属于客货共线铁路。

客运专线铁路：专门（或主要用于）旅客运输的铁路。根据铁路中长期规划（调整），到 2020 年，我国将形成客运专线主骨架网络，届时我国客运专线铁路营业里程将达到 1.6 万千米，它将是我国今后铁路网的重要组成部分。

货运专线铁路：专门（或主要用于）运输货物的铁路。目前国内部分铁路属于此类。

（3）按照列车运行速度分类

我国大部分既有线的设计最高行车速度是 120 km/h，但随着经济和社会的发展，铁路运行速度难以满足人们出行的要求，提高既有铁路的列车运营速度和修建更高速度的铁路就成了迫切需要。

根据列车的运行速度分类，国内铁路界观点尚未统一，一种观点认为分为如下四类。高速铁路：列车最高运行速度达到 250 km/h 及以上的铁路；快速铁路：列车最高运行速度达到 160 km/h 及以上，但低于 250 km/h 的铁路；普速铁路：列车最高运行速度达到 80 km/h 及以上，但低于 160 km/h 的铁路；低速铁路：列车最高运行速度低于 80 km/h 的铁路。

另外一种观点认为：速度在 140 km/h 以下时为常速铁路，140～200 km/h 时为准高速铁路，200～400 km/h 时为高速铁路，400 km/h 以上时为超高速铁路。

（4）根据铁路的运营管理模式进行分类

从我国目前的铁路运营管理模式来看，可以将铁路分为以下几种模式：由中国铁路总公司下属的各铁路局集团有限公司负责运营管理的国家铁路，由地方政府所属的地方铁路局或公司负责运营管理的地方铁路，由厂矿企业或团体自行管理的专用铁路。

（5）按照铁路的建设模式分类

从我国目前的铁路建设模式来看，已有以下几种投融资模式：国家出资建设的国家铁路，国家和地方共同出资建设的合资铁路，地方政府出资建设的地方铁路，厂矿企业或团体出资建设的专用铁路。其中，由国家和地方或企业共同出资建设的合资铁路符合我国当代铁路建设的特点，已成为铁路建设的主要方式，而且随着铁路建设投融资体制的进一步改革，铁路投融资的模式也将更加多元化。

3.1.2　主要业务及性质

铁路运输产业是复杂的系统工程，它由路基、路轨、道岔、桥梁、隧道和通信信号等固定基础设施组成，为满足铁路运输需求，进行统筹协调工作。铁路运输生产的全部意义在于有计划、有目的、有成效地实现旅客和货物空间位置的移动。因此，铁路运输产品的数量为吨千米、人千米，其产品质量则用安全、准确、迅速等指标衡量。其中，行车安全是铁路运输产品的最重要质量特征，需要大量的设备维护和检修业务为铁路运输产品提供技术安全保障。

按不同的划分标准，铁路业务有不同的划分方法，一般来说，主要有以下有两类。

（1）按是否承担铁路运输业务

按是否承担铁路运输业务经营，笼统来分，铁路产业可以分为"主业"和"辅业"。严格地说，应表述为铁路运输业和铁路非运输业。铁路"主业"是铁路单位的主业部分，按运输生产构成要素来看，主要包括客货车站、机务、车辆、工务、电务、调度指挥等单位和相应的管理部门。铁路"辅业"是指非运输业，包括铁路系统的公检法、教育、卫生、工程、建筑、设计、生活后勤单位和管理部门等[43]。

（2）按《服务贸易总协定》划分

按照世界贸易组织《服务贸易总协定》对"铁路运输服务项目"

做出的界定[44]，其具体内容包括五类：（1）包括以路轨、路基、道岔、通信信号等固定设施为主要业务内容构成的铁路路网系统作业；（2）包括冷冻冷藏食品运输、罐装液体或气体运输、集装箱运输、邮政运输和其他运输的铁路货运；（3）包括城市间客运、城郊客运的铁路客运；（4）包括客车站、货运装卸、仓储、货运代理和其他服务的铁路运输支持项目；（5）铁路运输设备维护。

针对这种较为精细的铁路业务划分方式，把铁路运输产业的具体业务按照产业内部的竞争性、产品的排他性、溢出效应等方面进行划分，可以发现铁路运输产业各具体业务存在不同程度的市场化差异。产业竞争性，按照迈克尔·波特（Michael E.Porter）的观点，它是指某产业中存在五种基本的竞争力量，它们是供应商、顾客、现有的竞争对手、潜在的竞争对手和生产替代品的竞争对手[45]；产品的排他性是指某人在消费某一产品时可以排斥其他人对该产品的消费[46]；溢出效应，是指经济社会中的经济利益主体的行为直接影响到其他利益主体，但却没有得到支付或给予补偿[47]。

第一类，竞争性业务。旅客车站服务、货物装卸服务、仓储服务、货运物流和其他服务等运输支持项目具有强排他性、强竞争性、弱外部性的特征，是竞争性业务，民营企业可以参与竞争，提供相关生产和服务，促进形成竞争性价格。在我国，虽然铁路客货运输仍然由中国铁路总公司统一调配管理，但从业务角度看，铁路货运客运属于潜在的可竞争业务，不管是在铁路运输产业内，还是在整个运输工具中，均存在竞争的可能性。

第二类，弱自然垄断性业务。由于铁路运输设备的检修维护业务的强系统性、高专业性和高技术性要求，其在排他性、竞争性和外部性上不像上一类突出，具有一定竞争性，但不适于充分竞争。

第三类，强自然垄断性业务。强外部性、弱竞争性、低排他性是其特征。铁路路网系统具有很强的自然垄断特性，多家企业的进入，线路使用及协调等多种矛盾冲突，会导致资源的低效率配置。

根据以上分析，可以将铁路业务与性质归纳为表3-1。

表 3-1 铁路业务与性质[43]

铁路产业主要业务	业务性质
铁路路网业务	强自然垄断性
铁路货运业务	潜在可竞争性
铁路客运业务	潜在可竞争性
运输支持项目	可竞争性
铁路设备维护	弱自然垄断性

3.1.3 管理体制

目前，我国铁路从总体上来看采用的是"横向、纵向一体化"的组织模式，如图 3-1 所示，采用三级管理架构，上设中国铁路总公司，管理 18 个铁路局集团有限公司，各个铁路局集团有限公司下面设立车务、机务、工务、电务、车辆、供电、客运等基本站段，是把具有公益性、垄断性特点的路网基础设施与具有竞争性、经营性特点的客货运输合为一体的管理体制。

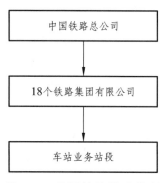

图 3-1 我国铁路管理体制

中国铁路总公司下属的各铁路局集团有限公司实行的是区域性公司运营体制，每个铁路局集团有限公司仅负责特定地区的铁路运输及其相关产业，其行政部分主要由隶属交通运输部的国家铁路局负责，国家铁路局分别在沈阳、上海、广州、成都、武汉、西安、兰州设立7 个地方铁路监督管理局（铁路监督管理局下设处室及其职能详见专栏 3-1）。

【专栏 3-1】 铁路监督管理局一般设置处室设置及其职能（选自国家铁路局网站）

各个地区机构一般设综合处、安全监察处、运输监察处、工程监察处、设备监察处、执法监察办公室、机关党委（人事处）等处室，各个处室职责如下。

（1）综合处

承担机关日常运转、政务公开、电子政务、机要、保密、信访、文秘、财务、预算和资产管理、档案管理等工作。承担局应急管理办公室工作。负责辖区内相关统计数据的汇总上报。

（2）安全监察处

监督检查铁路安全法律法规、规章制度和标准规范执行情况，分析铁路安全形势、存在问题并提出完善制度机制建议。组织或参与铁路交通事故调查处理，查处违法违规行为。负责事故统计、报告、通报、分析等工作。

（3）运输监察处

监督铁路运输安全、铁路运输服务质量、铁路企业承担国家规定的公益性运输任务情况。监督规范铁路运输市场秩序政策措施等的实施情况，监督检查相关许可企业，查处违法违规行为。参与铁路交通事故调查处理。

（4）工程监察处

监督铁路工程质量安全和建设工程招标投标工作，监督规范铁路工程建设市场秩序的政策措施实施情况，查处违法违规行为。组织或参与铁路建设工程质量事故调查处理，参与相关安全事故调查处理。

（5）设备监察处

监督铁路运输设备产品质量安全，组织开展对相关许可企业和许可产品的监督检查，查处违法违规行为。监督实施铁路专用设备缺陷产品召回工作，参与相关铁路交通事故调查处理。

（6）执法监察办公室

组织落实铁路行政执法工作制度。负责局做出的政府信息公开答复、行政处罚决定和投诉举报处理决定的合法性审查。负责行政处罚案件的统计、分析、报告工作，管理行政执法专用印章和法律文书，组织开展行政执法和执法人员培训。受理相关举报和投诉，组织、督促有关部门或单位调查处理。承担行政应诉工作。配合做好相关行政复议工作。参与相关铁路交通事故调查处理。

（7）机关党委（人事处）

负责组织落实上级党组织及国家铁路局党组的重大决策部署，组织开展党的思想建设、组织建设、作风建设、反腐倡廉建设和制度建设，推进机关精神文明建设和文化建设。负责宣传工作。组织开展群团工作。负责人事管理、机构编制和队伍建设工作。负责退休干部工作。

资料来源：http://www.nra.gov.cn/xwzx/xwdt/gdxw/201703/t20170323_35994.shtml

3.1.4　技术特征

铁路产业的运输生产组织活动的展开是基于全国纵横交错的铁路线网，它具有如下主要技术特征。

（1）生产联动性

铁路运输是由多工种组成的庞大联动机，它具有"设备联网，生产互动"以及"统一指挥，分部作业"等特点。该系统昼夜不间断地运转，因此每个工作环节必须紧密联系、协调动作，才能确保实现铁路的运输目标。铁路产业粗分为主业和辅业，各业务活动之间互相配合、互相依赖，单一的铁路资源无法为铁路运输提供运输产品。文献[48]认为，从生产联动这一特性来看，铁路产业具有技术和生产上的天然垄断特性，铁路运输联动生产活动归纳如表 3-2 所示。

表 3-2　铁路运输联动生产活动[49]

活动名称	活动内容
客货进入	旅客、货物等的服务管理工作；旅客检票进站，货运站装车
运输作业	安全、快捷、及时、准确地将旅客、货物等运抵至目的地
客货到达	旅客安全出站、货物卸车并交付等以完成整个运输活动

续表

活 动 名 称	活 动 内 容
市 场 营 销	铁路客货运营销广告宣传、促销、销售人员管理等
组 织 优 化	优化铁路企业组织活动，支持整个运输链活动，如法律服务等
人 力 资 源	人力资源组成、结构等的管理和调整
技 术 创 新	为主要运输活动提供科学技术保障和支持
物 资 保 障	为主要活动提供基础设备等
财 务 清 算	对铁路企业财务情况进行管理、核算等
计 划 统 计	按照一定口径进行各种数据的整理、分析和预测，以指导价值实现
相 关 服 务	咨询、代理、运输业务延伸及其他各种服务活动

（2）时效性

运输时效性，也是铁路产品的重要质量特征，它是铁路满足客户服务运输需求的重要内容之一，同时也是提升自身竞争优势的重要途径。在我国，旅客运输的时效性表现在列车能够准点发车及到达。货物运输的时效性主要表现在集装箱运输、各种应急、快运物资运输等的时间要求。受国家政策、地理条件、运输物品特性等多种因素影响，在不同时段、不同季节、不同年份、不同经济发展阶段，其需求也会产生较大波动。运输时效性的过程，要求铁路从产品信息流、资金流、货物流等方面保障旅客或者货物按要求到达目的地。

（3）外部性

宽泛的外部性概念是指某人或某些人效用函数的自变量中包含了他人或其他人的行为。通常指的外部性是一方对另一方或其他诸方的利益造成的损害或者提供的便利，不能通过市场加以确定，也难以通过市场价格进行补偿或支付。外部性有正外部性与负外部性之分。铁路运输是外部性经常发生的领域，铁路运输外部性的存在影响着社会资源在国民经济各部门之间和交通运输部门之间的分配，以及资源在各种交通运输方式之间的分配效率。铁路的正外部性体现为，作为国家的基础运输设施，铁路运输保障了国家重点物资、重要工程建设、重大科研基地及军事运输的需要，也为地方区域经济开发、招商引资和科技发展带来活力[50]。

3.1.5　经济特征

铁路的生产方式和技术特征，决定了其经济特征，概括起来有以下几点。

（1）网络经济性

铁路产业的网络经济表现为规模经济和范围经济之和，它是指由于规模经济与范围经济的共同作用使总产出的扩大引起平均成本不断下降。

规模经济是指当固定成本可以分摊到较大的生产量时会产生的经济性，是指随着厂商生产规模的扩大，其产品的平均单位成本呈现下降的趋势。

范围经济是指对多种产品共同生产相对于单独生产的经济性，是指一个厂商由于生产多种产品而对有关生产要素共同使用所产生的成本节约。

具体的铁路网络经济表现形态见表 3-3[48]。

表 3-3　铁路网络经济表现形态

名　　称	网络经济的具体表现		幅员变化与运量密度的关系	
规模经济	线路通过密度经济	特定产品线路密度经济	运量在增加，但幅员不变	幅员扩大，同时线路上的运量密度也发生变化
		多产品线路通过密度经济		
	载运工具载运能力经济			
	车（船、机）队规模经济			
	港站（枢纽）处理能力经济			
范围经济	线路延长	运输距离经济	幅员扩大，但线路上运量密度不变	
		由于幅员扩大带来的多产品经济		
	服务节点增多			

（2）固定和沉淀成本极大

对于机车车辆和线路基础设施（轨道、通信信号、车站等），铁路需要大量的初期投资，并存在规模效益递增现象，导致的结果就是在总成本中固定成本所占比例很大。研究显示，在路网能力和通信信号系统等基础设施保持不变的情况下，铁路的短期固定成本占总成本的50%~80%。此外，因为铁路线路的使用寿命较长，不能挪作他用，损耗率较低，所以沉淀成本很高[51, 52]。

（3）提供多种运输产品

为增强铁路运输竞争优势，不断满足客户服务要求，铁路提供不同类型的客货运输产品。当前我国铁路主要的货物运输产品类型如表3-4所示。近年来，铁路货运推出个性化产品以满足物流多元化需求，详见专栏3-2。

表 3-4 我国铁路主要的货物运输产品类型

产品名称	对 象
整列运输	货物运量较大，货源稳定均衡，能够提前确定运输需求的物资，如煤炭、石油、焦炭、金属矿石等
整车运输	货物的质量、体积或形状需要以一辆以上货车运输
集装箱运输	以集装箱这种大型容器为载体，将货物集合组装成集装单元，可为客户提供快捷运输
特种货物运输	需要使用特种车辆运输的货物，包括商品汽车、大件及冷藏鲜活货物运输等
零担货物运输	货物的质量、体积和形状不够整车运输条件的货物
高铁快递	利用高铁确认列车和载客动车组列车，提供城际间、当日达或次晨达等小件包裹快运服务

【专栏3-2】 铁路货运推个性化产品满足物流多元化需求（《经济参考报》）

"双十一"电商节，高铁来帮忙——在2016年的"电商黄金周"，南宁铁路局与中铁快运南宁分公司充分利用高铁列车空余车厢，推出两条高铁快运当日达精品线路，受到企业欢迎。

这是铁路部门积极适应市场需求优化货运服务的一个例子。西南地区是大宗货物运输重点区域。记者调查了解到，面对新常态下传统大宗货源持续下滑的形势，铁路系统在优化组织服务、加强市场调查的基础上不断推出个性化产品，有效满足了多元化物流需求，助推供给侧改革。

北部湾、湛江等港口运输是西南货物运输的主要方式。但自2010年起连续5年超亿吨后，承担西南港口运输重任的南宁铁路局货运量就连续下降。面对严峻形势，铁路部门积极推进扩大运价自主权、清理专用线收费等改革，全面落实简化受理、实货制、一口价、门到门等货运改革措施，推动货物受理方式、运输组织模式、货运服务水平等转变。

"过去都是我们求铁路发货，现在是铁路主动上门，为我们想办法、定方案。"广西鹿寨化肥有限公司销售部副部长谢宏说。通过实施运价"简政放权"，运价审批流程由10天缩短为3天以内；在受理方式方面，取消了计划申报、请求车、承认车等烦琐的手续；重新规范了货运收费标准和项目，对所有货运收费实行一口报价、一张货票、一次性收取等。

在货运组织方面，铁路部门实施"稳大宗、拓零散、争边界"策略，加强运价管理，扩大散货入箱品类，设计个性化运输产品，依托95306网站开发电商平台，在市场开发、物流总包、接取送达、物流信息化建设等方面取得重要突破，打造了铁水联运、特需班列、果蔬冷链等货运品牌。

集装化运输是现代物流的发展方向。铁路部门积极实施"总对总"战略，加强与物流量大、需求稳定的大型企业合作。2015年11月，南宁铁路局联合广西北部湾国际港务集团、昆明铁路局和成都铁路局召开西南区域路港客户座谈会，与44家航运公司、大型生产企业和物流公司，建立西南区域铁路、港口、航空运输联动机制，共同开发西南物流大市场，打造低物流成本、多式联运的便捷物流出海大通道。

南宁铁路局还结合区域特点、产品特色，紧紧抓住小汽车、食糖、中药材、小家电、海产品等特色货源，大力开发普速快运、特需班列等货运产品，大力发展冷链物流运输。

资料来源：http://www.jjckb.cn/2017-01/10/c_135968631.htm

3.2 铁路政府监管的必要性

理论上，对铁路行业实施政府监管的必要性与自然垄断密切相关，虽然利用拍卖机制或者潜在的市场竞争可以在一定程度上取代对自然垄断企业的政府监管，但是在自然垄断条件下，市场竞争机制只是一只"看不见的手"，因此政府监管可以为解决市场失灵发挥积极作用。此外，政府监管在我国是保证经济转型平稳进行，并且减少铁路企业行为扭曲的制度保证[53]。本节现主要从经济的角度，探讨政府对铁路行业监管的必要性。相较于其他行业，铁路行业更容易出现市场失灵的情况，因此政府监管就显得十分必要。

（1）铁路行业的公共性

公共物品的最基本特征是非竞争性、非排他性和不可分性。公共物品的非竞争性是指某人对公共物品的消费并不影响他人对该物品的消费，即增加一个消费者的边际成本为零；公共物品的非排他性是指人们不管是否付费，都不能排除他们对该物品的消费或排除成本太高，导致"搭便车"者的存在；公共物品的不可分性指物品被消费时只能作为一个整体被人们使用而不能加以分割。

铁路是交通运输中的主导方式，同时承担国家军事、救灾、扶贫、安全等重要公共事务，其公共性是相当显著的。由于公共物品有上述特点，公共物品的产出或服务不具有计量和交易的方便性，购买者不能实际拥有排他性的享用权，提供者也不能通过产品的出售而将全部或大部分收益内部化，市场对这类物品的供给"失灵"，政府为弥补铁路市场机制的不足，应当实行监管[54]。

（2）铁路行业的外部性

铁路行业外部性问题的存在，无论是正的外部性还是负的外部性，破坏了市场机制保证稀缺资源有效配置的前提条件，使得资源配置缺乏效率，有损市场公平交易的原则，是导致市场失灵的原因之一。在市场失灵区内，需要政府的干预和管理。对于具有负的外部性的行为，政府可以实行征税；对于具有正的外部性的行为，政府可以给予补贴。

（3）铁路行业自然垄断性

由前面所述，铁路具有明显的规模经济性、范围经济性、成本劣加性、成本沉淀性等，因此铁路一直被认为是典型的自然垄断产业。

铁路产业规模经济性与范围经济性显著表现为，随着铁路规模的不断扩大、铁路基础设施的固定资产使用强度的提高，铁路平均成本却不断降低。当边际成本小于平均成本时，若再按照边际成本来给铁路定价，则企业会遭遇亏损；加之，铁路的成本劣加性，使得当允许多家企业竞争时，其投入成本之和会大于一家公司经营的成本，从而造成社会资源的浪费；铁路的高"沉淀成本"，往往会使企业不愿意投资公共产品，致使公共产品严重短缺，无法满足公共需求。可见，铁路产业具有强自然垄断的特性，政府应该加以监管。

为了保证社会生产效率与铁路服务供应稳定、抑制企业垄断定价以维护社会资源分配效率，以及制约铁路企业的不正当竞争行为，历史上各国政府都没有放弃对铁路的监管。政府对铁路监管是各国政府实现社会福利最大化、抑制市场失灵必不可少的手段。

3.3　我国铁路监管现状及内容

2013 年 3 月 10 日，国务院对铁路管理机构进行改革，将原铁道部一分为三，原铁道部的经营部分改组成中国铁路总公司，规划职能和监管职能划归交通运输部及交通运输部管理下新成立的国家铁路局行使。由交通运输部统筹规划各种运输方式发展，加快推进综合交通运输体系建设。组建国家铁路局，由交通运输部管理，承担铁道部的政府监管职责，负责起草铁路监督管理的法律法规、规章草案，拟定铁路技术标准，监督管理铁路安全生产、运输服务质量和铁路工程质量等职责。组建中国铁路总公司，承担铁道部的企业职责，负责铁路运输统一调度指挥，经营铁路客货运输业务，承担专运、特运任务，负责铁路建设，承担铁路安全生产主体责任等。

我国铁路在 2013 年实行政企分开之后，国家铁路局承担铁路行业的政府监管职能，负责铁路安全监察、运输监管、工程质量和设备质量等方面的监督管理,完善监督管理制度和技术标准体系,监督铁路企业落实安全生产主体责任。除此之外,其他具有铁路监管职能的政府部门及其职能包括:① 国家发改委负责铁路行业运价监管和投资管理;② 国资委是铁路行业国有资产的管理部门;③ 财政部主要监管铁路财税;④ 环保部负责对铁路污染排放的监管;⑤ 交通部负责政策性的监管,制定铁路发展规划,立法指导与监督,为铁路行业政府监管体制的建立奠定了基础。

政府监管笼统地可划分为直接监管和间接监管,直接监管又分为经济性监管和社会性监管。相应地,从政府监管部门的主要职能分析,我国铁路行业政府监管大体分为两大类,一是经济性监管部门,主要包括国家发改委、国资委、交通部以及国家铁路局;二是社会性监管部门,主要包括环保部。这两种监管部门的职能并没有绝对界限,只是从主要职能来区别的,其职责往往相互交叉[55]。

铁路监管机构的职能旨在为我国铁路行业可持续健康发展营造良好的经营环境。因此,铁路监管的职能内容具体来说,主要包括市场准入、市场退出、投资监管、价格监管、质量监管、垄断性监管、安全技术标准规范、协调与纠纷仲裁、公益性服务监管和社会性监管,具体如图 3-2 所示。

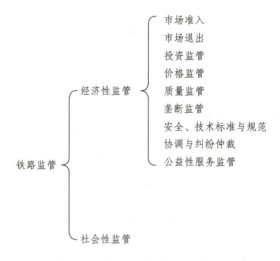

图 3-2 铁路监管的主要内容

（1）市场准入

铁路运输市场准入，是指对进入铁路运输市场、成为铁路运输市场主体的条件和资格的确立、审核、确认的法律制度。它包含以下几个要素：

第一，确定在特定的铁路运输市场中，需要多少个铁路运输企业；

第二，明确具备什么样条件的企业才能从事铁路运输业务；

第三，明晰企业进入铁路旅客和货运市场需要履行哪些程序；

第四，对铁路运输经营者的责、权、利予以确立。

我国铁路运输企业准入许可办法详见专栏 3-3。

【专栏 3-3】铁路运输企业准入许可办法（节选自中华人民共和国交通运输部令 2017 年第 31 号）

第六条　申请企业应当具备下列条件：

（一）拥有符合规划和国家标准的铁路基础设施的所有权或者使用权；

（二）拥有符合国家标准、行业标准以及满足运输规模需要数量的机车车辆的所有权或者使用权；

（三）生产作业和管理人员符合铁路运输岗位标准、具备相应从业资格，且其数量满足运输规模需要；

（四）具有符合法律法规规定的安全生产管理机构或者安全管理人员，以及安全生产管理制度和应急预案；

（五）具有铁路运输相关的组织管理办法、服务质量标准、生产作业规范；

（六）法律法规和规章规定的其他条件。

第七条　拟从事高速铁路旅客运输的申请企业，铁路运输相关业务的负责人应当具有铁路运输管理工作 10 年以上经历,专业技术管理的负责人应当具有铁路运输本专业工作 8 年以上经历。

拟从事城际铁路旅客运输和普通铁路旅客运输的申请企业，铁路运输相关业务的负责人应当具有铁路运输管理工作 8 年以上经历，专业技术管理的负责人应当具有铁路运输本专业工作 5 年以上经历。

拟从事铁路货物运输的申请企业，铁路运输相关业务的负责人应当具有铁路运输管理工作 5 年以上经历，专业技术管理的负责人应当具有铁路运输本专业工作 3 年以上经历。办理危险货物或者特种货物运输的，相关设备设施应当符合相应货物运输的安全要求，相关生产作业和管理人员应当符合相应岗位标准和岗位培训要求。

在最近 2 年内因生产安全事故受到行政处分的，不得担任铁路运输相关业务的负责人和专业技术管理的负责人。

第八条　拥有铁路基础设施所有权的申请企业，可以通过合作、委托等经营方式满足本办法第六条、第七条规定的其他条件。

资料来源：http://www.gov.cn/xinwen/2017-10/26/content_5234583. htm

实施市场准入制度是为了保证和促进竞争性市场的形成和发展[56, 57]。实施市场准入规则，有利于促进竞争性市场的形成，使得消费者能够自由选择运输企业。市场准入制度的松紧程度直接影响着市场主体进入市场的成本和难易程度，影响着市场秩序和交易安全，影响着经济效率和活跃程度。但目前我国铁路市场准入中还存在立法滞后、程序模糊、监管主体界定不清等问题。从我国现状和国际趋势看，市场准入制度的改革必须以进一步完善社会主义市场经济体制为目标，参照国际惯例，积极鼓励各类资源参与经济活动，注重市场主体行为的监管，积极培育和规范市场主体。目前，我国铁路运输企业准入的许可名录如表 3-5 所示。

表 3-5　铁路运输企业准入许可名录（2017 年 2 月发布）

企业名称	许可范围
青海地方铁路建设投资有限公司，吉林省东北亚铁路集团股份有限公司，宁夏宁东铁路股份有限公司，广东地方铁路有限责任公司，滨州市铁路投资管理有限公司，山西孝柳铁路有限责任公司，朝阳北保铁路有限公司，川铁（泸州）铁路有限责任公司，中铁（罗定）铁路有限责任公司，中铁（惠州）铁路有限公司，黑龙江省东宁地方铁路有限责任公司，郑州新铁运输有限责任公司，荆州市地方铁路有限公司，黑龙江省嫩江铁路有限责任公司，山西地方铁路集团宁静铁路公司，山东高速轨道交通集团有限公司，山东大莱龙铁路有	铁路货物运输（39 家企业）

企业名称	许可范围
限责任公司，内蒙古东乌铁路有限责任公司，辽宁省海岫地方铁路局，河南禹亳铁路发展有限公司，川铁（宜宾）铁路有限责任公司，内蒙古中电物流路港有限责任公司，四川归连铁路有限公司，内蒙古伊泰准东铁路有限责任公司，内蒙古伊泰呼准铁路有限公司，朔黄铁路发展有限责任公司，神华准池铁路有限责任公司，神华包神铁路有限责任公司，山西武沁铁路有限公司，哈尔滨宾西铁路有限公司，黑龙江省桦南铁路有限公司，吉林省宇辉地方铁路有限公司，内蒙古三新铁路有限责任公司，神华新准铁路有限责任公司，神华甘泉铁路有限责任公司，山东寿平铁路有限公司，广珠铁路有限责任公司，巴新铁路有限责任公司，安阳安铁运输有限责任公司	铁路货物运输（39 家企业）
云南铁投昆玉铁路有限公司，黑龙江省黑河铁路（集团）有限责任公司，黑龙江省宝清地方铁路有限公司，神华准格尔能源有限责任公司，庄河市地方铁路有限公司，黑龙江省林碧地方铁路有限公司，湖南省永耒铁路运输服务有限公司，浙江金温铁道开发有限公司，威海市地方铁路管理局	普通铁路旅客运输、铁路货物运输（9 家企业）
朔黄铁路发展有限责任公司	普通铁路旅客运输（1 家企业）

（2）市场退出

铁路企业是为不特定公众提供服务的特殊市场主体，它对社会公共利益有重大影响。如果对铁路运输企业退出市场不加以监管，可能会出现铁路运输企业随意退出市场，同时在特殊时期（如自然灾害、战争时期等紧急时期），铁路运输企业以退出市场为要挟，获取不正当利益。

一般来说，铁路运输企业退出市场需要具备如下两个实质条件：其一，企业已经处于"支付不能"①状态，并且经营活动难以持续；其二，企业退出市场不会妨碍社会公共利益的实现，并且不会产生不正当竞争或者滥用垄断优势的后果[58]。

---

① "支付不能"表示的是债务人欠缺支付债务的资力，对已到清偿期限的债务无力清偿这样一种客观经济状态。

（3）投资监管

投资监管是指政府投资管理机构及相关职能部门运用法律手段、经济手段及必要的行政手段，对社会投资过程中的资金筹集、投资行为等实施的监督、控制和管理[59]。我国大规模的铁路建设正在各地全面有序展开，铁路建设投资已成为拉动内需、保持经济平稳运行的有力支撑。国务院总理李克强在第十二届全国人民代表大会第五次会议上所做的《2017 年国务院政府工作报告》指出，将完成铁路建设投资8 000 亿元划为 2017 年的重点工作任务之一[60]。因此，如何用好这8 000 亿元资金，对于我国铁路项目投资监管无疑是巨大的挑战。美国对铁路投资项目也有类似监管①。

（4）价格监管

政府的价格监管包括价格水平监管、价格行为监管两类：① 价格水平监管是一种特定监管，主要是对相关领域商品、服务价格水平进行限制；② 价格行为监管是一种普遍监管，是对微观经济主体在市场竞争中采取的价格行为进行规范和限制，主要包括价格标示行为监管、价格垄断行为监管[61]。

对于铁路行业而言，应当区别可竞争环节与具有自然垄断性质的环节，采取不同的监管措施和监管方式。对于具有自然垄断性的铁路业务领域，如路网领域，价格水平监管就成为政府监管的主要内容。而价格行为监管通过对价格垄断协议、滥用市场支配地位价格行为的监管，达到促进市场竞争的目的，主要通过立法进行硬性约束，并设立相应的监管机构，提高监管效率。同时，应注重价格水平监管与价格行为监管之间在目标、方式上的有效协调，实现促进市场竞争、维护公共利益的共同目标。

（5）运输产品质量监管

制定铁路运输产品的质量标准，是政府监管的重要内容。为确保

---

① 为面对经济危机所带来的经济衰退和新的挑战，原美国总统奥巴马于2009 年 2 月 17 日签署了美国《复苏与再投资法案》，该法案的重点之一，是在于对铁路项目投资的监管。其规定设立了问责与透明理事会，以便协调与管理资金（包括但不限于铁路系统使用的拨款等），防止出现贿赂、浪费和资金滥用的情形，确保受监督主体与行为的可问责性与透明度。

铁路运输产品的质量过关，旅客享受优质的服务，防止企业滥用其垄断权利，损害消费者利益，监管机构要制定相关的服务标准和检验及奖惩制度，并定期进行监督、检查、评估与处置。同时，随着社会经济的发展，不同时期不同层次的运输需求不同，对运输质量的要求也存在差异，必须充分结合运输需求制定质量标准、监控运输行为以提高运输服务质量和水平；并常常对运输质量进行有效评估，分析相关部门的工作进程，及时定责并要求改进，加强监管力度。

（6）垄断性监管

垄断性监管是指对排除、限制竞争的行为进行监管。我国铁路相对于国土面积而言，规模较小，全国的铁路客货运输业务由中国铁路总公司统一经营，符合我国路网建设及国家宏观调控的需要，但同时也决定了中国铁路总公司具有自然垄断性。根据监管经济学理论，必须对其实行政府监管。具体内容一般包括：线路使用费、运输能力分配、行车指挥公正性、基础设施关闭与停用、路网建设计划、路网维护费等。

但是铁路的自然垄断性是动态变化的，市场需求的变化和供给技术的变化都会成为改变自然垄断行业属性的因素。比如说，铁路路网环节等具有一定程度的可竞争性，所以在铁路市场化程度逐渐提高的背景下，对铁路的监管不能完全基于铁路传统的自然垄断特性，对不适宜充分竞争的业务应该着重保护其一定的垄断性，而对一些支持服务项目应该适当放宽管制，弱化其垄断特性，合理引入竞争。

（7）安全、技术标准与规范

由于铁路在国民经济和社会发展中的重要地位及其网络性的技术特点，世界各国政府都非常重视对铁路安全和技术标准与规范的监管。为保证铁路运输的安全，维护铁路的技术统一性，我国也必须加强对铁路安全及技术标准与规范的监管，主要包括：组织制定和监督执行铁路安全及技术标准、规范；对重大事故进行调查和评估，及时定责，并对事故责任给予处罚；制定统一的作业标准及规范，包括技术标准、工程建设标准及工程造价标准等；落实安全监管责任制，完善考核评价体系；建立完善的法律法规制度，对违反技术标准与规范的行为予以惩罚[62]。

（8）协调与纠纷仲裁

协调与纠纷仲裁的监管是为了维护整个铁路系统的正常良好运行，减少内部子系统之间的摩擦，明确责任划分，建立有效的奖惩制度，达到良好协作。政府对铁路协调与纠纷仲裁的监管主要包括：协调各铁路公司之间的关系，对其间的纠纷进行仲裁调解；紧急状况下，要求铁路运营公司协调完成紧急运输任务。同时，协调各个路局之间的关系，明确分工与责任划分，减少纠纷；协调各有关职能部门工作关系，实现良好协作。

（9）公益性服务监管

铁路属于国民经济基础产业，所提供的运输服务关系着国民经济的发展，为工农业生产、人民的基础生活提供保障，具有公共利益特质，决定了其具有一定的公益性。我国铁路的基础产业属性还体现在国防安全与国土开发方面，是军事力量部署与国防物资调配的重要依托，是国土开发的中坚力量，在这些方面，铁路首先表现的是非营利和利他行为，也决定了其具有一定的公益性。各国铁路通常采用政府补贴的方法实现公益性服务，监管机构必须对相应的运输服务的产品及质量进行监管，以避免企业因追求利益而忽略了公益性服务的供给[63]。

（10）社会性监管

社会性监管从社会角度出发，对铁路劳工和消费者的健康和安全、环境保护等进行监管，通过制定铁路运输安全、生产技术、环境保护、劳工保护等标准体系，以加强铁路自身管理、保证人民生命财产、减少对环境的污染[55]。

3.4 国家铁路局监管职能

国务院讨论并通过国家铁路局"三定"（定职能、定机构、定编制）方案之后，相继下发的《国务院办公厅关于印发国家铁路局主要职责内设机构和人员编制规定的通知》中规定，设立国家铁路局，负责铁路安全监察、运输监管、工程质量和设备质量等方面的监督管理，完善监督管理制度和技术标准体系，监督铁路企业落实安全生产主体责任。

国家铁路局机构设置见图 3-3，主要职责见专栏 3-4。

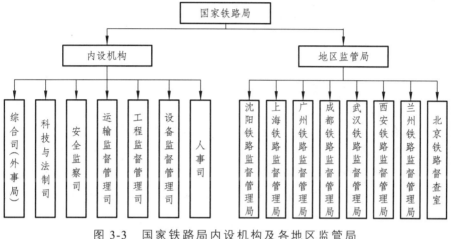

图 3-3　国家铁路局内设机构及各地区监管局

【专栏 3-4】　国家铁路局主要职责（选自国家铁路局网站）

一、起草铁路监督管理的法律法规、规章草案，参与研究铁路发展规划、政策和体制改革工作，组织拟定铁路技术标准并监督实施。

二、负责铁路安全生产监督管理，制定铁路运输安全、工程质量安全和设备质量安全监督管理办法并组织实施，组织实施依法设定的行政许可。组织或参与铁路生产安全事故调查处理。

三、负责拟定规范铁路运输和工程建设市场秩序政策措施并组织实施，监督铁路运输服务质量和铁路企业承担国家规定的公益性运输任务情况。

四、负责组织监测分析铁路运行情况，开展铁路行业统计工作。

五、负责开展铁路的政府间有关国际交流与合作。

六、承办国务院及交通运输部交办的其他事项。

资料来源：http://www.nra.gov.cn/zzjg/zyzz/201308/t20130824_380.shtml

以下主要介绍目前我国铁路专业监管机构——国家铁路局，对安全监察、运输监管、工程质量及设备监管等方面的监管内容。

3.4.1 安全监察

铁路安全关系国家、社会和人民生命财产安全，铁路安全监察是国家铁路局的重要监管职能。

1. 国家铁路局履行安全监察职责概况

原铁道部对铁路运输既负有安全监督职责又负有安全管理职能，自铁路行业政企分开后，由国家铁路局履行铁路行业安全生产的政府监督管理职能。

国家铁路局下设安全监察司，从宏观层面负责修订安全技术标准，监督全国的铁路运输安全，设行车安全处，全面监督铁路行业的安全事宜。此外，国家铁路局下设 7 个地方监督管理局及北京铁路督察室，设安全监察、工程监察等处室，负责辖区内铁路运输企业的安全监察事宜，其管理机构如图 3-4 所示。

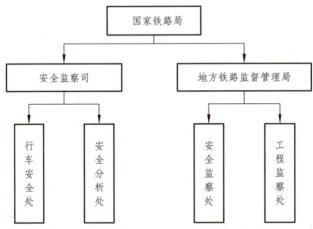

图 3-4 全国铁路安全监察和监督管理机构[64]

当前，铁路安全尚存在较大的问题，以 2017 年铁路安全监管工作为例（见专栏 3-5），铁路部门在现场作业等方面均存在安全隐患，国家铁路局应从多方面采取措施，切实加强铁路安全监管工作。

【专栏3-5】 2017年铁路安全监管工作重点（节选自国家铁路局网站）

铁路交通事故情况：

2016年全国铁路未发生铁路交通特别重大、重大事故；发生较大事故3件，同比减少3件。铁路交通事故死亡人数932人，同比减少死亡105人，下降10.1%；10亿吨千米死亡率0.256，同比下降11.7%。

铁路安全存在的主要问题：

（1）现场作业方面。全年因作业现场管理不到位造成铁路交通较大事故1件。无计划施工、超范围施工、现场安全防护缺失、施工机具侵入铁路限界等问题时有发生。

（2）铁路沿线环境方面。全年因行人非法通过铁路线路造成铁路交通较大事故1件。行人非法上道仍是铁路交通事故造成人员伤亡的主要原因。线路安全保护区范围内非法施工、机动车抢越道口、上跨桥机动车肇事造成坠物、公铁并行区段机动车装载货物侵入铁路限界等问题较多。

（3）主要行车设备方面。全年因设备造修质量不良造成铁路交通较大事故1件。机车车辆、通信信号、线路设备、接触网等故障时有发生，主要行车设备的生产制造、养护维修等工作仍需进一步加强。

（4）自然灾害影响方面。全年虽然没有发生因自然灾害造成严重的铁路交通事故，但强降雨、台风、雾霾、低温冰冻等恶劣天气发生的频次多，对铁路运输安全的影响较大，尤其是发生了山体滑坡、边坡溜坍、水漫线路、泥流漫道、倒树落石侵限等水害问题，铁路基础设施受损较多。全年累计水害断道1 078次，中断行车5 932小时40分。

2017年铁路安全监管工作重点：

（1）落实企业安全生产主体责任。从事铁路运输、建设、设备造修的企业要严格按照铁路安全管理的客观规律办事，完善落实岗位责任制和逐级负责、安全风险预测分析、专业管理、分级管理、规章技术管理、设备管理、人员培训、安全决策、安全制度、安全评估考核激励十个方面制度，同时，严格落实规章标准，狠抓制度执行和作业达标，加强结合部管理，完善落实应急预案，强化安全隐患专项整治，有效防控安全漏洞，不断加强铁路安全基础建设。

（2）加强铁路安全监督管理。坚持高标准、严要求，坚持问题导向，坚持抓小防大。强化安全质量监督检查，健全完善铁路安全生产诚信约束机制，推进"双随机一公开"监管改革，积极推行"四不两直"安全检查方式，完善安全信息报告和问题督办机制，严格事故分析定责追责。积极推进铁路线路安全保护区划定，持续深入推进"打非治违"，加大路外安全法治宣传力度。把好铁路专用设备及生产企业准入关，加强产品质量监督抽查，强化运用过程中的设备质量安全监管。加强铁路工程质量安全监督管理，完善铁路工程监管机制，规范铁路建设市场秩序，强化工程建设质量安全监管技术手段。

（3）积极探索高铁运营安全规律。强化高铁安全监管，着力研究解决规律性问题，防止严重问题发生。探索建立高铁工程质量责任追究终身制，建立动车组设备制造质量完善提升责任制。立足于"人防、物防、技防"相结合，制定落实高铁安全防护办法，积极推进实施高铁安全防护工程。发挥铁路行业专业优势，聚焦高铁安全，组织开展跟踪分析，为强化监管提供科学依据。

（4）加强铁路法规和标准体系建设。积极推进《铁路法》《铁路交通事故应急救援和调查处理条例》修订等重点立法项目，参与综合交通运输法规研究起草。审议发布实施《铁路技术安全规则》，完善铁路安全管理法规制度体系。围绕简政放权、规范行政许可，修订铁路运输基础设备生产企业审批办法及实施细则。发布实施《铁路标准"十三五"发展规划》，推进重点领域标准制修订工作。深入研究高铁安全防护标准，全面修订铁路工程施工安全技术系列规程。

（5）推进外部环境综合治理。落实"谁执法谁普法"要求，加大路外安全法治宣传力度，营造良好铁路沿线安全法治环境。加强与国家有关部门及地方各级人民政府综治、公安、安监、国土资源等有关部门的沟通协调，开展联合执法，坚决查处非法违法行为。采取综合治理措施，大力压缩路外事故，努力减少伤亡人数。研究制定路外安全环境问题处置办法，督促地方政府及相关部门落实责任。

资料来源：http://www.nra.gov.cn/xwzx/xwdt/gdxw/201703/t2017 0323_35994.shtml

铁路事故的发生往往源于日常生产作业中的不规范行为，加强铁路监管可以有效降低由人为因素导致的铁路安全事故，从而减少国家和人民财产因铁路安全事故而遭受的损失（见专栏 3-6）。

【专栏 3-6】"2.05"卑水线永兴庄火车站旁选矿厂水漫铁路线路严重危及铁路运输安全情况公告（选自国家铁路局网站）

2017 年 2 月 5 日 23 时 49 分，位于卑水线永兴庄火车站旁选矿厂蓄水池发生决堤，导致北京铁路局管内卑水线永兴庄火车站 1 至 3 道铁路线路被水和泥浆浸淹，造成中断铁路行车 15 小时 09 分，严重危及铁路运输安全。接到北京铁路局报告后，北京铁路督察室立即派员赶赴现场了解情况。

经查，涉事选矿厂蓄水池位于河北省唐山市滦县九百户镇赵庄子村北 500 米，其东侧围坝距离永兴庄火车站 1 道路堤坡脚最近距离为 3.4 米。该选矿厂于 2001 年 4 月建成，现负责人安某，企业无名称。据北京铁路局反映，2014 年以来多次就此铁路沿线安全隐患与经营业主沟通交涉，均无成效。

为防止对铁路运输安全造成更大影响，北京铁路督察室当场向选矿厂负责人发出《监督检查问题整改通知书》，要求其立即停止违法行为。同时，将有关情况通报滦县人民政府，建议滦县人民政府根据《中华人民共和国安全生产法》等法律法规组织有关部门对该选矿厂进行严肃处理。目前，滦县人民政府正依法查处。[65]

资料来源：http://www.nra.gov.cn/jgzf/aqjc/zfdt/201703/t20170303_35110.shtml

2. 国家铁路局履行安全监察职责亟须解决的问题

现阶段国家铁路局人力、物力均无法有效监管铁路行业企业，其安全监管职责长期弱化甚至虚化，如何做实国家铁路局安全监察职责，是当前亟须解决的问题。2018 年 6 月 11 日，武汉铁路监督管理局向郑州铁路安全监督管理办公室委托铁路安全监管业务（见专栏 3-7），为解决上述问题提供了一种现实路径。

【专栏 3-7】 武汉铁路监督管理局向郑州铁路安全监督管理办公室委

托铁路安全监管业务（选自搜狐网）

6月11日，武汉铁路监督管理局向郑州铁路安全监督管理办公室委托铁路安全监管业务签字仪式在郑州举行。国家铁路局安全监察司、中国铁路总公司安监局、武汉铁路监督管理局、郑州局集团公司相关负责人出席仪式。武汉铁路监督管理局和郑州局集团公司相关部门参加仪式。

铁路作为大众化交通工具和国家重要基础设施，铁路安全直接关系到人民生命财产安全和社会稳定，加强对铁路安全的监督管理，是中国特色社会主义新时代对铁路工作提出的重要要求。地区铁路监督管理局委托铁路安监办承担安全监管业务，加强铁路安全监管，是国家铁路局、铁路总公司从大局出发，落实中央要求的重要举措，此举将进一步明确铁路安监办地位、促进作用发挥，凝聚起政府监管机构与铁路安监办的监管合力，共同推动铁路监管工作不断加强。

此次委托协议签订，作为全国铁路第一家，是铁路公司制改革之后监督管理体制的又一次创新和发展，是铁路安全监管事业的一个新的里程碑，标志着地区监管局委托铁路安监办承担铁路安全监管业务的正式实施。下一步，武汉地区监管局和郑州铁路安监办将共同承担起铁路安全监管的重要职责，共同促进辖区铁路运输安全稳定。

郑州局集团公司表示，将以确保高铁和旅客安全为重点，认真履行职责，一如既往地支持郑州铁路安全监督管理办公室工作。一方面，在集团公司安监室内部选择精兵强将，把政治坚定、业务精湛、年富力强、经验丰富的同志，选拔到监管办工作。另一方面，努力为监管办的同志们更好履职尽责、开展工作提供便利、创造条件，切实关心关注他们的工作生活，促使他们心无旁骛投身到安全监管工作当中。

资料来源：http://www.sohu.com/a/235393518_728309

此次以协议委托明确监管权，对加强铁路安全监察，具有十分重要的现实意义，但是其不足之处需要引起注意。

其积极意义在于：

（1）此次委托协议签订的本身，就是明确向业内传递一个重要信号：铁路安全监察职责属于国家铁路局，而不属于中国铁路总公司（更不属于郑州局集团），后者只是接受前者委托，"武汉地区监管局和郑州铁路安监办将共同承担起铁路安全监管的重要职责，共同促进辖区铁路运输安全稳定"。

（2）此次以协议委托模式落实安全监察职责，是基于当前铁路行业安全监管实际情况做出的现实选择 —— 中国铁路总公司实际上掌握着铁路安全监管的主要技术手段和人员，而国家铁路局的安全监管缺乏技术和人员的支撑。

（3）此次委托协议显然不是最终结果，只能理解为一种过渡方案，其最终的目的应该是通过委托监管做好人员和技术储备，最终做实做强国家铁路局安全监管能力，达到独立监管的目的。

其不足之处在于：

（1）客观上很容易使人产生某种错觉，即要将国家铁路局承担的铁路安全监察职责回归中国铁路总公司？此次委托协议将铁路安全监管职责委托给中国铁路总公司所属各铁路局集团安监办，在客观上使部分业内人士产生某种错觉 —— 铁路安全监察职责要回归中国铁路总公司，这显然是一个尤其值得关注的负面效应。

（2）企业受托承担或部分承担铁路安全监管职责是否具有法律依据？国家铁路局作为铁路安全监管部门，将监管任务委托予被监管企业中国铁路郑州局集团有限公司（以下简称"郑州局集团"），国家铁路局和郑州局集团将共同承担铁路安全监管职责。十九届三中全会做出的市场监管和执法体制改革明确提出，市场监管是政府的基本职责。就谁来监管的问题，《人民日报》在 2018 年 5 月 22 日曾发文《完善市场监管和执法体制》指出："必须由具备执法资格的执法部门来监管，不能谁想监管就监管，更不能将执法主体和执法部门分割开来。"笔者认为，中国铁路总公司郑州局集团作为企业不具备执法资格，更不是执法部门，国家铁路局和其下属武汉铁路监督管理局才是执法主体和执法部门。因此，武汉铁监局能否将安全监管权委托给国铁企业，是否于法有据，还有待进一步研究。

（3）企业受托承担或部分承担铁路安全监管职责，监管对象除了国铁企业，是否包括非国铁企业？国家铁路局在履行安全监管职责时，监管对象不仅包括中国铁路总公司，还包括众多非国铁企业、涉铁央企和参与铁路各类业务的众多机构。在协议中，国家铁路局是否把监管非国铁企业的权利也赋予了郑铁集团安监办？笔者建议，郑铁集团安监办在履行监管辖区非国铁企业时，其法律依据和监管范围应进一步明确。

3.4.2 运输监管

运输监管是国家铁路局的主要职责，在国家铁路局的运输监督管理司设有运输监管处、客运监管处、货运监管处，负责组织监督铁路运输安全、铁路运输服务质量、铁路企业承担国家规定的公益性运输任务情况，严格按照法律法规规定的条件和程序办理铁路运输有关行政许可并承担相应责任，组织拟定规范铁路运输市场秩序政策措施并监督实施。

铁路运输监管中铁路运输服务质量是政府监管的重要内容，铁道部时期尚未建立铁路运输服务质量综合评价指标体系，陈滋顶[66]等提出从政府监管的角度看，铁路运输质量服务指标内容应当包括如下内容。

（1）基本运输条件方面，它是铁路提供客货运输服务的基础。基本运输条件指要满足所承担客货运输服务产品的相关技术标准，主要包括基础设备设施、运载工具及人员配备。

（2）运营方面，它是铁路运输服务实施的过程。目的在于评判铁路运输企业是否制订详细的运输计划，主要包括体现计划制订质量的兑现率水平，体现计划贴近市场程度的调整频次，体现联合运输的联运比重等内容[66]。

国家铁路局也严格按照法律法规规定的条件和程序办理铁路运输有关行政许可并承担相应责任，具体如专栏 3-8 所示。

【专栏 3-8】 国家铁路局办理铁路运输有关行政许可（笔者根据国家铁路局网站资料整理）

一、国家铁路局行政许可决定书（国铁许准字〔2018〕第 249 号）

中川铁路有限公司：

我局 2018 年 7 月 16 日受理的你单位提出的铁路运输企业准入许可申请，经审查，符合《交通运输部关于修改〈铁路运输企业准入许可办法〉的决定》（交通运输部令 2017 年第 31 号）和《铁路运输企业准入许可实施细则》（国铁运输监〔2018〕7 号）的规定，依据《中华人民共和国行政许可法》第三十八条的规定，决定准予行政许可。具体内容如下：

准予你单位铁路运输企业准入许可，许可范围为铁路货物运输，并向你单位颁发铁路运输许可证，证书编号：TXYS2018-01074，有效期至 2038 年 8 月 26 日。

国家铁路局

2018 年 8 月 27 日

二、国家铁路局行政许可决定书（国铁许准字〔2018〕第 203 号）

中铁一局集团新运工程有限公司：

我局 2018 年 6 月 20 日受理的你单位提出的铁路运输企业准入许可申请，经审查，符合《交通运输部关于修改〈铁路运输企业准入许可办法〉的决定》（交通运输部令 2017 年第 31 号）和《铁路运输企业准入许可实施细则》（国铁运输监〔2018〕7 号）的规定，依据《中华人民共和国行政许可法》第三十八条的规定，决定准予行政许可。具体内容如下：

准予你单位铁路运输企业准入许可，许可范围为铁路货物运输，并向你单位颁发铁路运输许可证，证书编号：TXYS2018-01073，有效期至 2038 年 7 月 3 日。

国家铁路局

2018 年 7 月 4 日

三、国家铁路局向肯尼亚蒙内铁路中方运营单位颁发铁路运输许可证

2018 年 1 月 16 日，国家铁路局向承担蒙内铁路运输营业的中国路桥工程有限责任公司颁发了"铁路运输许可证"。肯尼亚蒙内铁路（蒙巴萨—内罗毕）是使用中国标准、中国技术、中国资金、中国设备的境外铁路项目，由中国公司承建并运营管理，是中国铁路从"建设标准走出去"向"运营管理走出去"的标杆。

负责铁路运营管理的工程建设企业在参与国外建设项目的同时，迫切需要国家对其从事铁路运营的能力予以认可。交通运输部落实国务院"放管服"改革要求，根据铁路投融资体制改革和铁路"走出去"发展需要，调整优化铁路运输企业准入许可条件，为从事海外运营的申请企业建立"绿色通道"，依法办理许可。国家铁路局着眼"一带一路"建设发展大局，积极支持我国企业发展海外铁路业务，主动向中国路桥公司提供技术管理咨询和安全保障建议。

中国路桥公司是第一批获颁"铁路运输许可证"的工程建设单位。这也是国家铁路局第一次向从事海外铁路运营的中国企业颁发"铁路运输许可证"，有利于具备运营管理能力并计划参与海外铁路运营的中国企业拓展海外铁路建设运营市场，为世界铁路发展贡献中国智慧和中国方案。

四、国家铁路局行政许可决定书（国铁许准字〔2018〕第 037 号）

中国路桥工程有限责任公司：

我局 2018 年 1 月 9 日受理的你单位提出的铁路运输企业准入许可申请，经审查，符合《交通运输部关于修改〈铁路运输企业准入许可办法〉的决定》（交通运输部令 2017 年第 31 号）和《铁路运输企业准入许可实施细则》（国铁运输监〔2015〕18 号）的规定，依据《中华人民共和国行政许可法》第三十八条的规定，决定准予行政许可。具体内容如下：

准予你单位铁路运输企业准入许可，许可范围为普通铁路旅客运输、铁路货物运输，并向你单位颁发铁路运输许可证，证书编号：TXYS2018-31071，有效期至 2038 年 1 月 15 日。

国家铁路局

2018 年 1 月 16 日

五、国家铁路局行政许可决定书（国铁许准字〔2018〕第 002 号）

中铁十六局集团铁运工程有限公司：

我局 2017 年 12 月 12 日受理的你单位提出的铁路运输企业准入许可申请，经审查，符合《交通运输部关于修改〈铁路运输企业准入许可办法〉的决定》（交通运输部令 2017 年第 31 号）和《铁路运输企业准入许可实施细则》（国铁运输监〔2015〕18 号）的规定，依据《中华人民共和国行政许可法》第三十八条的规定，决定准予行政许可。

具体内容如下：

准予你单位铁路运输企业准入许可，许可范围为铁路货物运输，并向你单位颁发铁路运输许可证，证书编号：TXYS2018-01069，有效期至 2038 年 1 月 15 日。

国家铁路局

2018 年 1 月 16 日

六、国家铁路局行政许可决定书（国铁许准字〔2018〕第 001 号）

中铁三局集团有限公司：

我局 2017 年 12 月 12 日受理的你单位提出的铁路运输企业准入许可申请，经审查，符合《交通运输部关于修改〈铁路运输企业准入许可办法〉的决定》（交通运输部令 2017 年第 31 号）和《铁路运输企业准入许可实施细则》（国铁运输监（2015）18 号）的规定，依据《中华人民共和国行政许可法》第三十八条的规定，决定准予行政许可。具体内容如下：

准予你单位铁路运输企业准入许可，许可范围为铁路货物运输，并向你单位颁发铁路运输许可证，证书编号：TXYS2018-01068，有效期至 2038 年 1 月 15 日。

国家铁路局

2018 年 1 月 16 日

资料来源：

http://www.nra.gov.cn/wsbs/xzxk/xzxkjd/xkgg/2018/201809/t20180913_65649.shtml；

http://www.nra.gov.cn/wsbs/xzxk/xzxkjd/xkgg/2018/201807/t20180712_60958.shtml；

http://www.nra.gov.cn/xwzx/xwdt/xwlb/201801/t20180123_50571.shtml；

http://www.nra.gov.cn/wsbs/xzxk/xzxkjd/xkgg/2018/201801/t20180123_50548.shtml；

http://www.nra.gov.cn/wsbs/xzxk/xzxkjd/xkgg/2018/201801/t20180123_50510.shtml；

http://www.nra.gov.cn/wsbs/xzxk/xzxkjd/xkgg/2018/201801/t20180123_50509.shtml。

3.4.3　工程质量

铁路工程质量政府监管是由政府铁路主管部门及其委托的第三方质量监督机构依据铁路工程质量的法律法规、行业规范和政策标准，在铁路工程实施阶段对各参建单位实行质量监督管理，运用经济和法律手段纠正和阻止影响铁路工程质量的行为，并监督管理工程实体。

铁路工程政府监管的主体关系如图 3-5 所示，国家铁路局负责铁路建设工程招标投标监督管理，地区铁路监管局负责辖区内铁路建设工程招标投标监督工作。铁路监管部门（国家铁路局和地区铁路监管局）也可委托具有一定资质的质量监管机构行使质量监管工作。

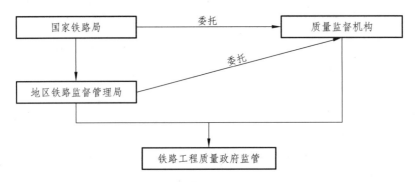

图 3-5　铁路工程政府监管的主体关系[18]

（1）国家铁路局

国家铁路局设置的工程监督管理司，主要负责组织监督铁路工程质量，内设处室有综合监管处、质量安全监管处和建设市场监管处。其工作职责包括：

① 负责铁路总公司工程质量的监督检查工作，组织开展铁路工程质量的监管工作。

② 参与制定铁路总公司关于工程质量监管的制度，负责制定铁路工程质量监督机构的工作制度，并指导质检机构的工作。

③ 组织并参与工程质量事故和与质量事故相关举报投诉的调查处理工作。

④ 负责查处工程质量的突出问题和违法违纪行为，必要时提出处理意见，并且将其发布出去。参与参建单位的信用评价工作，组织质检机构对建设项目开展信用评价、不良行为认定等活动的监督。

⑤ 参与铁路大中型建设项目的竣工验收工作等。

（2）地区铁路监督管理局

国家铁路局分别设立的 7 个地区铁路监督管理局，下设的工程监察处主要负责铁路质量的监管工作。其工作职责包括：

① 监督管理铁路质量、行政许可的相关产品、企业和招投标工作。

② 监督相关铁路法律法规、规章制度和强制性标准的执行情况，负责铁路行政执法的监察工作，组织查处违法违纪行为。

③ 组织并参与工程质量事故和与质量事故相关举报投诉的调查处理，负责事故的统计、汇报和分析工作。

④ 研究分析铁路质量存在的问题，提出改进铁路工程质量的措施和监管方式。

⑤ 负责与地方政府和执法部门沟通协调，共同开展铁路质量突发事故的应急工作，并建立信息通报机制。

⑥ 完成国家铁路局及其领导机关交办的事项。

（3）铁路工程质量监督机构

国家铁路局及地区铁路监督管理局（统称铁路监管部门）负责铁路建设工程质量监督管理工作。其中，国家铁路局负责全国铁路建设工程质量监督管理，地区铁路监督管理局负责辖区内的铁路建设工程质量监督管理。与此同时，铁路监管部门可以委托符合国家规定条件的第三方工程质量监督机构具体实施铁路建设工程质量监督工作。

受委托的工程质量监督机构，应当拥有一定数量经考核合格且与铁路专业配套的工程质量监督人员，有固定的工作场所和适应工程质量监督检查工作需要的仪器、设备和工具等，有健全的工作制度和管理制度。同时，承担铁路建设工程检测检验的机构应按相关规定签订检测检验委托合同，不得与被检测检验工程的建设、勘察、设计、施工、监理等单位及建筑材料供应商等存在隶属关系或其他利害关系，若发现存在隶属关系或其他利害关系的，应立即终止相应检测检验机构的委托合同。

其中，第三方工程质量监督机构的工作职责有：

① 按照委托合同和监管方案开展铁路工程质量监督管理工作。在监督管理完成后，应及时对所监管的工程结果进行分析，依照合同的期限提供监管结果和报告，并确保提交文件的真实性和完整性；

② 提交监管报告后，分析总结本次工作内容，对相关监管资料建立档案和台账；

③ 有权要求被监管单位提供工程相关文件，当发现工程存在问题时有权责令改正。

我国已有铁路监管相关政策法规，但尚未完善，其中部分与铁路工程质量监管相关的政策法规文件见表 3-6。

表 3-6　部分与铁路工程质量监管相关的政策法规文件

政策法规名称	实施时间	主要内容
《铁路建设工程质量监督管理规定》	2015 年 5 月	为加强铁路建设工程质量监督管理，保证铁路建设工程质量，保护人民生命和财产安全
《铁路工程建设市场秩序监管暂行办法》	2016 年 3 月	为加强铁路工程建设市场秩序监督管理，规范铁路工程建设市场秩序，促进铁路工程建设市场健康发展
《铁路工程建设投诉举报处理办法》	2016 年 3 月	为规范铁路工程建设投诉举报处理工作，维护铁路工程建设市场秩序，保障铁路工程质量和施工安全，依法惩处铁路工程建设活动中的违法违规行为
《铁路建设工程招标投标监管暂行办法》	2016 年 3 月	铁路工程监管职责、监管内容、投诉处理和处罚实施等
《铁路建设工程质量安全监管暂行办法》	2016 年 3 月	实施铁路建设工程质量安全监督管理的具体工作，主要包括办理工程质量监督手续、开展监督检查、受理投诉举报、组织或参与事故调查、实施行政处罚、接受质量安全相关备案等

国家铁路局对铁路工程实施有效监管是其重要工作内容之一，铁路工程监管要点见专栏 3-9。

【专栏3-9】 2017年铁路工程监管工作要点（节选自国家铁路局网站）

一、纵深推进"双随机、一公开"监管改革

（一）编制完善铁路建设工程监管抽查事项清单。在铁路建设工程质量安全、招标投标等监督检查参考手册基础上，拟定铁路建设工程监管抽查事项清单参考文本。结合辖区铁路工程建设实际，编制具有针对性和操作性的铁路工程监管抽查事项清单。

（二）建立监督检查对象名录库和监督检查人员名录库。按辖区建立完善涵盖国家审批核准、地方政府审批核准以及铁路总公司自行决定铁路工程建设项目的监督检查对象名录，包括建设项目名录和参建企业名录。指导工程质量监督机构按照委托范围，建立项目质量监督检查抽查名录。协调建立地方政府审批核准项目、铁路总公司自行决定项目工程质量监督手续及监督信息互联互通机制。分级建立监督检查人员名录库。

（三）编制落实"双随机、一公开"要求的实施细则。结合辖区内铁路工程建设实际和年度工作计划安排，合理确定抽查的比例和频次，保证必要的抽查覆盖面和工作力度，明确检查对象和检查人员的抽取方式。根据监督检查情况，适时调整抽查对象的权重以及检查比例和频次。

（四）公开监督检查信息。按国家铁路局政府信息公开相关规定，公开辖区铁路工程监督检查情况及查处结果。总结监督检查综合信息公开经验，进一步完善并规范铁路工程监督检查信息公开的主要内容、形式。

二、促进铁路工程优质高效建设

（五）开展铁路建设工程"三不问题质量行为"专项整治行动。针对"不按工程设计图纸或技术标准施工、使用不合格的建筑材料、将不合格工程按合格工程验收"等违法违规质量行为，开展为期三年的专项整治行动，坚持教育与处罚并举，督促企业自查自纠，提高质量安全意识和质量安全管理水平，切实落实企业质量安全主体责任。

（六）强化质量安全专项监督检查。以铁路隧道工程质量特别是衬砌厚度、空洞等质量问题和铁路桥梁制运架等大型施工机械设备安全、新开工项目铁路线路安全保护区划定公告、铁路工程质量安全事故四不放过落实情况、铁路建设项目冬季施工等为重点，开展质量安全专项监督检查，提高监督检查针对性和监管成效。

（七）完善铁路工程监管体制机制。做好国家审批核准铁路项目工程质量监督工作，按规定办理质量监督机构委托，督促监督机构健全管理制度，组织开展监督人员培训。加强与铁路总公司有关部门沟通协调，进一步理顺项目质量安全监督工作；加大调研指导力度，协调地方政府做好地方审批核准铁路建设项目质量安全监督工作。进一步完善和加强质量安全监督机构考核工作，强化质量安全监督检查内容，完善监督委托协议，规范质量安全监督行为。研究改进国家验收方式，按委托做好国家验收工作。

（八）建立铁路工程质量事故报告和调查处理机制。在进一步充分调研的基础上，研究拟定铁路工程质量事故调查处理办法，明确细化铁路工程质量事故等级标准、调查处理程序等事项。依据办法严格进行铁路工程质量事故定性及调查处理。探索建立高铁工程质量责任追究终身制，对严重问题实施终身责任追究，督促企业落实标准规范，不断提高工程源头质量。

（九）进一步提升预防及应急处置能力。牢固树立安全发展理念，归纳阶段监督检查发现的有代表性的质量安全问题，分析铁路建设工程容易出现群死群伤事故的重点阶段、关键环节，有针对性地加强监督检查，督促企业采取措施，有效遏制和防范生产安全事故发生。落实应急响应责任，与国家及地方安监部门保持有效沟通机制，进一步畅通质量安全事故信息渠道，按规定程序报送事故信息，派员赶赴事故现场参与协调指导应急救援，按规定参与生产安全事故调查。按辖区每季度进行铁路建设工程质量安全生产形势分析，工程质监中心汇总形成总体分析报告。

三、强化招标投标事中事后监管

（十）加强铁路建设工程招标投标监督检查。重点围绕应招未招、规避招标、交易场所、异议处置、保证金收取及退还、备案及报告等，依法开展监督检查。通过对自行招标备案和招标投标情况书面报告、招投标交易、投诉处理等信息开展数据分析，查找违法违规行为，对突出问题和问题多发单位实施重点监管。

（十一）改进铁路建设工程招标投标监管方式。加强同各地交易中心及相关单位的工作协调，推动铁路工程建设项目实行电子招投标。

积极和各地公共资源交易综合监管部门保持工作联系，共同构建招标投标协同监管机制。

（十二）强化铁路工程评标专家库管理。修订印发《铁路建设工程评标专家库及评标专家管理办法》，优化评标专家库结构设置，明确评标专家抽取要求，建立评标专家动态考核机制。建立铁路工程评标专家库信息管理系统，及时更新评标专家信息，对评标专家实施动态监管。

四、维护铁路建设市场良好环境

（十三）完善规范铁路建设市场秩序政策措施体系。拟定《铁路工程建设招标投标监督管理办法》（规章），进一步规范铁路建设工程招标投标活动和监督管理工作。修订发布《铁路优质工程（勘察设计）评选办法》《铁路工程建设工法管理办法》，制定《铁路建设工程不良行为记录管理办法》，编制《铁路工程建设市场秩序监督检查参考手册》，为规范铁路建设市场秩序提供有效制度保障。

（十四）深化铁路建设市场秩序整治"三违"专项行动。做好铁路建设市场秩序整治"三违"专项行动督查整改工作，严肃查处铁路建设工程违法发包、违法承包和违法建设行为，对贯彻不实、执行不力、隐瞒不报的单位加大查处和通报力度，确保专项行动取得实效。

（十五）推进铁路建设市场诚信体系建设。围绕构建铁路建设市场诚信体系的重难点问题开展深化研究，开展铁路优质工程（勘察设计）奖评选和铁路工程建设部级工法评审，建立宣传表彰机制，激发铁路建设市场正能量；探索研究建立铁路工程建设市场"黑名单"制度，推动建立铁路建设市场主体失信惩戒机制和跨部门联合惩戒机制。

（十六）加强铁路建设企业资质动态监管。做好铁道行业建设企业资质及铁道工程注册建造师的部门审查工作，把好铁路建设市场的入口关。加强对企业资质的动态核查，强化事中事后监管，促进企业持续满足资质标准要求，维护铁路建设市场秩序。做好铁道行业建设企业资质标准修订相关工作。

五、不断提高铁路工程监管成效

（十七）依法认真处理投诉举报加强铁路工程事中、事后监管。认真投诉举报受理条件审查，对符合受理条件的质量安全、招标投标、市场秩序投诉举报，坚持有报必查、有查必果、属实必纠。细化调查方案，规范科学取证，注重数据说话，准确界定问题性质，严格自由裁量标准，依法严肃查处违法违规行为。同时，勇于并善于在处理投诉举报等铁路工程监管工作中分析查找腐败问题线索，积极支持有关部门单位严肃查办铁路行业失职渎职、经济犯罪案件，努力推进铁路行业风清气正、健康发展。

（十八）进一步发挥检验检测手段作用。坚持问题导向，加大检验检测力度，把检验检测和质量监督检查、投诉举报调查、质量事故调查等工作相结合，为监督检查、投诉举报调查、事故调查处理等铁路工程监管工作提供科学有效的数据支撑，为查处违法违规行为提供有力证据。

（十九）加强对参建单位监督检查。各地区监管局和工程质监中心按辖区建立建设单位以及设计、施工、监理企业信息库，以企业质量安全管理体系、三级教育体系、资质动态核查等为重点，对辖区内参建单位进行检查；结合辖区内工程监管实际，按季度向辖区内的驻在地施工企业和各项目参建单位，通报工程监督检查及行政处罚情况。国家铁路局适时向相关企业通报。

（二十）严厉打击违法违规行为。加强行政处罚的针对性和有效性，结合铁路建设市场秩序整治"三违"专项行动、铁路建设工程质量安全"三不问题质量行为"专项整治行动以及处理投诉举报、事故调查处理等，依法严厉打击铁路建设工程质量安全、招标投标、市场秩序方面的违法违规行为，促进铁路建设持续健康发展。

（二十一）充分运用信息化手段。加快推进铁路工程监管数据库建设，加强铁路工程监管信息的采集、追踪、分析和处理，建立信息监测、共享、发布体系，实施动态监管，开展风险预警，提升突发事件应对能力和信用管理效能，推进铁路工程监管信息化管理水平。

（二十二）研究建立协同联动机制。加大与发展改革委、安监总局等部委，地方政府有关部门，铁路总公司以及相关特大型施工企业的沟通协调，研究建立协同联动机制，畅通监管信息，探索开展联合检查，形成监管合力，提高监管成效。

（二十三）加强铁路工程监督管理。结合辖区铁路工程监管实际，牢固树立"依法、履职、廉洁、高效"的工程监管工作理念，完善工程监督管理制度，掌握监管项目的工程进展情况，制订切实可行的监督检查计划；强化铁路工程监管基础工作管理，结合监管工作需要，加强监管相关数据的统计、归纳、分析，改进铁路工程监管工作，提高铁路工程监管成效。

六、强化铁路工程监管队伍建设

（二十四）创新培训方法手段。分级、分批次组织开展铁路工程监管人员法律法规及业务知识培训，增强培训针对性，坚持问题导向，开展正反典型案例剖析，提高监督人员发现问题、解决问题能力。加强工程监管工作交流，开展联合监督检查，交流监管工作经验，提高监督检查成效。加大质量监督人员取证培训力度，完善质量监督人员备案管理机制。

资料来源：http://www.nra.gov.cn/jgzf/flfg/gfxwj/bm/gc/201701/t20170116_33744.shtml

3.4.4　设备监管

国家铁路局设备监督管理司是国家铁路局职能司局，负责组织监督铁路设备产品质量安全，严格按照法律法规规定的条件和程序办理铁路机车车辆设计生产维修进口许可、铁路运输安全设备生产企业认定等行政许可并承担相应责任，其中，部分与铁路设备质量监管相关的政策法规文件如表 3-7 所示。

表 3-7　部分与铁路设备质量监管相关的政策法规文件

政策法规名称	实施时间	主要内容
《中华人民共和国产品质量法》	1993 年发布，2007 年和 2009 加以修订	为了加强对产品质量的监督管理，提高产品质量水平，明确产品质量责任，保护消费者的合法权益，维护社会经济秩序
《铁路牵引供电设备生产企业审批实施细则》	2014 年 2 月	为加强铁路牵引供电设备质量安全的监督管理，保障公众生命财产安全

续表

政策法规名称	实施时间	主要内容
《为加强铁路牵引供电设备质量安全的监督管理，保障公众生命财产安全》	2014 年 2 月	为加强铁路道岔设备质量安全的监督管理，保障公众生命财产安全
《为加强铁路道岔设备质量安全的监督管理，保障公众生命财产安全》	2014 年 3 月	为加强铁路通信信号设备质量安全的监督管理，保障公众生命财产安全
《铁路机车车辆设计制造维修进口许可实施细则》	2014 年 4 月	为规范铁路机车车辆行政许可工作，加强铁路运输安全的监督管理，保障公众生命财产安全
《铁路专用设备行政许可企业监督检查计划管理办法》	2014 年 5 月	为规范对铁路专用设备行政许可企业监督检查计划的管理
《铁路机车车辆驾驶人员资格许可实施细则》	2013 年 3 月	为加强铁路安全管理，规范铁路机车车辆驾驶人员资格许可工作

3.5　中国铁路总公司监管职能

3.5.1　安全监察

自铁路行业政企分开后，由中国铁路总公司负责强化铁路运输企业的安全生产主体责任（安全管理责任）。

中国铁路总公司下设安全监督管理局，从宏观层面负责监督企业内部安全生产的监督管理。设行车安全处、安全分析处等处室，并在北京、上海、沈阳、武汉、成都、兰州设立 6 个安全监督管理特派员办事处，在安全监督管理局的领导下，开展安全检查和管理工作，国家铁路安全监察和监督管理机构如图 3-6 所示。

中国铁路总公司下辖 18 个中国铁路局

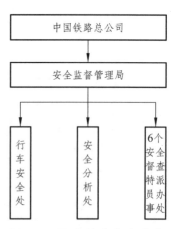

图 3-6　国家铁路安全监察和监督管理机构[64]

集团有限公司，均设安全监察室（简称安监室），对所属铁路运输企业的安全生产负有监督管理责任。铁路局设安全生产委员会，协调运输处、机务处、工务处等各业务处室负责铁路行车安全、客运安全、货运安全、路外安全、人身安全工作。中国铁路总公司对其管辖的各铁路运输企业的管理机构和职责做出明确规定[67]。

（1）安全管理层

安全管理层指铁路运输企业安全监察室。其主要职责是：监督检查铁路局管辖内所属部查铁路局发布的有关行车安全的规章制度、命令和措施贯彻执行情况；监督有关部门加强质量管理和安全管理情况；调查处理铁路局管内的较大以下事故等。

（2）决策层

决策层是指铁路运输企业及其职能部门。其主要职责是：明确年度运输安全工作的指导思想，制定目标任务，做好计划安排；发布有关行车安全的规章制度、命令和规定；确定安全技术设备的安装、使用、管理和维修办法；监督检查站段安全基础建设工作成效等。

（3）执行层

执行层指站段及其职能科室。其主要职责是：为完成铁路局安全目标任务而确定站段安全管理目标任务和实施方案、计划和措施；按照运输安全法规和铁路局有关要求，制定、修改完善本站段安全规章制度并按规定报上级主管部门审批，加强安全基础建设，开展安全攻关和安全联控活动；调查、分析、处理行车设备故障和人身轻伤事故等。

（4）实施层

实施层主要指车间、班组和职工。各车间根据站段安全目标管理的要求，确定车间具体安全目标和保证措施，下达到班组和个人执行；督促检查安全目标和保证措施执行情况，并进行分析、评价，找出薄弱环节，以便改进工作。

3.5.2　运输监管

1. 铁路政企分开后的机构设置

2013 年 5 月 22 日，中国铁路总公司机构设置发生调整，原铁道部的"司"被改成为"部",但级别仍一样,其中办公厅、人事部、劳动和卫生部、国际合作部、财务部、建设管理部、宣传部、中华全国铁路总工会、全国铁道团委、直属机关党委、离退休干部局仍继续保留,原政策法规司改称"发展战略与法律事务部",原发展计划司改称"计划统计部",原科技司改称"科技管理部",原安全监察司改称"安全监督局",原纪检委改称"监察局"。此外,中国铁路总公司还根据自身职能的转换和业务的需要,增加了资本运营和开发部、物资管理部、审计和考核局三个部门。

原铁道部内最大的部门运输局也原封不动地由中国铁路总公司继承,运输局的下属部门仍旧由综合部、营运部、调度部、机务部、车辆部、供电部、工务部、电务部等组成,原运力资源部则被信息化部替代。

中国铁路总公司下设运输统筹监督局负责落实铁路运输职责,主要职责包括提出国家铁路运输政策、标准建议并监督实施;提出铁路运输设备设施的发展规划及技术政策建议;负责总公司铁路运输调度集中统一指挥;拟定总公司铁路运输管理规章制度、运输服务质量标准并监督实施;检查、指导运输安全专业管理工作,参与铁路交通事故调查,组织总公司相应的应急救援和指挥工作;提出总公司路网性资源配置建议和优化运用工作等。

垂直层面:原铁道部下属的 18 个路局(包括青藏和广铁公司)仍全部由中国铁路总公司管理。

2. 铁路局公司制改革后的机构设置

根据党中央、国务院关于推进国企改革的部署,中国铁路总公司党组确定铁路局公司制改革于 2017 年 11 月底前依法组建公司法人治理结构,规范建立公司运行机制,并完成工商变更登记。撤销运输局及内设的综合部、营运部、调度部、机务部、车辆部、供电部、工务部、电务部和价格管理部,设置运输统筹监督局(总调度长室)、客运部、货运部、调度部、机辆部、工电部;撤销计划统计部,设置发展和改革部;撤销改革与法律部,设置企业管理和法律事务部;撤销科技管理部、信息化部,设置科技和信息化部(总工程师室);撤销资本运营和开发部，设置经营开发部；设置董事会办公室，与办公厅（党组办公室）为一个机构多块牌子；宣传部加挂党组宣传部牌子。

优化调整后，中国铁路总公司设置办公厅（党组办公室、董事会办公室）、发展和改革部、企业管理和法律事务部、财务部、科技和信息化部（总工程师室）、人事部（党组组织部）、劳动和卫生部、国际合作部（港澳台办公室）、经营开发部、物资管理部、运输统筹监督局（总调度长室）、客运部、货运部、调度部、机辆部、工电部、建设管理部、安全监督管理局、审计和考核局、监察局、宣传部（党组宣传部）、党组巡视工作领导小组办公室、中华全国铁路总工会、全国铁道团委、直属机关党委、离休干部局。

3.6　财政部监管职能

3.6.1　财政部监管职能

中华人民共和国财政部（简称财政部），负责国有资本预算政策、预算编制和预算信息的公开，优化国有资本收益分配和投资结构，并报国务院和全国人大审批，指导国有资本投资运营公司编制国有资本经营预算，监督预算实施，定期对国有资本投资运营公司资本预算执行情况进行专项审计，定期向国务院和全国人大报告国有资本经营预算执行情况，确保国有资本经营预算公开、透明[68]，详见专栏 3-10。

【专栏 3-10】 财政部主要职责（中华人民共和国财政部）

（一）拟定财税发展战略、规划、政策和改革方案并组织实施，分析预测宏观经济形势，参与制定各项宏观经济政策，提出运用财税政策实施宏观调控和综合平衡社会财力的建议，拟定中央与地方、国家与企业的分配政策，完善鼓励公益事业发展的财税政策。

（二）起草财政、财务、会计管理的法律、行政法规草案，制定部门规章，组织涉外财政、债务等的国际谈判并草签有关协议、协定。

（三）承担中央各项财政收支管理的责任。负责编制年度中央预决算草案并组织执行。受国务院委托，向全国人民代表大会报告中央、地方预算及其执行情况，向全国人大常委会报告决算。组织制定经费开支标准、定额，负责审核批复部门（单位）的年度预决算。完善转移支付制度。

（四）负责政府非税收入管理，负责政府性基金管理，按规定管理行政事业性收费。管理财政票据。制定彩票管理政策和有关办法，管理彩票市场，按规定管理彩票资金。

（五）组织制定国库管理制度、国库集中收付制度，指导和监督中央国库业务，按规定开展国库现金管理工作。负责制定政府采购制度并监督管理。

（六）负责组织起草税收法律、行政法规草案及实施细则和税收政策调整方案，参加涉外税收谈判，签订涉外税收协议、协定草案，制定国际税收协议和协定范本，研究提出关税和进口税收政策，拟定关税谈判方案，参加有关关税谈判，研究提出征收特别关税的建议，承担国务院关税税则委员会的具体工作。

（七）负责制定行政事业单位国有资产管理规章制度，按规定管理行政事业单位国有资产，制定需要全国统一规定的开支标准和支出政策，负责财政预算内行政机构、事业单位、社会团体的非贸易外汇和财政预算内的国际收支管理。

（八）负责审核和汇总编制全国国有资本经营预决算草案，制定国有资本经营预算的制度和办法，收取中央本级企业国有资本收益，制定并组织实施企业财务制度，按规定管理金融类企业国有资产，参与拟定企业国有资产管理相关制度，按规定管理资产评估工作。

（九）负责办理和监督中央财政的经济发展支出、中央政府性投资项目的财政拨款，参与拟定中央建设投资的有关政策，制定基本建设财务制度，负责有关政策性补贴和专项储备资金财政管理工作。负责农业综合开发管理工作。

（十）会同有关部门管理中央财政社会保障和就业及医疗卫生支出，会同有关部门拟定社会保障资金（基金）的财务管理制度，编制中央社会保障预决算草案。

（十一）拟定和执行政府国内债务管理的制度和政策，编制国债余额限额计划，依法制定地方政府性债务管理制度和办法，防范财政风险。负责统一管理政府外债，制定基本管理制度。代表我国政府参加有关的国际财经组织，开展财税领域的国际交流与合作。

（十二）负责管理全国的会计工作，监督和规范会计行为，制定并组织实施国家统一的会计制度，指导和监督注册会计师和会计师事务所的业务，指导和管理社会审计。

（十三）监督检查财税法规、政策的执行情况，反映财政收支管理中的重大问题，负责管理财政监察专员办事处。

（十四）承办国务院交办的其他事项。

资料来源：http://www.mof.gov.cn/zhengwuxinxi/benbugaikuang/bbzn/

3.6.2　财政部对铁路监管职能

1. 财政部对中国铁路总公司履行出资人职责

国务院关于组建中国铁路总公司有关问题的批复国函〔2013〕47号第二条：中国铁路总公司是经国务院批准，依据《中华人民共和国全民所有制工业企业法》设立，由中央管理的国有独资企业，由财政部代表国务院履行出资人职责，交通运输部、国家铁路局依法对公司进行行业监管。

财政部代表国务院对中国铁路总公司履行出资人职责，这意味着财政部依法享有对铁路总公司资本受益、重大决策和选聘经营管理者等权利。财政部应加强对中国铁路总公司国有资本经营预算管理，并严格监督预算的实施，定期应对铁路总公司预算执行情况进行专项审计，要同时兼顾预算执行的数量与质量。为提高财政部对铁路的监管效率，财政部应重点监管资金相对较大的铁路项目，确保财政资金的运用合理而高效。

2. 公益性补偿机制由财政部提出

国函〔2013〕47号《国务院关于组建中国铁路总公司有关问题的批复》中第八条：建立铁路公益性运输补贴机制。对于铁路承担的学生、伤残军人、涉农物资等公益性运输任务，以及青藏线、南疆线等有关公益性铁路的经营亏损，研究建立铁路公益性运输补贴机制，研究采取财政补贴等方式，对铁路公益性运输亏损给予适当补偿。

财政部应制定科学、合理的公益性补偿机制，并针对铁路公益性运输服务亏损补贴资金实行监督检查，其目的是为了保证补贴资金的合理使用，从而充分发挥铁路公益性运输服务财政补贴的效率和效益。建立起完善的铁路运输财政补贴效果考评制度，一方面对受补贴的铁路运输服务企业内部的财务制度、财政补贴资金的使用情况等进行考核；另一方面，对财政补贴资金的使用效率和效益进行评价，在具体的考评过程中，财政部可以采用定性和定量相结合的方式开展考评活动，以定量考评为主，通过建立一系列的补贴资金使用效率和效益的评价指标，来反映财政补贴的实际效果。同时，从政府和铁路运输服务使用者的角度设定一系列的考核评价指标，形成多方参与的铁路运输服务考评机制。此外，可以将当期考评结果与下期财政补贴相挂钩，以激励铁路运输企业提高补贴资金使用效率[69]。

3. 铁路债务方案由财政部会同其他部门提出

国函〔2013〕47号《国务院关于组建中国铁路总公司有关问题的批复》中第十条：中国铁路总公司承继原以铁道部名义签订的债权债务等经济合同、民事合同、协议等权利和义务；承继原铁道部及国家铁路系统拥有的无形资产、知识产权、品牌、商标等权益，统一管理使用。妥善解决原铁道部及下属企业负债，国家原有的相关支持政策不变，在中央政府统筹协调下，综合采取各项措施加以妥善处理，由财政部会同国家有关部门研究提出具体处理方式。

在债务处置的研究上，首先需要明确铁路债务主体，要理顺铁路的产权关系并进行产权重组。处置铁路债务的方法包括基于债务免除、转增资本金、债转股以及产权流转等。财政部作为铁路综合监管机构，应按照公益性和经营性的不同，制定具有可持续性的债务处置方案，加强金融创新，吸引社会资本投资铁路，并对铁路债务处置过程进行有效监督。

3.7　国家发改委监管职能

3.7.1　国家发改委职责

中华人民共和国国家发展和改革委员会（简称国家发改委），是国务院的职能机构，是综合研究拟定经济和社会发展政策，进行总量平衡，指导总体经济体制改革的宏观调控部门，其主要职责见专栏 3-11。

【专栏 3-11】　发改委主要职责（中华人民共和国国家和发展改革委员会）

（1）拟定并组织实施国民经济和社会发展战略、中长期规划和年度计划，统筹协调经济社会发展，研究分析国内外经济形势，提出国民经济发展、价格总水平调控和优化重大经济结构的目标、政策，提出综合运用各种经济手段和政策的建议，受国务院委托向全国人大提交国民经济和社会发展计划的报告。

（2）负责监测宏观经济和社会发展态势，承担预测预警和信息引导的责任，研究宏观经济运行、总量平衡、国家经济安全和总体产业安全等重要问题并提出宏观调控政策建议，负责协调解决经济运行中的重大问题，调节经济运行，负责组织重要物资的紧急调度和交通运输协调。

（3）负责汇总分析财政、金融等方面的情况，参与制定财政政策、货币政策和土地政策，拟定并组织实施价格政策。综合分析财政、金融、土地政策的执行效果，监督检查价格政策的执行。负责组织制定和调整少数由国家管理的重要商品价格和重要收费标准，依法查处价格违法行为和价格垄断行为等。负责全口径外债的总量控制、结构优化和监测工作，促进国际收支平衡。

（4）承担指导推进和综合协调经济体制改革的责任，研究经济体制改革和对外开放的重大问题，组织拟定综合性经济体制改革方案，协调有关专项经济体制改革方案，会同有关部门搞好重要专项经济体制改革之间的衔接，指导经济体制改革试点和改革试验区工作。

（5）承担规划重大建设项目和生产力布局的责任，拟定全社会固定资产投资总规模和投资结构的调控目标、政策及措施，衔接平衡需要安排中央政府投资和涉及重大建设项目的专项规划。安排中央财政性建设资金，按国务院规定权限审批、核准、审核重大建设项目、重大外资项目、境外资源开发类重大投资项目和大额用汇投资项目。指导和监督国外贷款建设资金的使用，引导民间投资的方向，研究提出利用外资和境外投资的战略、规划、总量平衡、结构优化的目标和政策。组织开展重大建设项目稽查。指导工程咨询业发展。

（6）推进经济结构战略性调整。组织拟定综合性产业政策，负责协调第一、二、三产业发展的重大问题并衔接平衡相关发展规划和重大政策，做好与国民经济和社会发展规划、计划的衔接平衡；协调农业和农村经济社会发展的重大问题；会同有关部门拟定服务业发展战略和重大政策，拟定现代物流业发展战略、规划，组织拟定高技术产业发展、产业技术进步的战略、规划和重大政策，协调解决重大技术装备推广应用等方面的重大问题。

（7）承担组织编制主体功能区规划并协调实施和进行监测评估的责任，组织拟定区域协调发展及西部地区开发、振兴东北地区等老工业基地、促进中部地区崛起的战略、规划和重大政策，研究提出城镇化发展战略和重大政策，负责地区经济协作的统筹协调。

（8）承担重要商品总量平衡和宏观调控的责任，编制重要农产品、工业品和原材料进出口总量计划并监督执行，根据经济运行情况对进出口总量计划进行调整，拟定国家战略物资储备规划，负责组织国家战略物资的收储、动用、轮换和管理，会同有关部门管理国家粮食、棉花和食糖等储备。

（9）负责社会发展与国民经济发展的政策衔接，组织拟定社会发展战略、总体规划和年度计划，参与拟定人口和计划生育、科学技术、教育、文化、卫生、民政等发展政策，推进社会事业建设，研究提出促进就业、调整收入分配、完善社会保障与经济协调发展的政策建议，协调社会事业发展和改革中的重大问题及政策。

（10）推进可持续发展战略，负责节能减排的综合协调工作，组织拟定发展循环经济、全社会能源资源节约和综合利用规划及政策措施并协调实施，参与编制生态建设、环境保护规划，协调生态建设、能源资源节约和综合利用的重大问题，综合协调环保产业和清洁生产促进有关工作。

（11）组织拟定应对气候变化重大战略、规划和政策，与有关部门共同牵头组织参加气候变化国际谈判，负责国家履行联合国气候变化框架公约的相关工作。

（12）起草国民经济和社会发展、经济体制改革和对外开放的有关法律法规草案，制定部门规章。按规定指导和协调全国招投标工作。

（13）组织编制国民经济动员规划、计划，研究国民经济动员与国民经济、国防建设的关系，协调相关重大问题，组织实施国民经济动员有关工作。

（14）承担国家国防动员委员会有关具体工作和国务院西部地区开发领导小组、国务院振兴东北地区等老工业基地领导小组、国家应对气候变化及节能减排工作领导小组的具体工作。

（15）承办国务院交办的其他事项。

资料来源：http://zfxxgk.ndrc.gov.cn/web/iteminfo.jsp?id=2

3.7.2　国家发改委对铁路监管职能

国家发改委对铁路行业的监管主要包括研判铁路行业发展趋势，统筹铁路发展规划，提出铁路重大基础设施布局建议并协调实施，综合分析铁路行业运行情况，协调有关重大问题，提出有关政策建议等，例如制定铁路网的中长期规划、对铁路运输价格的制定与监管、批复中国铁路总公司发行中国铁路建设债券核准等。

1. 统筹铁路发展规划职能

国家发改委的主要职责之一是统筹铁路发展规划，包括中长期铁路网规划，详见专栏3-12。铁路建设的过程是逐步推进的，需要经过长期的规划、论证、前期工作的准备，需要合理的工期来进行统筹安排。因此，铁路建设需要国家发改委统筹需求与可能，兼顾经济效益与社会效益，合理、适度、有序地向前推进铁路发展。

【专栏 3-12】关于印发《中长期铁路网规划》的通知　发改基础〔2016〕1536号

各省、自治区、直辖市人民政府，国务院有关部门、直属机构，军委联合参谋部，国家电网公司、南方电网公司：

《中长期铁路网规划》（以下简称《规划》）业经国务院批准，现印发给你们，请按照执行，并就有关事项通知如下：

一、各地区各部门要充分认识新形势新要求下加快铁路建设的重要意义，加大支持力度，完善协同机制，形成工作合力，营造良好环境，保障《规划》实施。

二、实施中要做好与其他交通方式的优化衔接，构建现代综合交通运输体系，打造一体化综合交通枢纽，完善公共信息服务平台，实现客运换乘"零距离"、物流衔接"无缝化"、运输服务"一体化"，全面提升综合交通服务水平和运输效率。

三、以改革创新办法推动铁路建设，继续深化铁路投融资体制改革，创新市场化融资方式，积极鼓励引导社会资本投入，拓宽融资渠道，激发市场活力，采取综合措施提升铁路可持续发展能力。

四、强化《规划》的指导作用，维护《规划》的权威性和严肃性，不得随意变更《规划》内容。科学组织项目建设，加快推进规划项目前期工作，具体建设项目在五年规划中统筹安排，并严格按照国家有关基本建设程序办理。

五、发展改革委将会同相关部门深化简政放权、放管结合、优化服务改革。请国务院有关部门给予积极支持，进一步深化细化配套政策措施。

国家发展改革委

交 通 运 输 部

中国铁路总公司

2016 年 7 月 13 日

资料来源：http://www.ndrc.gov.cn/zcfb/zcfbtz/201607/t20160720_811696.html

---

2. 对铁路运输价格的制定与监管

长期以来，铁路客运和货运票价都是由国家发改委制定的，原铁道部和铁路运输企业并没有定价权。近年来，我国出现了既有线普速铁路客运价格偏低、高铁客运专线票价和实际客运票价偏高同时并存的现象。铁路运输定价缺乏弹性，严重影响了价格的市场调节功能。因此，我国应该适度放松铁路运输价格管制，并实行分类定价，让竞争性业务充分竞争。而发改委作为铁路的综合监管机构，应严格控制和监管铁路运输成本的核算，建立科学的定价体系。其中，国家发改委对铁路货运价格的调整详见专栏 3-13。

【专栏 3-13】 国家发展改革委关于调整铁路货运价格 进一步完善价格形成机制的通知 发改价格〔2015〕183 号

各省、自治区、直辖市发展改革委、物价局，中国铁路总公司，各国铁控股合资铁路公司：

为适应运输市场发展，进一步推动铁路货运价格市场化，积极引导社会资本投入，加快推进铁路建设，决定适当调整铁路货运价格，并建立上下浮动机制，现就有关事项通知如下：

一、国家铁路货物统一运价率平均每吨千米提高 1 分钱，即由现行 14.51 分钱提高到 15.51 分钱，并作为基准价，允许上浮不超过 10%，下浮仍不限。在上述浮动范围内，铁路运输企业可以根据市场供求状况自主确定具体运价水平。调整后的各类货物铁路运输基准运价率见附件 1。

二、磷矿石整车运输调整为执行 2 号运价，农用化肥调整为执行 4 号运价。其他货物品类适用运价号，铁路货物运输计费里程、质量确定办法等计费相关事项，仍按原铁道部《铁路货物运价规则》（铁运〔2005〕46 号）等有关规定执行。

三、大秦、京秦、京原、丰沙大铁路本线运输煤炭（指发、到站均在本线的煤炭）运价率每吨千米同步提高 1 分钱，即由现行 9.01 分钱提高到 10.01 分钱。取消马玉等 3 条铁路本线及跨线货物运输、长荆等 10 条铁路跨线货物运输特殊运价，改为执行调整后的国家铁路货物统一运价。取消特殊运价的铁路详见附件 2。

四、实行特殊运价的国铁线路及国铁控股合资铁路以国家规定的运价为基准价，允许上浮不超过 10%，下浮仍不限。在上述浮动范围内，铁路运输企业可以根据市场供求状况自主确定具体运价水平。

五、取消铁路运输企业收取的"大宗货物综合物流服务费"。铁路运输企业要严格执行国家价格政策，建立健全内部运行机制，自觉规范价格行为。不得强制服务、强行收费，或只收费不服务。要认真落实明码标价规定，及时在各营业场所公示调整后的各类货物铁路运输基准运价率。

六、各级价格主管部门要加强对铁路运输价格政策执行情况的监督检查，依法查处违法违规价格行为，维护市场正常价格秩序。

上述措施自 2015 年 2 月 1 日起实行，其中运价上浮政策自 2015 年 8 月 1 日起实行。

国家发展改革委

2015 年 1 月 29 日

资料来源：http://jgs.ndrc.gov.cn/zcfg/201501/t20150130_662799.html

3. 对中国铁路总公司发行铁路建设债券的监管

国家发改委承担规划铁路重大建设项目和生产力布局的责任，拟定全社会固定资产投资总规模和投资结构的调控目标、政策及措施，衔接平衡需要安排中央政府投资和涉及铁路重大建设项目的专项规划。安排中央财政性建设资金，按国务院规定权限审批、核准、审核铁路重大建设项目和大额用汇投资项目。比如，国家发改委对中国铁路总公司发行中国铁路建设债券进行核准，详见专栏 3-14。

【专栏 3-14】 国家发展改革委关于中国铁路总公司发行中国铁路建设债券核准的批复 发改企业债券〔2017〕267 号

中国铁路总公司：

你公司《关于申请发行 2017 年度中国铁路建设债券的函》（铁总财函〔2017〕616 号）等有关申报材料收悉。经研究，现批复如下。

一、同意你公司分期发行中国铁路建设债券 3 000 亿元，所筹资金 2 000 亿元用于铁路建设项目和装备购置，1 000 亿元用于债务结构调整。债券在 2018 年年底前采用跨年度方式发行。其中 2017 年发行 1 400 亿元，780 亿元用于哈尔滨站改造工程等 85 个铁路建设项目和物流基地建设项目，150 亿元用于装备购置，470 亿元用于债务结构调整。

二、各期铁路建设债券由铁路建设基金提供不可撤销连带责任保证担保。

三、各期债券承销团从以下 26 家承销机构中选择：中国农业银行股份有限公司、中国工商银行股份有限公司、国开证券有限责任公司、中国建设银行股份有限公司、中信证券股份有限公司、交通银行股份有限公司、中国银行股份有限公司、中信建投证券股份有限公司、国泰君安证券股份有限公司、中银国际证券有限责任公司、招商证券股份有限公司、中国国际金融股份有限公司、中国邮政储蓄银行股份有限公司、西南证券股份有限公司、中国进出口银行、中德证券有限责任公司、中泰证券股份有限公司、广发证券股份有限公司、华泰联合证券有限责任公司、国信证券股份有限公司、申万宏源证券有限公司、光大证券股份有限公司、招商银行股份有限公司、摩根士丹利华鑫证券有限责任公司、信达证券股份有限公司和国海证券股份有限公司。发行人从上述承销机构中确定各期债券承销团的参团成员，各期债券承销团的主承销商不超过 6 家，承销团成员结构应符合相关规定。各期债券由主承销商组织承销团，以余额包销的方式承销。

四、各期债券均为实名制记账式，以全国银行间债券市场债券发行系统招标方式，通过承销团成员在银行间市场以及上海证券交易所、深圳证券交易所向机构投资者公开发行，并分别在中央国债登记结算有限责任公司和中国证券登记结算有限责任公司上海分公司、深圳分公司登记托管。本次债券上市后，机构投资者、个人投资者均可参与交易。

五、各期债券发行期限均不超过 10 个工作日，应在 2018 年 12 月 31 日前发行完毕。各期债券的期限方案及发行时间由你公司根据用款进度安排，如按照有关规定需更新财务审计报告的，你公司应继续符合本次债券的发行条件。请你公司在每期债券发行前 1 个工作日对外公告，发行后将有关材料报我委备案。

六、在各期债券发行前，请你公司和主承销商按照有关规定进行信息披露，并承担相应责任。募集说明书等法律文件应置备于必要地点并登载于相关媒体上，募集说明书摘要应刊登于《中国经济导报》或其他媒体上。

各期债券发行后，应尽快申请在合法交易场所流通或上市，你公司及相关中介机构应按照交易场所的规定进行信息披露，并承担相应责任。

七、中国铁路建设债券为政府支持债券，其投资人所得税减半征收的优惠政策继续延续。

八、主承销商和你公司在各期债券发行期满后 20 个工作日内应向我委报送承销工作报告。

九、你公司应按照核准的募集资金投向使用发债资金，并做好债券资金管理，认真落实偿债保障措施，确保债券本息按期兑付。你公司在债券存续期内发生对债券持有人权益有重大影响的事项，应按照有关规定或约定履行程序，并及时公告，以保障债券持有人的合法权益。

国家发展改革委
2017 年 9 月 29 日

资料来源：http://www.ndrc.gov.cn/zwfwzx/xzxknew/201711/ t20171122_867493.html

3.8 国资委监管职能

3.8.1 国资委作为国资监管者的职能定位

国务院国有资产监督管理委员会（简称国资委），作为国务院直属特设机构，履行党中央规定的职责，详见专栏 3-15。在对营利性国有资本统一监管的模式下，国资委作为国资监管者的职能定位将主要体现在以下四个方面。

（1）国有资本战略布局与规划的主导者

在国有资本改革领域，厘清政府和市场的关系，突出表现在国资委从对国企具体经营监管事务中脱离出来，转变为国有资本宏观战略布局和规划的主导者。

国资委制定的国有资本战略布局和规划并不直接干预企业的经营决策，而是以促进国民经济发展为出发点和落脚点，主要运用市场机制，由企业自主决定投资方向，使投资效益成为引导资源流向的决定性因素。

具体而言，国有资本战略规划是从国民经济和产业规划布局出发，进行资源整合，推动国有资产向优势产业和领域集中；国有资本战略规划是从壮大国有资本和加强资本运作、追求盈利的角度，综合考虑国有资本的进与退，最终形成国有资本的合理流动机制；国有资本战略规划在必要时，可以在授权管理范围内，制定国有经济布局调整和国有企业改革的法规和政策，为避免行政化趋向，国资委在行使这些职能时，应接受相应的监督。

（2）国有资本经营预算的编制者

就国资管理而言，预算和规划是国资布局的"两条腿"，国资规划需要资金的匹配。政府作为国有资本所有者，应建立起独立于公共预算之外的国有资本经营预算，以全面掌握经营性国有资本的收支及资产负债情况，确保国有资本的保值增值。但是，在目前的体制下，国资委并没有支出权，极大地限制了国资委对资金的使用，国有资本战略布局规划无法顺利实现。而在实际工作中，由于国资委比财政部更加了解企业情况，目前清产核资和资产统计等大量基础性工作都是由国资委负责，财政局编制国有资本经营预算最终要依赖国资委。国有资本经营预算的编制权由国资委行使，这有助于实现政府国有资本出资人职能与政府公共管理职能的分离，也有利于政企分开、政资分开，推动国有企业完善现代企业制度。

（3）国有资本运营公司的管理者

在新型国资管理体制下，国资委只需要在把握战略布局规划及国有资本经营预算的基础上，向国有资本运营公司派驻董事行使股东权利，即可实现对国有资本运营公司的管理。具体而言，国资委与国有资本运营公司两者之间应处理好以下两方面的关系：一方面，国资委对国有资本运营公司赋予较大的经营决策自主权。国有资本运营公司原则上成立董事会，在董事会的指导下，以追求盈利为目标，并兼顾政府的产业政策，以自己的商业判断力和灵活性来进行投资和其他业务，有利于国有资产保值增值。另一方面，国资委对国有资本运营公司适当收权，包括部分人事任命权、重大事项决策权及财务审核权。首先，国资委负责组建中间层的董事会，董事会人员可以包含来自国资委内部及其他政府部门的公务员、具有专业知识背景的独立董事以及具有丰富管理经验的执行董事等；其次，在股权并购和出售等重大事项及重大政策制定时，国有资本运营公司必须事先征求国资委意见；最后，国有资本运营公司每年定期报送经审计的财务报表供国资委审阅，使国资委随时了解其经营状况，有效防范失控风险。

（4）国有资产安全的维护者

国资委应重点做好以下四方面工作：① 明晰产权关系，强化产权登记检查和日常管理；② 严把工作流程，依法规范产权交易；③ 全面加强企业净资产核定和资产损失认定，规范资产评估程序和制度，公正地评估国有资产；④ 通过推动国有资产进场（产权交易所）交易和竞价交易制度，使国有资产转让在公平竞争中展开，使整个过程变得高度透明，避免暗箱操作；⑤ 努力做好国有资产收益收缴工作，严格规范资产处置和担保行为，保障国有资产的安全与完整[70]。

【专栏 3-15】 国资委主要职责（选自国务院国有资产监督管理委员会网站）

根据《国务院关于机构设置的通知》（国发〔2008〕11 号），设立国务院国有资产监督管理委员会（正部级），为国务院直属特设机构。国务院国有资产监督管理委员会党委履行党中央规定的职责。

（一）根据国务院授权，依照《中华人民共和国公司法》等法律和行政法规履行出资人职责，监管中央所属企业（不含金融类企业）的国有资产，加强国有资产的管理工作。

（二）承担监督所监管企业国有资产保值增值的责任。建立和完善国有资产保值增值指标体系，制定考核标准，通过统计、稽核对所监管企业国有资产的保值增值情况进行监管，负责所监管企业工资分配管理工作，制定所监管企业负责人收入分配政策并组织实施。

（三）指导推进国有企业改革和重组，推进国有企业的现代企业制度建设，完善公司治理结构，推动国有经济布局和结构的战略性调整。

（四）通过法定程序对所监管企业负责人进行任免、考核并根据其经营业绩进行奖惩，建立符合社会主义市场经济体制和现代企业制度要求的选人、用人机制，完善经营者激励和约束制度。

（五）负责组织所监管企业上交国有资本收益，参与制定国有资本经营预算有关管理制度和办法，按照有关规定负责国有资本经营预决算编制和执行等工作。

（六）按照出资人职责，负责督促检查所监管企业贯彻落实国家安全生产方针政策及有关法律法规、标准等工作。

（七）负责企业国有资产基础管理，起草国有资产管理的法律法规草案，制定有关规章、制度，依法对地方国有资产管理工作进行指导和监督。

（八）承办国务院交办的其他事项。

资料来源：http://www.sasac.gov.cn//n2588020/n2588077/c2588749/content.html

---

3.8.2　国资委对铁路监管职能

在铁路领域，国资委目前只对工程企业（如铁建、中铁）、装备（中车、通号）等有监管权限，而对中国铁路总公司没有监管权限。

以中国南车与中国北车合并为中国中车为例。2015 年 3 月，中国南车和中国北车两大公司收到国资委出具的《关于中国北车股份有限公司与中国南车股份有限公司合并有关问题的批复》，原则同意中国南车、中国北车合并。中国南车与中国北车合并后，新公司将更名为"中国中车股份有限公司"。这体现了国资委在铁路国有资产重组、改革等涉及资产、资本的监管作用。

国资委的监管职能包括分类监管工程、装备两大领域的国有资产，监督国有资本的分割重组与保值增值。

3.9 我国铁路监管体制存在的问题

我国铁路虽然在逐步推进铁路监管体制改革，但我国铁路监管体制仍然存在一些深层次问题和结构性矛盾，主要表现为以下几点。

（1）铁路监管体制改革缺乏顶层设计

目前，铁路监管体制改革进程不明显，各监管部门有效协调不足，导致这些问题的重要原因是缺少一个统筹全局的组织机构进行顶层设计。

首先，铁路监管体制改革是一个复杂和渐进的过程，现有铁路监管机构涉及交通运输部、国家铁路局、国家发改委、财政部、国资委、环保部等多个部门，但铁路监管体制改革很多事项的决策已经超出了这些部门的决策范围，需要组建一个对铁路监管体制改革重要事项进行综合协调的组织机构，对铁路监管体制改革做出顶层设计。

其次，我国现有的铁路监管组织架构为：在交通运输部之内，设置国家铁路局，全面负责我国铁路的安全、运输、工程和设备质量等方面的监督管理，完善监督管理制度和技术标准体系，监督铁路企业落实安全生产主体责任、承担国家规定的公益性运输任务情况，而交通运输部负责制定铁路发展规划并对整个铁路行业进行政策性行政管理，立法指导与监督。除此之外，国家发改委、财政部、国资委、环保部等承担一定的铁路社会监管职能。

由此可以看出，铁路行业监管职能分散在多个监管部门。在实际操作中，由于缺少一个统筹全局的组织机构、监管机构繁多且多方协调不力，很容易出现信息交流不畅通、问题反馈不及时、政策执行不到位等问题，同时对于系统性、全局性的问题也很难做到有效监管和协调，监管效率有待提高。

（2）法律保障较为滞后

我国铁路监管改革虽始于 20 世纪 80 年代，但当时的改革主要是为了解决铁路行业面临的窘迫的财务问题，并没有触动最根本的管理体制问题，改革主要是采取"摸着石头过河"的策略，采取先改革后立法的方式，缺少有效指导铁路监管体制改革的法律保障和制度设计。1991 年，《铁路法》颁布实施后，中国铁路监管改革开始有法可依。此后，放松监管的改革举措密集出台（如网运分离，构建多层次、多元化运价体系等），但由于铁路监管体制改革缺乏必要的法律保障，这些监管改革措施最终归于失败，铁路企业绩效和财务负担并未得到根本改善。21 世纪初以来，我国铁路监管基本没有再出现重大改革，并且现有的《铁路法》与《价格法》已经不能很好地适应社会主义市场经济发展的要求，已不能有效指导我国铁路监管实践。

（3）专业监管机构的监管职能不足

要实现独立、专业的监管，监管者必须拥有核心监管职能，但目前国家铁路局作为铁路行业的专业监管机构，没有投资准入和经济监管等关键职能，监管职能较弱。以经济监管为例，从国家铁路局的成立过程来看，无论是 7 个司局的设立还是相关职能的确定，尽管都对监管职能进行了强化，但在经济监管方面却是很少涉及。有学者即对此表示："经济监管上目前还看不出来，国家铁路局还没有承担起经济监管的责任，比如垄断竞争的监管、铁路企业之间交易的监管、铁路与客户交易的监管、服务质量的内涵是什么、价格关系怎样等，这些问题都没有明确。在这种情况下，如果铁路监管只注重安全监管、市场监管，监管机构以不出事情为原则，反正安全第一，大家就不在乎钱了，所有设备都是现代化的，这样难免会出现投资过度，很容易出现经济问题，所以经济监管必须强化起来。"[71]

同时，同归交通运输部管理的中国民用航空局，作为民航监管管理机构，也具有拟定民航行业价格、收费政策并监督实施，提出民航行业财税等政策建议的职能，充分发挥了市场在资源配置中的决定性作用。

在政企合一的管理体制下，由于严格的市场准入与投资准入监管，原铁道部是国家公益性和商业竞争性等各种不同类型铁路建设的主要筹资主体、投资主体和偿债主体，承担了大量具有国土开发性、社会公益性以及出于国防安全需要的建设任务，而其政策性亏损长期没有得到有效补偿。中国铁路总公司成立后，继承了原铁道部所承担的专运、特运、公益运输与铁路建设等责任，同时承担了全部的债务，再加上铁路投融资体制不畅、融资渠道单一，中国铁路总公司当前政策性负担较重，发展任务重，可能造成铁路发展任务与监管改革出现冲突[4]。在这一客观背景下，中国铁路总公司会更加注重效益的提升，使得专业监管机构国家铁路局的监管职能难以有效发挥。

同时，目前中国铁路总公司其实仍然承担着重要的政府职能，控制着全国绝大部分的铁路线路、客货运输，在铁路运输市场中处于事实上的垄断地位，而当前国家铁路局的职权比较虚化，监管效果并不理想。

（4）监管的独立性较难保证

监管机构保持相对独立可以避免监管侵占，降低被利益集团俘获的可能性，并减少监管失灵现象的发生。目前，国家铁路局缺乏主要的技术和人员储备，全面接手监督管理事项难度较大，许多细致工作仍需铁路总公司配合才能进行，需要铁路总公司提供技术、人员等的支持，国家铁路局的监管独立性相对较弱，其对中国铁路总公司的监管处于长期弱化甚至虚化的状态。同时，国家铁路局也承担了原铁道部的一些其他行政职能，这样又造成行政管理与政府监管于一体的情况，监管职能的履行容易受到政治和政策变化的影响，不满足监管机构独立性的要求。

（5）缺乏监管评估、问责等保障机制

监管是对市场主体经济社会活动的微观干预，科学高效的监管需要合理高效的监管规则、先进规范的评估方法、开放透明的程序、专业负责的监管人员以及有效的监管权力制衡机制。

我国铁路行业的政府管理以行业管理为主，铁路监管法律与监管方法相对滞后，监管过程不透明，缺少专业化的监管人员和科学的监管评估与监督机制。以运价监管为例，现行的运价形成机制不合理，运价制定往往取决于政府意志和成本因素，忽略了市场需求、竞争替代、商业性与公益性区分等因素[4]。

在现行铁路行业的政府监管体制中，缺乏对监管机构的问责监督体制。在无监督和责任追究的前提下，客观上很容易造成两个方面的风险：一是监管机构权力滥用，政策执行低效率，进而出现监管失效；二是监管机构监管权力受限，不能充分发挥监管作用，导致监管效率难以保证。

（6）分类监管体系尚未确立

铁路涵盖工程、装备、路网、运营、资本等不同领域，这些领域的行业特征不同，功能定位也不同，有些具有较强的公益性，有些具有较强的商业性，有些同时具备公共服务、功能性等多种属性，因此监管目的、监管重点和监管方式等应当有差别，才能体现监管的针对性。但目前，我国铁路行业的公益性和商业性未被严格区分，各领域的竞争性和垄断性被捆绑在一起，对铁路采取"一刀切"的监管方式，导致铁路监管缺乏有效性和合理性。因此，应明确铁路行业工程、装备、路网、运营和资本五大领域的监管重点，制定分类监管方法，实现差异化监管。

3.10　本章小结

本章主要分析了我国铁路监管现状，首先从铁路的分类、主要业务及性质、管理体制、技术特征及经济特征五个方面，分别阐述了我国铁路行业的特殊性，以便政府制定科学合理的政策；接着从铁路行业的公共性、外部性、自然垄断性三个角度出发，探讨政府对铁路行业监管的必要性，发现铁路行业相较于其他行业，更容易出现市场失灵的情况，因此需要对其进行监管；然后介绍了我国铁路行业监管的内容以及目前国家铁路局、中国铁路总公司、国资委、财政部和国家发改委的监管职能；最后总结了我国铁路行业监管存在的问题。

我国铁路政府监管可分为经济性监管和社会性监管两大类。铁路行业的监管内容主要包括市场准入、市场退出、投资监管、价格监管、质量监管、垄断性监管、安全技术标准规范、协调与纠纷仲裁、公益性服务监管职能和社会性监管等。结合我国铁路监管现状，我国铁路行业监管体制改革存在缺乏顶层设计，法律保障较为滞后，专业监管机构的监管职能不足，监管的独立性较难保证，缺乏监管评估、问责等保障机制，分类监管体系尚未确立等问题，这些问题严重制约了我国铁路健康发展。

为解决上述问题，我国必须深入推进铁路监管改革。我们应该借鉴国内外监管体制改革经验，并结合我国实际情况，采用渐进式、稳步推进的改革策略，推进我国铁路监管体制改革。

第 4 章　国外铁路监管体制改革实践与启示

20 世纪 80 年代以前，世界上许多国家的铁路处于国有垄断经营状态，在管理方式上，行业准入和市场价格往往受到严格的监督。20 世纪 80 年代以后，在监管与放松监管理论、自然垄断与竞争理论、现代企业制度与公司治理结构理论等不断进步以及国有企业经营绩效低下的双重作用下，许多国家兴起了非国有化的改革浪潮[72]。国外铁路商业化、公司化的改革，重新界定了政府职能和企业职能，各国政府对原有的铁路监管体制也进行了一系列改革。

4.1　美国铁路监管体制改革

4.1.1　美国铁路改革

美国铁路始建于 19 世纪 20 年代，初期处于开放的自由竞争阶段，后由于铁路运输业的过度竞争，美国于 1887 年成立州际商业委员会（Interstate Commerce Commission，ICC），开始对铁路进行规制。第一次世界大战后，为适应战争的需要和尽快结束铁路混乱的局面，美国铁路委员会接管了美国所有铁路，实行集中统一管理。1920 年，联邦政府虽把铁路的管理权归还给私人，却实行严格管制制度，铁路行业实行统一的收费标准。1970 年以来，人们对铁路的认识随着现实的变化发生了根本改变，政府开始对铁路放松管制。自 1971 年起，美国的铁路公司实行客货分营，铁路公司总体上区分为客运铁路公司和货运铁路公司两大类。国家客运铁路公司（Amtrak）是美国唯一的城间客运铁路公司。货运铁路公司绝大部分为私人所有，是美国铁路的主体。2007年，美国有7家Ⅰ级铁路公司，分别是：伯灵顿北方圣太菲铁路公司（BNSR）、切西滨海铁路公司（CSKT）、大干线铁路公司（GTC）、堪萨斯城南方铁路公司（KCS）、诺福克南方铁路公司（NSF）、苏线铁路公司（SOO）和联合太平洋铁路公司（UP）。其中，大干线铁路公司（GTC）和苏线铁路公司（SOO）分别是加拿大国家铁路公司和加拿大太平洋铁路公司的美国子公司。此外，还有数百家Ⅱ级和Ⅲ级铁路公司[73]。

4.1.2 美国铁路的监管体制

（1）州际商业委员会（ICC）

州际商业委员会（Interstate Commerce Commission，ICC）成立于1887年，它对美国铁路的发展产生了重大影响。ICC主要是对美国铁路的运价、运营区域、运输物品以及路网重组等实行全面监管，不允许铁路公司自行制定运价，强调公众利益高于铁路利益，不鼓励价格竞争。由于受到政府全面监管及其他运输方式的激烈竞争，美国铁路在20世纪70年代濒临崩溃，东部的铁路公司纷纷破产。美国政府于1976年推出了《铁路复兴与监管改革法》，终止了ICC对一些特殊运输的监管。1980年出台的《斯塔格斯铁路法》大幅度地解除了对铁路的监管，允许铁路以合同为基础开展经营活动，使得大多数铁路货运运价由公开运价向协商运价转变。此后，政府逐步解除了95%的监管措施。解除监管后，铁路运价平均降低近30%，运量稳步增长。铁路的投资回报率提高，铁路运输市场逐步稳定。《斯塔格斯铁路法》出台后，ICC的作用逐步淡化，并于1995年12月被撤销。

（2）美国地面运输委员会（STB）

美国地面运输委员会（Surface Transportation Board，STB）是在原美国州际商业委员会撤销后，于1996年1月1日成立的一个独立监管机构，直接向总统负责，与运输部没有直接隶属关系。决策机构是理事会，由主席1人、副主席1人、专员1人共计3名成员组成，由总统提名，参议院审议通过。

根据《美国法典》第 49 编第 703 章的规定，STB 的监管活动不受运输部监督或指导。虽然对铁路运输经营监管只是 STB 监管职责的一个方面，但 STB 享有对运输业的经济控制权。STB 的监督职权：① 垄断价格监督权。STB 有权裁决具有市场支配地位的铁路运输经营者构成不合理定价，并要求经营者制定合理价格，STB 可以依职权或依申请展开调查。② 铁路修筑的审批权。《美国法典》第 49 篇 10901 条规定，铁路经营者扩展铁路或新筑铁路都应当经 STB 审批。弃用已修筑铁路，应当先向 STB 提出申请。③ 准司法权。STB 可以发出传票，召开听证，要求证人出庭作证。

STB 主要负责美国铁路的经济监督，主要涉及以下内容：① 负责审批铁路公司的联合、兼并等事宜；② 运价监管，如核定铁路公司的运价是否合理，受理有关运价问题的投诉等；③ 监督各铁路公司枢纽、线路及相关设施的公平开放；④ 审批铁路公司提出的新建或废弃线路申请；⑤ 在紧急情况下，要求铁路承担公共运输义务等[74]。

与以前的州际商业委员会相比，STB 对铁路运价监管的指导思想有所不同，STB 不仅仅强调维护货主利益，同时也强调保持铁路公司合理的盈利水平，提高铁路公司的生存能力和竞争能力，促使其不断更新技术设备，吸引更多运量；对于铁路公司之间的兼并，STB 在判定其垄断与否的同时，更加注重兼并是否能够有效促进企业劳动生产率的提高、运输服务质量的提高和企业成本的降低。

（3）联邦铁路管理局（FRA）

联邦铁路管理局（Federal Railroad Administration，FRA）是根据1966 年交通运输部法案而成立的机构，安全监管是 FRA 最主要的职责。其监管主要做法是：将保障公共利益放在安全监管工作的首位，对安全监察人员实行强化激励与约束机制，建立对监管行为的监督制衡机制等。FRA 共有 750 人，其中联邦一级的安全监察员达 450 人，州一级的安全监察员约 160 人，安全监察员占 FRA 总人数的 80% 以上。

FRA 主要行使对铁路运营的安全监督职能，具体监管职能包括：① 执行联邦关于铁路安全的法律，制定铁路安全管理的相关政策；② 制定铁路安全标准，支持铁路安全相关的研究与科技研发，加强对地方铁路建设的指导和帮助，制定全国铁路规划，管理对国家铁路客运公司的补助。FRA 的监督职权：① 具有制定全国铁路安全标准的权力。《美国法典》第 49 编第二部分——铁路运输部规定了 FRA 的标准制定权限，可由 FRA 制定的安全标准涉及轨道铺设、旅客服务、货车安全、信号安全及其检查维护。② 具有保障铁路运营安全进行的检查权。FRA 及其地方署设置检查员职位，对危险物品、轨道、铁路运行设备、列车员行车操作等事关铁路运营安全的各个方面进行检查，具体的检查事项由《美国法典》的第 201 章及第 203 章予以明确规定。③ 对违法运营者提起民事诉讼或申请刑事强制执行。《美国法典》第 49 篇第 1 章第 103 条（g）项规定，为保障前述安全事项的实现，FRA 可依该法该篇第 213 章的规定，对违法者提起民事诉讼或申请刑事强制。④ 对不符合安全标准运营的事项，有发布紧急命令的权力，以纠正特殊安全问题，防止安全事故发生。此外，FRA 还通过安全咨询发出对铁路和公共安全性的警告，执行与铁路运输公司就安全问题签订的法律协议等，以这些方式实现对铁路运营安全的监督与干预。

FRA 内设安全处、法律事务处、政策规划处、铁路发展处、管理与财务处等，其组织结构如图 4-1 所示。其中，安全处下设安全保障认证部、安全分析部和地区管理安全部，前两者主要为 FRA 的安全监察工作提供技术支持，包括火车司机认证、危险物品检测、安全保障措施评估、交通事故分析等。

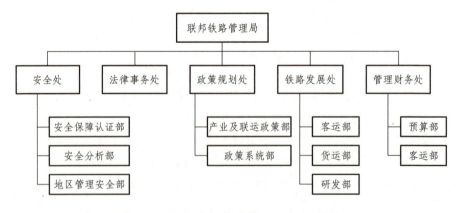

图 4-1　美国联邦铁路管理局组织结构

FRA 拥有交通技术中心（TTC）的所有权，在安全技术研发、试验、培训等方面与铁路公司和厂商全面合作。FRA 的优先安全研发项目包括：减少人为错误引发的事故、车辆病害检测、改进危险物品运输安全等。

（4）全国运输安全委员会（NTSB）

全国运输安全委员会（National Transportation Safety Board, NTSB）是美国联邦政府的一个独立机构，1974 年国会制定独立安全委员会法（Independent Safety Board Act of 1974）将它完全独立出来。该法律规定 NTSB 由 5 人组成的董事会管理，属于任何一个政党的成员不得多于 3 人。成员由总统提名，经过参议院听证投票批准，任期5 年。

NTSB 的责任是负责事故调查，查明原因并提交调查报告。虽然它无权对涉案各方的权利与责任做出司法决定，但是其报告的权威性得到各方尊重。根据《美国法典》第 49 篇第 8 章第 800.3 款，有人死亡、造成严重财产损失或者涉及客运火车的铁路运输事故由 NTSB 调查。NTSB 进行事故调查的核心组织是应急事故调查组，一旦发生运输事故，由 NTSB 组织的专家将在第一时间投入现场调查。调查组的专家均是来自交通、道路等领域的专业人员。调查完毕后，NTSB 将公布调查结果及调查细节，供公众监督。

同时，该法律条款还授权 NTSB 向联邦、州和地方政府机构以及民间组织提出运输安全方面的建议，NTSB 会将在调查中发现的运输安全隐患，以建议的形式传播给社会公众，以防止类似事故的发生[10]。

4.1.3　美国铁路监管体制改革特点

（1）注重监管法治化

要提高监管机构的立法层级，细化立法使监管做到有法可依，保证公正性，防止监管机构不作为、滥用权力、歧视性执法和违背监管程序。美国铁路政府监管机构的组建及其职权都以法律形式明确，并且十分注重监管机构权力行使的程序，以增强监管机构的权威性，并明确界定监管机构的权限。

（2）监管机构的独立性

文献[75]认为，监管机构的独立性是现代监管机构的一个根本特征，其目的是保持监管执法的公正性。美国的铁路监管体系比较完备，以监督管理的内容为划分标准，设置了三个主要监管机构：STB 地面运输委员会、FRA 联邦铁路管理局、NTSB 全国运输安全委员会。另外，为应对铁路面临的公共安全威胁，美国法律还设置一个联席议事的铁路安全委员会，由国家安全委员会、运输部等部门成员联合组成。

4.2　英国铁路监管体制改革

4.2.1　英国铁路改革

英国的铁路改革从 20 世纪 80 年代开始，一直进行到现在多有反复，其铁路基础设施历经"国有—私有—重新收归国有"的过程，改革中遇到巨大波折。但英国政府及时发现改革存在的不足和问题，及时进行政策的调整。国家重新重视铁路产业，使改革转轨并深入下去，不仅扭转了铁路运输产业的不利局面，而且重新确定了铁路在经济生活中重要的基础产业地位，使得铁路产业不断发展，对英国的经济发展产生推动作用。

4.2.2　英国铁路的监管体制

随着 1993 年《英国铁路法》的颁布，英国铁路改革私有化开始。1994 年起，为了实现"网运分离"监管体制，英国设立了两个监管部门。一个是铁路客运特许署（Office of Passenger Rail Franchising，OPRAF），主要职能是对特许客运服务进行管理，以特许权管理为主代表政府监督政府补贴的分配；另一个是铁路监管办公室（Office of the Rail Regulator，ORR），是一个独立的监管部门，定期评估路网公司对运营公司收取的路轨使用费是 ORR 的核心工作。

在 2001 年以后，由于监管过程中出现新的问题，英国成立了铁路战略规划署（Strategic Rail Authority，SRA），全面接管了 OPRAF 的职能并合并了 ORR 的部分职能，在政府直接指导下独立展开工作，其核心任务是路网建设和质量的提升，负责竞标合同的管理。至于铁路安全管制等职能，则由 1975 年成立的国家健康和安全执行委员会（Health &Safety Executive，HSE）负责。

2005 年 4 月 7 日，英国王室批准新的铁路法，最主要条款包括两点：

第一，宣布成立运输部铁路署（Department of Transport Rail Group，DTRG），撤销铁路战略规划署，运输部铁路署接管原铁路战略规划署制定铁路战略职能和财务职能。

第二，铁路监管办公室负责经济监管和安全监管，健康和安全执行委员会将不再负责铁路的安全监管职能。

英国铁路不同改革时期的监管机构设置见表 4-1。

表 4-1　英国铁路改革监管机构一览表[12]

监管机构名称	成立日期	主要监管职能
铁路监管办公室（ORR）	1994 年	①与新的铁路经营者进行谈判和签订经营协议并颁发各类经营执照，同时核准线路的使用权。②监管路网公司。③鼓励铁路产业进行有限竞争，调节各铁路运营公司间的关系。④确保政府铁路运输政策目标的实现
铁路客运特许署（OPRAF）	1994 年	①审批铁路客运特许经营权。②对客运特许经营的管理。③确定和发放政府对铁路客运公司的财政补贴。④以票价管制的方式保护铁路客运乘客的利益
铁路战略规划署（SRA）取代 OPRAF	2001 年	①制定铁路行业的长期发展规划。②领导铁路行业，协调铁路企业关系。③监管铁路行业的相关职能，整合 OPRAF。④拥有原铁路监管办公室的分配政府补贴的职能
铁路监管办公室（ORR）	2004 年（重组）	①整合铁路经济监管和安全监管职能。②不仅监管铁路企业，同时监管政府相关部门。③强化行政审批职能
运输部铁路署（Department of Transport Rail Group）	2005 年	①制定和调整铁路产业发展规划和战略政策。②管理铁路客运特许经营权。③监督新路网公司和铁路运营公司，控制成本，提高绩效，改进管理

目前，铁路监管办公室由 8 个部门组成：总裁室、对外事务部、法律服务部、市场经济部、规划执行部、企业服务部、政策研究部和铁路安全部，其组织机构如图 4-2 所示。铁路安全部负责铁路行业的安全监管。铁路安全部下设铁路路网监管室和铁路运营监管室。其中：① 铁路路网监管室根据地理区域划分为 7 个工作组，管理不同地区的铁路线，另设一个独立小组负责整个铁路网；② 铁路运营监管室分管客运公司、货运公司和轻轨等，按业务设 6 个小组。铁路监管办公室的主要职责及英国铁路安全监管机构的历史详见专栏 4-1。

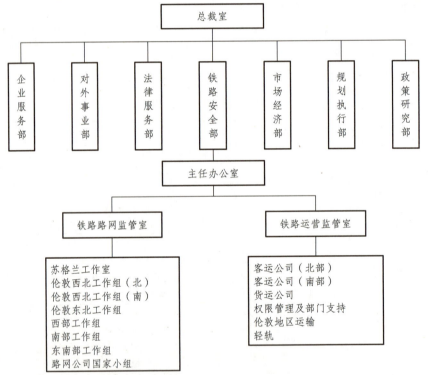

图 4-2　铁路监管办公室组织机构图

资料来源：李娜、李凤玲. 英国铁路行政管理体制的变迁及发展现状[J]. 经济视角，2013（03）：110。

【专栏 4-1】　英国铁路的安全监管（节选自世界轨道交通资讯网）

铁路安全监管机构的历史

　　1994 年，除了通用健康和安全法规之外，还制定了 4 项针对铁路安全的法规文件：

　　（1）铁路及其他轨道交通系统（工程批核）管理规程（ROTS），针对铁路硬件和更新改造的监督机构在包括机车车辆在内的新建和首次改造铁路工程的审批的权力；（2）铁路（系统安全案例）管理规程，针对铁路运营和铁路安全管理；（3）铁路（安全关键工程）管理规程，其中确认关键安全职责，以及履行这些关键职责应具备的能力和条件；（4）关于铁路运输危险货物的管理规程，其中明确了对危险货物运输车辆的更新要求。

　　1994 年，可以说铁路安全监督组的权力和职责达到了最鼎盛时期。这些职责包括有：

　　（1）批准新的铁路工程；（2）审批铁路运营线路的重大更新改造工程；（3）安全法规的贯彻执行；（4）起诉不符合安全规定的行为，包括对铁路授权部门的罚款；（5）处理对铁路部门与安全相关的投诉；（6）列车安全事故信息分析；（7）涉及乘客、员工和市民的安全事件分析；（8）列车防护预警系统的分析；（9）人为因素的分析，特别是冲灯行为；（10）制定铁路平交道口的安全策略；（11）监控涉及铁路线安全的犯罪活动，包括非法侵入和恶意破坏；（12）监控铁路系统的消防安全；（13）监控与安全相关的机车车辆和基础设施故障；（14）监控铁路员工的健康和安全。

　　随着铁路系统拥有权的格局变化，据 2003 年铁路和运输安全法，一个被称为铁路监管办公室（ORR）的新机构于 2004 年 7 月 5 日亦随之诞生，以同时监管铁路的服务质量和运营安全性。以前从属健康与安全执行局管辖的女皇御用铁路安全监督组（HMRI），也被转移到铁路监管办公室（ORR）之内。2009 年 5 月被称为"女皇御用铁路监督组"的法人资质也在 ORR 安全局内被一个新成立的安全总管组（Safety Directorate）取代。但个别铁路安全监督依然保持其女皇御用的衔头。

　　铁路监管办公室是独立的法定机构，它是一个集英国铁路网经济和安全于一体的监管部门。在单项监管方面，铁路监管办公室负责监管全国铁路网络运营商（铁路网络公司），而运输部则负责乘客和列车相关事宜。

国家运输部部长任命 ORR 董事会的任期为 5 年,董事会负责制定其高效的策略和监督,并有效、经济地交付铁路监管办公室(ORR)实施。ORR 董事会由非执行董事和执行董事组合而成,每月召开一次工作会议。

铁路监管办公室(ORR)负责确保铁路网络公司的安全运营,并保持其设施的良好状态。列车运营公司被授予铁路基础设施的经营特许权,由铁路监管办公室(ORR)来完成对这些列车运营公司客运服务的经营许可证手续,同样,对从事货运服务的列车运营公司也由铁路监管办公室(ORR)进行转授经营许可证。

资料来源:http://rail.ally.net.cn/html/2015/magfeat_0511/2196.html

4.2.3　英国铁路监管体制改革特点

(1)完善的监管立法

在英国铁路监管体制改革过程中,与铁路相关的立法总是走在铁路改革的前头,每一次铁路产业重大变化都是在铁路法律颁布之后出现的。铁路的相关立法对铁路监管体制改革起到了基础性的作用。英国议会作为国家的立法机关,始终是铁路产业的特殊监管机构,其中一个重要的体现就是对铁路产业的立法。不同发展阶段有不同的立法,不同的改革方向同样由法律做出规定。

英国的铁路监管体制改革采取"先立法,再改革"模式。改革在明确的法律规定的条文下进行,改革有法可依,最大限度地保证改革在设定的轨道上运行,同时规范改革期间政府和改革相关企业的行为,不至于出现明显的监管真空地带,影响改革的成果,最大限度地实现改革的目标。

(2)国有企业改革的核心首先是将政企分开

英国铁路改革的首要目的是先将铁路行业运营与英国政府分离开来,实现政企分开。过去,英国政府直接管理和经营铁路,导致政企不分,效率低下;而现在则是将铁路行业交由非国有企业来经营,也就是经营民营化,且引进了竞争机制和目标管理机制,这样使经营效率提高,真正实现了政企分开。将政府与企业分离开来，给企业更多的自主权。在政企分开后，属于社会公共职能的部分，政府以补贴方式对经营者进行补偿。所有者、经营者、社会公共职能在这里被有机统一起来。

（3）合理的政府监督机构设置

英国的几次铁路改革在监管方面都进行了调整，尤其是在私有化改革和改革重组时期。在具体的执行监管职能的监管机构方面，不同时期的机构设置不同。在私有化改革时期，英国成立了具有综合监管职能的铁路监管办公室和主要负责客运特许经营的铁路客运特许署，同时还有负责铁路安全监管的健康和安全执行委员会。新的机构在铁路私有化改革时期起到了监管的作用，保证了铁路产业的正常运营。但是随着时间的推移，经济监管和安全监管职能不统一、安全监管不到位、铁路产业战略发展规划职能缺失等问题逐渐显现。

针对这些问题，在私有化改革后期，英国政府撤销了铁路客运特许经营办公室，成立了铁路战略规划署，专门负责制定铁路产业的战略规划和长远发展。拥有制定重要的铁路战略发展计划职能的铁路战略规划署，具有半独立性质。在改革重组时期，英国政府为解决这一问题，在运输部内成立新的部门——铁路署，取代了铁路战略规划署，负责铁路产业的发展规划和铁路政策等职能。这样既保证了铁路产业发展战略规划职能不落空，同时也保证了政府对铁路发展和政策制定方面的绝对影响力和控制力。与此同时，在具体的铁路监管上统一监管职能。铁路监管办公室负责原属于健康和安全执行委员会的铁路安全监管职能，这样铁路监管办公室统一了铁路安全监管和经济监管的职能，铁路产业不再出现监管重叠或监管缺位的现象，监管机构和监管职能进一步完善。

4.3　日本铁路监管体制改革

4.3.1　日本铁路改革

经历了 19 世纪末的大规模私营铁路建设时代后，日本铁路形成一定规模。20 世纪 40 年代左右，日本铁路完成国有化，耗时半个世纪。国有化后不到 20 年，日本铁路出现了一系列问题，详见专栏 4-2。

【专栏 4-2】 日本国铁新生记（节选自《财经》杂志）

背景

第二次世界大战以后，公路和民航在日本得到了突飞猛进的发展，使铁路的市场份额不断下降。

在客运方面，1960 年原日本国铁的客运市场份额占全国客运市场份额的 50%以上，到改革前 20 世纪 80 年代，国铁的市场份额下降为 23%左右。在货运方面，铁路市场份额由 1955 年的 50%以上，下降为改革前的 5%左右。

与此同时，在国有国营的体制下，政府一方面要求铁路以"负债"的方式建设和运营新干线，使铁路负债累累，亏损严重；另一方面，又对铁路的运价、人事、投资计划和经营范围进行严格控制。更重要的是，国铁长期形成的庞大组织机构、"铁饭碗"制度使得国铁公司的管理层和员工认为"国铁是一条不沉的船"，普遍缺乏危机感，成本意识薄弱，生产效率较低，经营状况日趋恶化。

在国家每年支付巨额补贴的情况下，20 世纪 80 年代国铁的赤字还是连年超过了 1 万亿日元，1985 年达到了顶峰 1.85 万亿日元。为了减亏，国铁在 1977—1987 年先后 13 次提高运价，但仍无济于事。到了改革前的 1986 年，日本国铁、铁路建设公司等部门累计的铁路长期债务高达 37.1 万亿日元（折合 3 370 亿美元，超过了当时日本 GDP 的 10%）。

经过长时间的酝酿，日本议会于 1982 年提出了"取消国有国营的制度，将国铁民营化，并且分立为若干个区域公司"的初步方案，在此基础上，经过各方近五年的研究、争论和博弈，终于在 1987 年 4 月实施了改革。

具体的改革方案包括以下几部分内容。

将原日本国铁分解，设置六个区域性客运公司和一个全国性的货运公司。即对于北海道、四国、九州的三个岛屿，分别成立独立的公司；对于本州，考虑客运市场的完整情况和经营管理上的适度规模等因素分别设立了东、中、西日本三个铁路公司。作为线路的主要使用者，客运公司拥有线路、土地和机车车辆，同时对货运公司开放线路使用权，并按短期可避免成本收取线路使用费。

将客货运公司由原国家全资的特殊公司变成了股份制公司，并计划通过股票上市实现向民营化、私有化的转变。

对于国铁 37.1 万亿日元的巨额债务，在保证新公司财务健康的条件下，由新公司负担了近 1/3 的债务；剩余的 2/3 债务交由专门成立的国铁清算事业团处理。

成立"经营稳定基金"，通过对基金的运作保证运量较少的北海道、四国、九州三个客运公司的收支平衡。

减员增效。由改革前的 27.7 万人，减少为 20.1 万人，对于被裁员的 7.6 万员工，通过政府介绍重新就职。

成效

铁路的改革使得新成立的日本铁路各公司与政府的关系明确为"对于股东的责任"，铁路的管理者必须从关心政治家的要求、运输生产和提高运输价格，转变为关心市场需求和通过提供客户所要求的服务来增加收益。由国铁时的"等客上车"转变为"千方百计吸引乘客上车"。

改革后，日本铁路的运量得到较大增长，企业效益提高，减亏扭亏增盈。旅客周转量在改革前五年平均增长 0.6%，改革后七年平均增长 3.4%，1997 年达到 2 477 亿人千米，是 1986 年的 1.25 倍。其后，即使在日本经济持续低迷的今天，铁路运量仍基本维持稳定。七家公司由国铁时期的巨额亏损转为改革后年平均实现利润 2 000 亿日元，每年平均向国家上缴 1 000 亿日元的税金。

日本国铁改革充分利用股权资本市场，吸引了相当数量的社会资金和国际投资者。位于本州的三家公司满足上市要求后，日本政府于 1993 年开始出售东日本铁路股票，以 1∶7.8 的比例向社会溢价发行股票 257 万股，获得了 1 万亿日元的资金。2001 年，政府将手中的东日本铁路股票全部售出，16.6% 为外国投资者所有。到 2004 年，政府又将手中的西日本股票全部售出。目前，政府只持有中日本铁路公司 13% 的股票。2002 年后，东日本和中日本公司先后被《福布斯杂志》

评为世界 500 强，成为现代化的国际公司。

改革后，本州的三家铁路公司运价基本维持不变，只有九州、四国和北海道铁路公司于 1996 年提高了运价 6.6%，未出现原先预想的运价大幅上升的情况。更重要的是，政府放松了对铁路运价的管制，由改革前的"审核制"，变为运价上限管制和"备案制"。

民营化后，日本铁路公司员工丢掉了国铁时代铁饭碗的意识，劳资关系改善，劳动生产率由 1986 年的 89 万人千米/人提高到 1996 年的 163 万人千米/人，增长了 83%。2010 年又进一步提高到了 201 万人千米/人。

公司化的体制，竞争和奖惩机制的引入，使得员工的危机感和紧迫感大大增加，积极性和服务质量普遍提高，服务项目增加。

改革后，各公司普遍加强了安全意识和责任，加大了保障安全方面的资金投入，一个明显的效果是铁路行车事故减少，安全性提高。每百万列车千米的事故件数由 1987 年的 1.5 件下降到 1998 年的 0.8 件。而政府则通过简化手续、制定技术标准和强化事后检查等措施实施了有效的安全监管。

此外，与其他私营铁路相比，虽然各公司的多种经营收入占营业收入的比重还有待提高，但是在稳步增长，同时，对职工提供了在铁路业务以外的领域发挥能力的机会，促进了职工工作积极性的提高。

资料来源：http://www.sohu.com/a/108593148_180330

1983 年，日本针对铁路改革成立了一个委员会 —— 日本国有铁路改组监督委员会。1987 年，日本进行了民营化改革，组建 JR 铁路集团，按区域公司模式分为 6 家客运公司（JR 东日本、JR 西日本、JR 东海、JR 九州、JR 四国、JR 北海道），并成立了 1 家全国统一运行、向客运公司租借线路的货运公司。原国铁的全部资产、业务、债务由这些新机构继承，JR 各铁路集团公司与日本一般企业一样，确立了以利润最大化为原则的市场主体地位，自负盈亏，独立经营。7 家铁路公司全部改组为股份公司，法律对国家的持股率和外国人持股无任何限制，每家公司都有自己的管理机构。政府不再是"企业主"，对铁路企业基本不干预，只参与重大事件的决策和管理，主要通过选择执行

董事、简化管理手续、制定技术标准和强化事后检查等措施，实施监督和控制。在运价监管上，日本实行运价上限价格认可制。到 2006 年，JR 东日本、JR 东海、JR 西日本已成为完全的私营铁路公司并上市。

4.3.2　日本铁路的监管体制

日本是世界上最精简政府之一，大部制改革早、效果好。国土交通省（Ministry of Land，Infrastructure，Transport and Tourism）是日本的中央省厅之一，在 2001 年的中央省厅再编中由运输省、建设省、北海道开发厅和国土厅等机关合并而成，负责管理国土规划、基础设施建设、海事安全、观光、交通运输等事务[76]。

日本铁路行业主要由国土交通省及下设机构负责，其主要监督职能包括以下几个方面：① 审批和发放铁路企业经营许可证；② 按标准审批铁路旅客和货物的运价和费用；③ 审批铁路企业工程计划，对在指定的工程期之前完成的铁道设施工程进行竣工检查，做出检查和结论；④ 保护铁路用户的方便性及公共利益；⑤ 以"运输安全管理制度"为核心，监督铁路企业遵守安全法令、法规。

其中，日本铁路安全监管体制组织结构如图 4-3 所示。

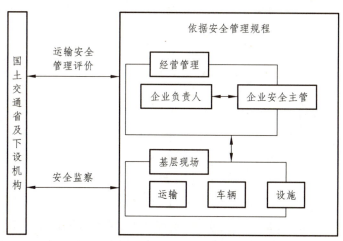

图 4-3　日本铁路安全监管体制组织结构图[77]

日本采用在行业主管部门内设置监管机构的模式，主要的监管内容包括市场准入、产品准入、基础设施监管、运输业务监管、经济监管、安全监管等方面（见专栏 4-3）。

【专栏 4-3】　日本铁路监管模式

日本铁路行业的政府监管体制及其演变与自身铁路经营的市场环境有很大的关系。1983 年，针对铁路改革成立了一个委员会——日本国有铁路改组监督委员会，专门负责这项工作。1987 年，日本出台改革方案，将日本原有国铁线路划分为 7 家公司经营，政府不再是"企业主"，而对铁路行业的政府监管通过国铁清算事业团来实现。政府对铁路企业基本不干预，只参与重大事件的决策和管理，主要通过选择执行董事、简化管理手续、制定技术标准和强化事后检查等措施实施有效的监督和控制；在运价监管上，日本实行运价上限价格认可制。上限价格制是指铁道运输者在决定或者变更客货运运费及其他收费的上限金额后，报请国土交通省认可，在上述认可的上限范围内由运输者自己决定，然后再报请国土交通省备案。

日本铁路行业的监管机构相对比较单一，无论是运输企业市场准入，还是产品准入、基础设施监管、运输业务监管、经济监管、安全监管都是由主管机构国土交通省下设的铁道局完成。

资料来源：林雪梅. 铁路行业的政府监管体制研究[D]. 成都：西南交通大学，2013.

4.3.3　日本铁路的监管体制改革特点

（1）放宽铁路运价限制

改革后，铁路运价由国会的议决制变为运输大臣认可制，只要运价满足其构成为合理的成本加一定的利润、不对特定的旅客和货主给予歧视性待遇、不使铁路运输需求者负担困难、不与其他铁路企业发生恶性竞争等条件即可获得认可。同时，由大臣认可利润是在有效经营下适当成本基础上的适当范围内，在其上限之内只需事先提出申报。

这种变化标志着国家对铁路运价限制的进一步放宽。铁路企业只要获得上限价格的认可，对既有线路的特快票价、卧铺、对号座席及各种票价的折扣优惠，仅提出申报即可，对站台票价、退票费等已无限制。

（2）合理的安全监管体制

日本铁路一贯重视运输安全，安全水平较高，特别是新干线运输创下了连续 50 多年列车事故无人员死亡的纪录。从其安全方面的监督管理体制来看，主要包括两个部分：一是国土交通省对运输企业安全管理的评价，二是运输企业内部建立从最高层管理人员到最基层工作人员的上下一体安全体制。其注重在企业内形成一个从上到下一体化的安全责任机制，明确管理决策人员的责任分工及责任追究制度，在现场落实安全生产措施，强化考核机制，同时增进上下级的沟通，营造共保安全的良好氛围。

通过政府评价与企业督察，可使企业正视自身实际，明确安全整改方向。

（3）由市场决定的铁路企业结构

在原国铁分割时，6 个客运公司的划分并非单纯考虑地理因素而主要是根据运输市场和经营基础，应注意以下 3 点：

① 考虑到符合客流特点，不能对旅客造成不便，因此尽量不在旅客通过量大的地点分界。分割后各公司管内的旅客运输占到 95%，只有 2%的列车跨公司运行。

② 确保各公司的相对收益完整，既有线和新干线的合并经营必须达到财务平衡并进行适度的内部交叉补贴。东海道新干线跨越了东、中、西三个公司，但中日本公司仅靠既有线不能维持正常经营，于是将东海道全线归其所有。

③ 公司的规模和人员要适度，应在有效的管理范围之内。

4.4　德国铁路监管体制改革

4.4.1　德国铁路改革

德国的铁路改革可分为 3 个阶段[75]：

第一阶段，1944—1988 年，1993 年经内阁和众、参两院通过，制定《基本法（宪法）修正案》和《铁路新秩序法》，于 1994 年 1 月 1 日开始实施。该阶段主要是进行两德铁路合并，建立政府独资的铁路股份公司（DB 集团）。

第二阶段，1999 年开始，在铁路股份公司内设客运公司、货运公司、车站服务公司、线路公司和房地产公司 5 个独立子公司。

第三阶段，德国铁路进入私有化阶段，DB 集团曾打算将公司全部拆分成小公司逐个上市，2008 年 5 月，德国联邦议院也批准了 DB 集团部分私有化计划。但到 2008 年年底，由于受金融危机的不确定因素影响，计划中的资本私有化进程被无限期推迟。2011 年 1 月，首次公开募股计划也完全被取消。目前 DB 集团仍然为国有独资公司。

德国铁路改革采取循序渐进、分阶段实施的方式。联邦政府通过铁路资产局拥有对国家铁路的控股权，在组建联邦铁路管理局和 DB 集团的基础上，逐步实现政企分开，对 DB 集团内部实施配套改革，使其成为真正的按公司法运作的独立企业。

4.4.2　德国铁路的监管体制

德国的铁路行业政府监管体制的建立分为两个层次：第一个层次的监管机构是联邦交通部；第二层次属于两个机构，联邦铁路管理局和联邦铁路资产局。其中：① 联邦铁路局虽隶属于联邦交通部，但可以独立行使权力，对联邦铁路行使一级政府监管[①]；② 联邦铁路资产局是为解决历史遗留问题而存在的，旨在解决德国铁路的债务问题，同时对重大城市的特殊资产有管理权。

（1）联邦交通部的主要职责包括：管制联邦交通、建设、住宅等事务，设有铁道司，主要负责铁路立法、铁路发展规划、国家投资项

[①] 联邦铁路局下设综合、建设、机车车辆运营、投资管理、财务管理、事故调查处理、法律等部门，而我国国家铁路局下设综合司（外事司）、科技与法制司、安全监察司、运输监督管理司、工程监督管理司、设备监督管理司、人事司等。两者的主要职责也有相似之处。

目审批等，下设基本问题研究、立法、资产管理、运营管理、投资项目规划和综合联络等部门。

（2）联邦铁路管理局的主要职责包括：颁发和吊销铁路运营许可证；审批铁路建设规划；保证路网准入无歧视性；对线路等基本建设项目，进行审查鉴定；对基本建设项目进行施工监督；对机车车辆等技术设备进行技术监督；对铁路机车车辆运营许可进行审批，发放许可证，并对其在路网的运行状态进行监控；对铁路运输作业标准进行监督；监督国家对路网投资情况；铁路事故调查、鉴定和处理[78]。

（3）联邦铁路资产局作为留守机构，它的主要职责是：非铁路不动产的管理和使用；债务的管理和清偿；法定人员（公务员）的待遇和管理；保持并扩大企业的社会性设施。

4.4.3　德国铁路的监管体制改革特点

（1）铁路立法奠定改革基础

德国铁路改革的一个重要经验是首先从立法入手，由国会和政府通过一系列有关铁路改革的法律法规，包括修订《基本法》和制定《铁路新秩序法》。铁路新秩序法主要包括：《联邦铁路合并与重组法》《德国铁路股份公司组建法》《通用铁路法》《联邦对铁路交通运输管制法》《联邦铁路线路扩建法》《短途客运地方化法》《乡镇公共交通筹资法》等。这些法律法规的颁布实施，不仅为德国铁路改革规定了目标、任务和实施步骤，而且为铁路重组、建设投资财政保证、线路维修财政来源、旧债务处理、铁路管理机构、政府管制及铁路公司的权限等一系列问题做出明确规定，为德国铁路改革奠定了坚实的法律基础。

（2）建立铁路标准规范体系

在政企分开后，德国铁路建立了完整的技术标准体系。第一级为联邦铁路管理局颁布的法律、规定、职责条例和规程；第二级为德国国家规范 DIN（类似于我国的国家标准）；第三级为 DB 集团的规定、规章和规程。作为国家铁路法，《AEG：一般铁路法》是最高法律，规定了铁路的地位、作用等，适用标准为德国铁路技术管理规程（EBO）及各专业规范（DS、Ril）系列。DS、Ril 系列与工业标准 DIN 规范相互兼容，只补充与 DIN 规范不同或缺少的约定。随着欧洲的一体化，其部分标准由于通用性强，已纳入欧洲标准（EN）或与欧洲标准（EN）等效。

（3）妥善处理债务和冗余人员

相对地，法国铁路不敢轻言改革的原因之一在于人员的安置问题，如果对这个问题处理不当，影响的不仅仅是铁路，而且也包含着其他产业。铁路本身是一个高投入的产业，投资额大、建设期长、风险大，如果缺乏国家投资的强有力的支持，铁路的自我发展就会受到很大影响。改革后，联邦政府设置联邦铁路资产局，妥善地处理了债务和人员安置问题，激发了铁路产业尽快复苏，减少了改革中的阻力。

（4）外部改革与内部改革同步进行

外部改革方面，德国铁路实行重组合并，成立联邦铁路管理局、联邦铁路资产局和德国联邦铁路股份公司，将政府职能与企业职能相分离，实施政企分开，在放开运输市场参与竞争、实现铁路运输企业经营多主体的市场化运作等方面取得了较好的经验。

内部改革方面，德国铁路通过加强监管体系建设，明确机构设置职能，将 DB 集团的基础设施、客运、货运物流三大核心业务分为 9 个业务单元，逐步加强内部配套改革。

4.5 瑞典铁路监管体制改革

4.5.1 瑞典铁路改革

1988 年之前，瑞典铁路基本是垄断经营，采取严格的管控制度。1988 年，瑞典铁路开始进行"网运分离"改革，成立瑞典国家铁路公司（Statens Järnvägar，SJ）和瑞典国家铁路管理局（Banverket，BV）。随后，瑞典政府逐步开放铁路运输市场，引入内部竞争，1998 年货运全部放开管制，客运部分放开管制，允许任何符合规定的企业（包括外国企业）在国铁线路经营客货运业务，但 SJ 在线路能力分配上有优先权。2001 年，为了改善铁路内部竞争环境，提高铁路服务质量，瑞典政府对 SJ 进行了重组，实行客货分营，主辅分离，将 SJ 分拆为 3 个独立的公司，分别为客运公司、绿色货运公司和控股公司，在加强政府监管的同时，通过放松管制、引入竞争，使市场机制的效应更加明显，运输效率不断提高[13]。

4.5.2　瑞典铁路的监管体制

1988 年，瑞典铁路开始实行网运分离的改革，成立了按商业化运作的瑞典国家铁路公司（SJ）和按公共管理部门运作的瑞典国家铁路管理局（BV）。SJ 主要从事铁路运营服务，BV 负责铁路基础设施的建设、运营和管理。瑞典铁路政府监管机构设在 BV 内部，按政府授权对铁路实施监管。瑞典国家铁路管理局（BV）的组织机构如图 4-4 所示。

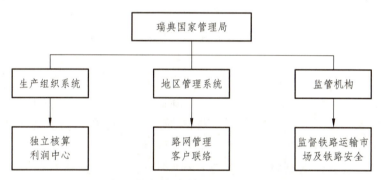

图 4-4　瑞典国家铁路管理局（BV）组织机构

目前，在 BV 内的铁路监管机构是运输调度指挥中心和铁路安全监察部。

（1）运输调度指挥中心：负责铁路运输市场监管。其主要职责是：① 按照公平竞争的原则，向运输经营者提供良好的铁路运输机会；② 决定线路能力分配，制定列车运行图及列车时刻表；③ 通过列车调度指挥，控制协议规定的运输量；④ 在 BV 与运输经营者之间没有达成协议时，为运输经营者提供相关的技术经济资料；⑤ 在其职责内制定规章制度，负责运输调度指挥中的安全；⑥ 监督及报告铁路运输正点情况。

（2）铁路安全监察部：负责安全监管。其主要职责是：① 制定铁路、地铁及有轨电车的安全标准；② 监督安全标准的贯彻实施；③ 对铁路、地铁、有轨电车的行车事故和准行车事故进行调查；④ 为运营者颁发执照和许可证；⑤ 办理线路基础设施、机车车辆和运输控制许可证；⑥ 颁发国际铁路运输安全许可证；⑦ 制定和公布保证安全法令、法规、规章和标准执行的禁令和禁律；⑧ 参与欧盟铁路安全法规的制定。

4.5.3 瑞典铁路的监管体制改革特点

（1）监管机构设在铁路内部，实行相对独立运作

BV 内的铁路监管机构实质是执法部门，根据政府授权，依据欧盟和瑞典国家的有关法律法规，在瑞典工业交通就业劳动部基础产业司的政策指导下，对铁路实施监管。经费绝大部分由国家财政拨款，机构负责人由政府直接任命。在铁路改革过程中，现行政府监管机构发挥了重要作用。

（2）兼顾铁路公益性和商业性

瑞典通过改革，使铁路的公益性和商业性分别归属于相应的载体，实现了"两个分离"：第一个分离是铁路基础设施和铁路运输分离，基础设施建设由 BV 负责，政府投资，铁路运输由 SJ 及其他线路运营者承担；第二个分离是将盈利线与亏损线分离，以主要干线为代表的盈利线由 SJ 进行垄断经营，以地方支线为代表的亏损线则由地方政府实行特许权经营，国家给予适当补贴。"两个分离"实现了对铁路公益性与商业性双重属性的明确界定，使瑞典铁路焕发出了前所未有的生命力。

（3）在过渡中不断调整完善

瑞典铁路政府监管体制的建立，是与铁路改革同步进行的，由于改革是渐进式的，现行政府监管体制也基本是过渡型的，在过渡中不断调整完善。近年来，在三个方面进行了较大调整。

一是线路使用费定价。由于瑞典铁路网实行垄断经营，线路使用费价格成为瑞典政府监管的重要内容。瑞典政府制定线路使用费价格

的指导思想是：在综合考虑各种运输方式社会成本的基础上，以鼓励社会最大限度地利用铁路运输为出发点，通过国家财政补贴平衡铁路线路收费与公路收费的关系，充分发挥铁路运输的技术经济优势。确定线路使用费价格的基本程序是：依据上述指导思想，由 BV 提出定价建议，政府进行审批。

二是运输调度指挥中心。1988 年瑞典国铁改革时，运输调度指挥中心属于 SJ，随着改革的深入，这种体制的弊端日益突出，不利于加强政府监管和引入竞争机制。1996 年，运输调度指挥中心从 SJ 划出，并入 BV，成为政府监管机构的组成部分。调整后进一步明确了运输调度指挥中心的职责和管理界面，强化了政府对铁路运输市场的监管。面临的新问题是运输集中统一指挥与铁路运输市场监管职能有所交叉，在一定程度上影响了公平竞争和有序竞争。

三是国家公共运输局。1998 年前，国家公共运输局的前身是设在 BV 内的公共运输购买委员会，负责政府对非营利性铁路客运产品的购买，并负责地方运输当局支付关于接管地区运输的费用，委员会按照政府的指令工作。1999 年 7 月，国家公共运输局成立，独立于铁路、航空、航运等系统之外，承担这些运输方式非营利性运输产品的购买。与此同时，非营利性铁路客运产品的购买分为两部分，国家公共运输局购买非营利性跨地区铁路客运产品；短途客运大多属于公益性服务，这部分非营利性铁路客运产品的购买实行特许经营权方式，由 24 个地方铁路管理局通过招标确定经营者，中标者获得经营合同收入，而地方铁路客运的票价收入上交地方政府[14]。

4.6　国外铁路监管体制改革经验对我国的启示

4.6.1　国外铁路监管体制改革经验

（1）国外铁路的政府监管机构，在组织形式上主要有两种形式。

一种是由政府主管部门直接监管，例如美国的联邦铁路管理局、日本的国土交通省、德国的联邦铁路局；另一种是由政府组建并授权的专门监管机构间接监管，例如英国铁路监管办公室和铁路战略规划署、美国的地面运输委员会、瑞典的国家铁路管理局。

（2）国外铁路的监管体系中，不同内容由不同部门负责监管。

美国的铁路监管体系比较完备，以监督管理的内容为划分标准，设置了三个主要监管机构：FRA 联邦铁路署、STB 地面运输委员会、NTSB 全国运输安全委员会，分别执掌铁路运营安全、铁路运营市场与铁路运输事故调查的监管职能。

（3）国外在铁路改革和重组过程中，政府监管机构的组建，主要通过以下方式。

① 将原国有铁路中属于政府职能的部分逐步剥离出来，重组为政府的监管机构。比如说德国铁路实行重组合并，成立联邦铁路管理局、联邦铁路资产局和德国联邦铁路股份公司，将政府职能与企业职能相分离，实施政企分开。

② 单独组建专门的监管机构。比如说英国为了实现"网运分离"监管体制，设立了两个监管部门：一个是铁路客运特许署，主要职能是对特许客运服务进行管理，以特许权管理为主，代表着政府进行监督政府的补贴分配；另一个是铁路监管办公室，主要是定期评估路网公司对运营公司收取的路轨使用费。

③ 完善和增强原政府行业管理机构对铁路的监管职能。比如说，随着日本铁路改革的逐步推进，最终政府对铁路企业基本不干预，只参与重大事件的决策和管理，主要通过选择执行董事、简化管理手续、制定技术标准和强化事后检查等措施，实施监督和控制。

④ 根据铁路改革和发展中的实际需要，适时组建新的监管机构。如英国铁路，在 2001 年以后，由于监管过程中出现新的问题，便成立了铁路战略规划署，全面接管了铁路客运特许署的职能和合并了铁路监管办公室的部分职能，在政府直接指导下独立展开工作，其核心任务是路网建设和质量的提升，负责竞标合同的管理；而美国地面运输委员会是在原美国州际商业委员会撤销后成立的独立监管机构。与以前的州际商业委员会相比，美国地面运输委员对铁路运价监管的指导思想有所不同，不仅仅强调维护货主利益，同时还强调保持铁路公司合理的盈利水平，提高铁路公司的生存能力和竞争能力。

表 4-2 从市场结构、所有权、组织结构、监管体制和效果分析几个方面对国外铁路管理体制进行了总结。

表 4-2　国外铁路管理监管体制总结

国家	市场结构	所有权	组织机构	监管体制	效果分析
美国	大、中、小企业并存	私营企业所有	货运与路网合一、客运向货运租用路网	STB 地面运输委员会：对美国铁路的经济监督；FRA 联邦铁路署：对安全方面的监管；NTSB 全国运输安全委员会：负责事故调查，查明原因并提交调查报告	效率提高，市场占有率回升
英国	1 家线路公司、25 个客运、6 个货运以及多家设备租赁、维修、改造公司	私营企业所有	网运分离、客货分离	铁路监管办公室；运输部铁路署	市场份额提升、服务质量明显提高
日本	6 家客运公司和 1 家货运公司	民营	客运与路网合一、货运向客运租用路网	国土交通省及其下属机构进行运输安全管理评价和安全监察	效率提高、实现盈利、财务状况明显好转
德国	德国铁路股份公司	国有	政企分开、网运分离	联邦交通部：负责管制联邦交通、建设、住宅等事务；联邦铁路局：对联邦铁路实行一级管制；联邦铁路资产局：负责德国铁路的历史债务处置、柏林等地的特殊资产管理	竞争机制尚未建立起来，经营状况不理想，服务质量有待提高
瑞典	瑞典国家铁路公司（SJ）和瑞典国家铁路管理局（BV）	私营企业所有	网运分离	瑞典铁路政府监管机构设在 BV 内部，按政府授权对铁路实施监管	运输效率不断提高、货运份额在欧盟中最高

4.6.2 国外铁路监管体制改革对我国的启示

结合以上国家铁路监管体制改革的经验，同时考虑我国铁路运输产业的实际情况，得到以下启示：

（1）立法先行

国外在铁路行业监管改革过程中，都出台了相关的法律为铁路监管改革提供法律基础和执行依据。美国、英国、日本、德国等国家铁路的政府监管注重立法先行，确立了一套较为完善的能依法对铁路进行行业监管的制度体系。

《美国法典》（US Code）是美国联邦权限内法律的汇编，主要涉及铁路事务的部分为第 45 篇（铁路篇）和第 49 篇（运输篇），其中就明确规定了联邦铁路管理局、地面运输委员会和全国运输安全委员会等主要铁路监管机构的组织、责任和权力等内容[16]。

在早期工业化时期，英国议会发布《1840 年西摩尔条例》和《1852 年格莱斯顿补充条例》，法案规定了铁路的监督机构及其监督权力。在 1947 年运输法案颁布后，成立了国有英国铁路公司。至 20 世纪 80 年代，英国铁路开始私有化浪潮，到 1993 年《英国铁路法》获得通过，英国铁路国有化被打破，私有化成为铁路产业的发展方向。2000 年，《运输法》规定成立新的铁路监管机构。2005 年，英国通过的新《铁路法》，提出成立运输部铁路署，并对铁路监管职能进行了规定。可见，以法律作为保障，铁路行业的政府监管才会有理有据，顺利实行。

德国铁路改革是在国会和政府通过了一系列有关铁路改革的法律法规的基础上进行的，包括修订《基本法》和制定《铁路新秩序法》。这些颁布实施的法律法规，不仅为德国铁路改革规定了目标、任务和实施步骤，也对铁路监管机构权限等一系列问题做出了明确规定。

现代监管的本质是一个法治问题，监管机构必须通过法律授权，依法行使监管职能，才能进行有效监管。同样，在铁路行业监管体制中，立法是基础，具有特别重要的作用。

（2）增强监管机构独立性

监管机构的独立性是现代监管机构的一个根本特征，其目的是保持监管执法的公正性。除美国外，世界多国铁路均采取了独立监管的原则。监管机构的独立性有两层含义：一是指铁路监管机构的监管执行职能与统筹铁路行业发展规划职能的分离，即监管机构专注铁路行业监管，不受其他行政管理部门干预和控制，以有效化解铁路监管和发展之间的矛盾；二是指监管机构与其监管对象铁路企业的独立，可以减少铁路企业的干扰，从而减少监管越位的现象。具体来说，要通过立法保障监管机构在组织体系上的独立性，还要保障铁路监管机构人员的人事任免、工作待遇上的独立性[75]。

（3）实行灵活有效的经济监管

起初，为了保护公共利益，国外各国政府往往对铁路运价实行严格管制。随着铁路运输的不断发展，运输市场的供需变化、运输技术及运输组织结构的变化引起公共利益的变化，监管需求也随之改变，政府对运价的监管也做出相应调整，最终实行灵活有效的经济监管政策[16]。

各国采取的运价监管方式为：美国地面运输委员会控制最高运价（天花板价）不能超过合理范围；日本铁路运价为运输大臣认可制，只要运价满足其构成为合理的成本加一定的利润、不对特定的旅客和货主给予歧视性待遇、不使铁路运输需求者负担困难、不与其他铁路企业发生恶性竞争等条件即可获得认可；欧洲铁路运价的定价主要依据市场规律，辅以政府部门监督，兼顾企业营利性与铁路公益性。

我国现行的体制是中国铁路总公司统领国家铁路路网和运输业务，铁路实行全国统一定价机制，这就导致铁路运输定价实际偏离运输价值，从而产生以下两个问题：一是运输价格偏低，如既有线普速铁路客运价格偏低；二是运输价格偏高，如高铁客运专线票价率和实际客运票价高。这一定价机制不能反映铁路运输供求关系、不能反映区域经济发展水平差异、不适应市场竞争的变化，因此实行灵活有效的经济监管非常必要。

（4）改革要立足实际国情

国外各国铁路改革立足于本国国情，设计出了不同的改革方案。20 世纪 70 年代，美国众多铁路公司面临倒闭的处境，在此背景下，美国政府采取了"货运与路网统一，客运与路网分离"的运营模式，公益性的运输亏损由政府给予补贴，并采用平行线路竞争等模式对铁路运输企业进行了改革。从 20 世纪 60 年代开始，日本国铁在运输市场上竞争力不断下降，铁路系统内部矛盾凸显，日本政府于 1987 年开始对铁路进行了"分割、民营化"改革。日本国铁按地域拆分成为 6 家客运公司和 1 家货运公司（该货运公司向 6 家客运公司租借线路并在全国范围内开展业务）实现"客运与路网合一，货运与路网分离、路网按区域分割"的"分割、民营化"运营模式[79]。欧洲铁路改革较日本与美国更加彻底，网运分离程度更高。瑞典、德国、英国先后于 1988 年、1993 年、1994 年开始了铁路改革重组，其改革均采取彻底的"网运分离"模式，即成立一家路网公司与多家客运公司及货运公司，实现政府与企业分开、网运分离。

我国铁路内部结构复杂，存在众多平行线路和路局分界口，内部利益冲突较外部竞争更加突出。针对我国国情及路情，笔者提出"统分结合的网运分离"经营模式的改革思路[80]。在基于"统分结合的网运分离"的改革背景下，相应地，监管体制也需要结合实际情况做出同步调整，以充分激发铁路运输市场的活力，推动全面深化铁路改革工作的进行①。在铁路行业实行"统分结合的网运分离的前提下"，可将铁路按照功能划分为工程、装备、路网、运营和资本五大领域，综合考虑各领域的功能定位，最终推行分类监管。

（5）实行分类监管

分类监管是强化监管、防范套利、维护公平竞争和防范市场风险的重要监管措施。通过建立科学的分类监管体制，既有利于靶向监管，提高监管效率，也有利于维护市场公平竞争。美国铁路监管以监督管理的内容为划分标准，由不同监管机构负责监管不同的内容。我国可立足于中共中央国务院在《关于深化国有企业改革的指导意见》中提出的"分类改革、分类发展、分类监管、分类定责、分类考核"的要求，将铁路行业按照功能划分为工程、装备、路网、运营、资本五大领域，对其实行分类监管，实现差异化监管。

---

① 具体参见"铁路改革研究丛书"之《铁路网运关系调整研究》第 5 章。

4.7　本章小结

本章通过借鉴国外铁路监管体制改革所取得的成功经验，以期为我国铁路的监管体制改革提供借鉴。

国外铁路的政府监管机构，在组织形式上主要有两种形式：一种是由政府主管部门直接监管；另一种是由政府组建并授权的专门监管机构间接监管。国外在铁路改革和重组过程中，政府监管机构的组建，主要通过以下方式：一是将原国有铁路中属于政府职能的部分逐步剥离出来；二是单独组建专门的监管机构；三是完善和增强原政府行业管理机构对铁路的监管职能；四是根据铁路改革和发展中的实际需要，适时组建新的监管机构。

结合以上美国、英国、日本、德国、瑞典等国家政府铁路监督体制改革的经验，同时考虑我国铁路运输产业的实际情况和存在问题，可以分析得到以下启示：立法先行、增强监管机构独立性、实行灵活有效的经济监管、推行铁路改革要立足我国实际国情以及实行分类监管。

从各国的铁路改革历史来看，铁路监管改革没有统一标准的成功范式，但他山之石可以攻玉，研究国外铁路监管体制改革的实践经验，对促进我国铁路产业监管体制的改革具有重要的意义。

第 5 章　国内典型行业监管体制改革实践与启示

　　我国国内垄断行业的改革多以政府管理体制改革为主线，通过政府管理体制改革，带动整个行业的改革和创新。本章主要分析几类典型行业的监管体制，包括交通运输其他行业（民用航空、道路、水运和邮政）、能源行业、电信行业、金融行业监管体制，通过梳理其改革历程并分析监管现状，提出对我国铁路行业的启示。

5.1　交通运输其他行业监管体制改革实践

5.1.1　民用航空

1. 民航管理体制演变

　　民用航空是航空活动非常重要的一部分，整个民用航空系统主要由政府部门、民航企业、民航机场三部分组成（详见专栏 5-1）。我国的民航管理体制主要经历了三次改革。

　　（1）始于 1980 年的改革

　　1949 年至 1979 年的三十年，我国民航总体上是一个以军队领导为主、政企合一、半军事化的行业，基本实行军事供给制，粗放式管理。为了适应改革开放以及党的工作重心转移的新形势，隶属于军队建制的中国民航总局改制为国务院直属局，尝试推行企业化管理。

　　（2）始于 1987 年的改革

　　1980 年至 1986 年，由于民航整体实行"政企高度合一"的管理体制，企业缺乏生机，必须继续改革，实行政企分开。在这种形势下，1987 年起开展以"政企分开"为核心的管理体制改革和市场重组，民航地区管理局、机场和航空公司三者分离。本次改革成效显著，增强了各类市场竞争主体和竞争机制，激活了市场活力，进一步强化了安全监管职能，同时促使行业管理体制框架基本形成。

（3）始于 2002 年的改革

这是中国航空运输产业的监管体制做出实质性改革的一年。2002 年 3 月，国务院批准的《民航管理体制改革方案》开启了以"政资分开""机场属地化"为主要内容的改革。该改革方案明确了民航总局的职责，专司民航的安全、管理、空中交通管理、市场管理、宏观调控和对外关系这五方面的监管职责。民航各省（区、市）管理局实行政企分开，组建机场管理机构和航空安全监管办公室。实行机场属地化改革，即除首都国际机场集团公司和西藏机场外，机场移交地方政府管理。

2008 年，根据国务院机构改革方案，将交通部、中国民用航空总局等机构的职责，整合划入交通运输部；组建国家民用航空局，由交通运输部管理。

【专栏 5-1】　民用航空的概念及民航系统构成

一、民用航空的概念

民用航空是指使用各类航空器从事除了军事性质（包括国防、警察和海关）以外的所有航空活动。这个概念明确了民用航空是航空的一部分，同时以"使用"航空器界定了它和航空制造业的界限，用"非军事性质"表明了它和军事航空的不同。

二、民用航空系统的构成

民用航空是一个庞大复杂的系统，其中有事业性质的政府机构，有企业性质的航空公司，还有经营性事业单位性质的民航机场（空港），各个部分协调运行才能确保民用航空事业的迅速推进。因此，民用航空系统主要由三大部分组成：政府部门、民航企业、民航机场。

民用航空对安全的要求高，涉及国家主权和交往的事物多，要求迅速协调和统一调度，因而几乎各个国家都设立独立的政府机构来管理民航事务，我国是由交通运输部下的中国民用航空局来负责管理。

1. 政府部门管理的主要内容

（1）提出民航行业发展战略和中长期规划、与综合运输体系相关的专项规划建议，按规定拟订民航有关规划和年度计划并组织实施和监督检查。起草相关法律法规草案、规章草案、政策和标准，推进民航行业体制改革工作。

（2）承担民航飞行安全和地面安全监管责任。负责民用航空器运营人员、航空人员训练机构、民用航空产品及维修单位的审定和监督检查，负责危险品航空运输监管、民用航空器国籍登记和运行评审工作，负责机场飞行程序和运行最低标准监督管理工作，承担民用航空人员资格和民用航空卫生监督管理工作。

（3）负责民航空中交通管理工作。编制民航空域规划，负责民航航路的建设和管理，负责民航通信导航监视、航行情报、航空气象的监督管理。

（4）承担民航空防安全监管责任。负责民航安全保卫的监督管理，承担处置劫机、炸机及其他非法干扰民航事件相关工作，负责民航安全检查、机场公安及消防救援的监督管理。

（5）拟定民用航空器事故及事故征候标准，按规定调查处理民用航空器事故。组织协调民航突发事件应急处置，组织协调重大航空运输和通用航空任务，承担国防动员有关工作。

（6）负责民航机场建设和安全运行的监督管理。负责民用机场的场址、总体规划、工程设计审批和使用许可管理工作，承担民用机场的环境保护、土地使用、净空保护有关管理工作，负责民航专业工程质量的监督管理。

（7）承担航空运输和通用航空市场监管责任。监督检查民航运输服务标准及质量，维护航空消费者权益，负责航空运输和通用航空活动有关许可管理工作。

（8）拟定民航行业价格、收费政策并监督实施，提出民航行业财税等政策建议。按规定权限负责民航建设项目的投资和管理，审核（审批）购租民用航空器的申请。监测民航行业经济效益和运行情况，负责民航行业统计工作。

（9）组织民航重大科技项目开发与应用，推进信息化建设。指导民航行业人力资源开发、科技、教育培训和节能减排工作。

（10）负责民航国际合作与外事工作，维护国家航空权益。

（11）管理民航地区行政机构、直属公安机构和空中警察队伍。

（12）承办国务院及交通运输部交办的其他事项。

2. 民航企业

民航企业指从事和民航业有关的各类企业，其中最主要的是航空运输企业，即我们常说的航空公司，它们掌握航空器从事生产运输，是民航业生产收入的主要来源。其他类型的航空企业如油料、航材、销售等，都是围绕着运输企业开展活动的。航空公司的业务主要分为两部分：一是航空器的使用（飞行）维修和管理，另一部分是公司的经营和销售。

3. 民航机场

民航机场是民用航空和整个社会的结合点，机场也是一个地区的公众服务设施。因此，机场既带有赢利的企业性质，同时也带有为地区公众服务的事业性质，因而世界上大多数机场是地方政府管辖下的半企业性质的机构。主要为航空运输服务的机场称为航空港或简称空港，使用空港的一般是较大的运输飞机，空港要有为旅客服务的地区（候机楼）和相应设施。

资料来源：节选自《机场运营管理》，汪泓，周慧艳，石丽娜著。

2. 民用航空监管体制

经过历次改革，我国民航建立起中国民航局—民航地区管理局—民航安全监督管理局的三级政府监管体制。

中国民用航空局由交通运输部管理，负责民航的发展、安全、标准、空中交通管理、市场管理、宏观调控和对外关系等；下设 7 个民航地区管理局，负责对所辖地区的民用航空事务实施行业管理和监督；在 7 个地区管理局下辖 34 个省（区、市）民航安全监督管理局，负责辖区机场和航空公司的安全性监管及航空销售代理市场的管理，具体监管体制架构如图 5-1 所示。

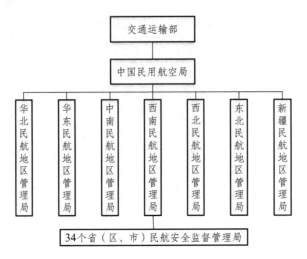

图 5-1　我国民航监管体制架构

5.1.2　道路交通

1. 道路交通管理体制演变

从历史发展来看，我国道路交通管理体制经历了三个阶段[81]：

（1）"两家分管"阶段（1949—1984 年）

这一时期，我国道路交通管理由交通部门与公安部门在不同的区域实行"两家分管"：全国道路交通管理由交通部门负责，有 18 个大中城市的交通管理由公安部门管理。

（2）"三家分管"阶段（1984—1986 年）

全国各省、自治区人民政府驻地城市和一些对外开放旅游城市（共 105 个）的交通管理改由公安部门负责，其他地区的交通管理由交通部门负责，而农村的交通管理实行以农机部门为主的管理方式。

（3）"两家共管"阶段（1986 年至今）

1986 年，道路交通管理体制改革围绕"道路交通安全"这一重点，明确交通部门与公安部门的职责，以实现道路交通安全的统一管理，道路交通安全路面执法主体的统一。但是，这次改革并没有涉及相关经济管理内容，比如说稽征管理（交通规费征收）等。这在一定程度上造成公安与交通两部门的职责交叉，交通管理分割，引发道路交通管理体制中公安与交通两部门的分歧。

2. 道路交通监管体制

我国道路交通安全监管的主管部门是交通运输部和公安部[82]。

交通运输部设立政策法规司，制定道路交通的法律、法规；设立道路运输司及安全监督司，监督道路交通安全，包括对车辆的管理及运输企业的管理等。

公安部作为国家道路交通安全的主管部门，对全国范围内道路交通安全工作负有统一管理的职责。公安部设有交通管理局，主要职责为：① 负责研究拟定道路交通管理政策；② 组织、指导与监督地方公安机关依法查处道路交通违法行为和交通事故；③ 指导地方公安机关维护城乡道路交通秩序和公路治安秩序；④ 组织、指导地方公安机关开展机动车辆安全检验、牌证发放和驾驶员考核发证工作；⑤ 组织、指导地方公安机关开展道路交通安全宣传教育活动；⑥ 组织、指导道路交通管理科研工作；⑦ 指导地方公安机关参与城市建设、道路交通和安全设施的规划。

5.1.3　水路运输

1. 水运管理体制演变

我国现行的水运管理体制是在计划经济条件下逐步形成的，主要经历了以下阶段。

（1）中华人民共和国成立初期

这个时期水运管理的显著特征是高度集中和政企合一，水运市场严重缺乏活力。1950 年，交通部设立航务总局和国营轮船总公司，负责全国的航务建设、管理和航运工作，实行统一计划运输。交通部直接领导和组织水运生产。1 年后，交通部撤销航务总局和中国人民轮船总公司（前身为国营轮船总公司），分设海运总局、河运总局和航道工程总局，实行沿海与内河分区统一管理的体制。对于政企合一的航运企业，则由交通部和地方交通主管部门分别实行分类管理。由此可见，该时期的水运管理主要服务于国有航运企业的生产。

（2）改革开放初期

高度集中的管理模式暴露出越来越多的弊端，条块分割、政企不分、以政代企等现象严重阻碍水运市场经济的发展。为转变政府职能、加强水运行业宏观管理，1982 年，将交通部水运局的内河工作划出，同时组建内河运输管理局，以加强内河航运管理；沿海及远洋运输则由海洋运输管理局负责。1988 年，运输管理司取代内河运输管理局等专业局，统一负责水路、公路的运输管理工作，打破以专业划分部门的格局，强化政策法规、规划、计划、运输等条状职能。

从 20 世纪 80 年代中期开始，各地陆续在省（区、市）下设运输管理局或者航运（务）局专司航运管理职责，实现与航运公司的政企分开。地市级及以下机构基本上与省级机构对应，设立航运处。此时，水运管理体现政企分开的特点，运输行政管理与运输生产服务逐步分离。

（3）20 世纪 90 年代

为进一步转变政府职能，简政放权，加强宏观调控和行业管理。1993 年，运输管理司拆分为公路管理司和水运管理司，水运管理司负责水路运输行业管理和运输组织管理，制订行业管理规章和相关规划、计划等，培育管理水运市场。1998 年，水运管理司与基本建设管理司合并为水运司，在安全监督局的基础上组建海事局。从 1999 年开始，各地方在行政职能归类和精简的基础上，基本形成地方交通厅"一厅三局"（交通厅、公路局、道路运输局和港航局）的架构。至此，我国水运管理体制基本固定下来。

（4）2009 年至今

在实行大部制的背景下，交通运输部水运司更名为交通运输部水运局，但涉及国内水路运输管理的机构和职能没有变化。各地方也大都保持原有的管理机构。目前，我国水运管理机构分为四级：交通运输部、省（自治区、直辖市）、市（自治州）、县（自治县）。

2. 水运监管体制

我国水运监管的主管部门为海事局和水运局。其中：

① 海事局负责拟定和组织实施国家水上交通安全监督管理，船舶及相关水上设施检验和登记，防治船舶污染和航海保障的方针、政策、

法规、技术规范、标准，统一管理水上交通安全和防治船舶污染，管理通航秩序、通航环境、事故调查、船员管理等水上安全监督管理。

② 水运局负责拟定水路工程建设、维护、运营、水路运输、水路运政、港口行政、航道行政管理相关政策、制度和标准，起草相关法律、行政法规和规章草案，并监督实施[83]。

5.1.4　邮　政

1. 邮政管理体制演变

邮政业是国家重要的社会公用事业，邮政网络是国家重要的通信基础设施。长期以来，我国邮政实行政企合一的管理体制和运行机制。2005 年 7 月，我国启动了以政企分开为核心的邮政体制改革，在国家层面重新组建国家邮政局，承担邮政监管责任，邮政监管机制发生重大变化。邮政企业市场化运作深入发展，邮政普遍服务提供激励明显弱化；快递企业发展迅速，但也存在市场无序竞争和服务质量缺乏保证等问题，健全邮政监管体系变得十分重要和迫切。改革开放以来，我国邮政体制改革可以大致划分为三个阶段：

（1）第一阶段：邮电一体时期（1978—1998 年）

1978 年，按照邮政通信生产"全程全网，集中统一"的特点，重新恢复了"文革"期间被破坏的邮政生产管理秩序，实行邮电部对全国邮电统一管理，省（区、市）邮电管理局实行以邮电部为主和地方政府双重领导的体制。这一时期我国实行邮电政企合一的管理体制，邮政业务亏损由电信业务盈利弥补。随着国家经济体制改革的推进，邮电部门改革也逐渐深入，为了挽救不断下滑的邮政业，邮电部开展了一系列改革措施，比如实施优惠扶持政策，"以邮养邮"；实施邮政企业内部经营机制改革，并相继推行了经济核算制和企业承包经营责任制等，但改革效果不尽人意，对"邮电合一"的管理模式的改革呼之欲出。

（2）第二阶段：邮电分营时期（1998—2004 年）

1997 年 1 月，邮电部做出在全国实施邮电分营的决策，邮电部决定在重庆和海南试点的基础上，于 1998 年在全国推行邮电分营。1998

年 3 月，在原邮电部和电子工业部的基础上组建信息产业部，在信息产业部的管理下，成立国家邮政局。1998 年年底，全行业邮电分营工作基本完成，各省（区、市）均成立了各级邮政局。尽管这一时期实现了邮电分营，但并没有改变邮政"政企合一"的经营管理体制。国家邮政局集邮政政府行业管理机构、邮政服务企业、邮政监管机构和邮政国有资产出资人等多种身份于一身。这一时期的改革措施主要包括：深化邮区中心局体制改革；改组邮政专业公司，逐步建立了储汇、速递、报刊、广告、邮购等几大专业经营管理体系；推行以收支差额包干为主要内容的经济责任制。

（3）第三阶段：邮政政企分开改革（2005 年至今）

邮电分营后，邮政政企合一反而有所强化，普遍服务业务和竞争性业务混业经营导致交叉补贴严重且影响邮政市场公平竞争，邮政企业经营效率较低，缺乏活力与竞争力。在这种背景下，2005 年 7 月 20 日国务院通过了《邮政体制改革方案》。邮政体制改革的核心内容是："一分开、两改革、四项措施"。"一分开"指邮政领域内的政企分开，重新组建国家邮政局和中国邮政集团公司，并设立垂直管理的 31 个省（区、市）邮政管理局，实行中央和地方两级管理体制，承担行业管理和市场监管等职责。"两改革"包括改革邮政主业、改革邮政储蓄。按照改革思路成立中国邮政储蓄银行，实现金融业务规范化经营，由中国邮政集团公司控股。"四项措施"则是指建立普遍服务机制、完善特殊服务机制、强化安全保障机制、改革价格形成机制。2007 年 1 月 29 日新组建的国家邮政局和中国邮政集团正式成立。目前，中国邮政集团公司由财政部履行国有资产出资人职责。

2. 邮政监管体制

2005 年国务院邮政体制改革以来，我国实行国家邮政局、省（区、市）邮政管理局两级监管体制。由于人员有限，监管机构层级过高，中央与地方、各邮政管理部门的职权划分不清，根本无力进行有效监管，不利于督促邮政企业严格依法行为，积极提高自己的服务水平和质量。

2015 年，修订后的《邮政法》颁布实施，明确赋予了邮政管理部门邮政监管的法定职责。在此基础上，邮政管理部门相继出台了《邮政普遍服务监督管理办法》《邮政普遍服务标准》《快递业务经营许可管理办法》《快递市场管理办法》《住宅信报箱》《邮政企业设置和撤销邮政营业场所管理规定》《邮政企业停止办理或者限制办理邮政普遍服务和特殊服务业务管理规定》等规章制度，邮政监管的法律法规体系框架基本建立。

为了进一步加强对邮政业的监管力度，2012 年国务院办公厅下发了《关于完善省级以下邮政监管体制的通知》，从而形成了国家邮政局、省（区、市）邮政管理局、市（地）邮政管理局的三级监管体制，以及以中央为主，省及省以下邮政管理部门受上级邮政管理部门和地方政府的双重管理体制。目前，全国共有 31 个省级邮政管理局和 332 个市级邮政管理局，其监管职责如表 5-1 所示。

表 5-1　我国邮政行业监管部门及其职责[84]

监管部门	国家邮政局	省及省级以下邮政管理局
职责内容	（1）拟定邮政行业的发展战略、规划、政策和标准，提出深化邮政体制改革和促进邮政与交通运输统筹发展的政策建议，拟订邮政行业法律法规和部门规章草案； （2）承担邮政监管责任； （3）负责快递等邮政业务的市场准入，维护信件寄递业务专营权，依法监管邮政市场； （4）负责监督检查机要通信工作，保障机要通信安全； （5）负责邮政行业安全生产监管，负责邮政行业运行安全的监测、预警和应急管理，保障邮政通信与信息安全； （6）负责邮政行业统计、经济运行分析及信息服务，依法监督邮政行业服务质量； （7）负责纪念邮票的选题和图案审查，负责审定纪念邮票和特种邮票年度计划； （8）代表国家参加国际邮政组织，处理政府间邮政事务，拟定邮政对外合作与交流政策并组织实施，处理邮政外事工作，按照规定管理涉及港澳台邮政工作； （9）垂直管理各省、自治区、直辖市邮政管理局； （10）承办国务院及交通运输部交办的其他事项	（1）贯彻执行国家关于邮政业管理的法律法规、方针政策和邮政服务标准； （2）监督管理所在地区邮政（包括快递类）市场； （3）组织协调所在地区邮政普遍服务以及机要通信、义务兵通信等特殊服务的实施； （4）办理上级邮政监管部门交办的其他事项

5.1.5 总 结

通过以上对民用航空、道路运输、水路运输、邮政四个领域监管体制的分析，其监管体制形式和不足之处总结如表 5-2 所示。

表 5-2 我国其他运输行业监管体制总结

运输方式	民用航空	道路运输	水路运输	邮政
监管体制	实行中国民用航空局、民航地区管理局、民航安全监督管理局三级政府监管体制，另外在空域分配、行业规划、机场建设等方面还有军队、发改委、国资委等部门参与管理和决策	我国道路交通安全监管的主管部门是交通运输部和公安部	海事局、水运局	国家邮政局，省及省级以下邮政管理局等
不足之处	①行政干预过多，导致市场竞争被限制，民航主管部门在市场准入、航线分配、价格等方面均存在过度监管；②民航运输企业落实整改与政府行政问责之间存在矛盾；③法律法规不健全，执法机构职能混乱	①公安部与交通部部分职责重合，造成了监管权责不明和多头监管无效率；②我国道路监管涉及国家计委、交通部、质监等多个部门，职责分工不明确，使得多头执法、多层执法的问题突出	①监管职能权限缺少法律支撑，水运管理机构实施水运管理职能时，并未得到相应法律法规的明确授权，而是受政府交通主管部门委托进行水路交通行政执法；②职能交叉现象依然存在	①"政企分开"的不彻底性；②竞争性和普遍服务性业务尚未完全剥离，导致政府政策有偏颇，不利于公平竞争；③法律法规体系仍不健全

5.2　能源行业监管体制改革实践

5.2.1　电　力

1. 电力管理体制演变

电力行业是清洁的二次能源产业，但同时也是中国最大的一次能源消费产业。我国的电力管理体制从中华人民共和国成立后经过了多次变革，到今天已经形成了大致稳定的体制。这个变革历程可以划分成四个不同阶段[85]。

（1）计划经济体制阶段（1949—1978 年）

在这 30 年中，电力工业一直实行高度集中的计划经济管理体制。电力企业的建设和生产活动（发电、送电、配电等），由政府部门直接指挥；定价权完全掌握在政府手中；行政管理权也都集中于政府的电力管理部门。中华人民共和国成立初期，燃料工业部对电力企业进行集中管制，1955 年电力工业部继承了燃料工业部对全国电力工业的管理职能，随后相继成立了国家电力设计局、基建工程管理局等部门，以加强专业管理，水电发电工程局更名为水力发电建设总局，各省、自治区和直辖市的电力工业均由电力工业部直接领导和管理。1958年，设立水利电力部，将电力工业企业全部下放给各省、自治区和直辖市的电力工业管理机构管理，而水利电力部只负责管理已经形成的跨省电网，1961 年开始，又将所有下放的权利重新收归中央所有，再次实行以中央管理为主的体制。

（2）初步改革阶段（1979—1997 年）

为了打破全国供电短缺的困境，国家从投融资、股权结构、电价政策和电力行业行政管理体制四个方面进行了深入改革。国家放松了电力产业的资本进入规制，开始实施"集资办电、多家办电"方式，以吸收社会资源投入电力产业的发展，缓解电力短缺和政府缺乏资金发展电力的局面。1985 年，国家把集资办电政策推行为全国的电厂建设的投资政策，形成了多家办电、多渠道投资办电厂的新格局。1993年后，国内电力企业纷纷推行股份制改革，并积极组织企业上市，这些举措吸引了大量的国内外资金，使得国内电力企业股权多元化；有关电价的政府规制也有所松动，依据发电的成本定价、"新电新价"、综合电价等机制应运而生。经过多次规制机构调整和发电市场准入机制的放松，形成了五大电力集团。这一时期，中央电力管理部门进行了四次改换，即再次成立电力工业部，再次成立水利电力部，设立能源部和第三次成立电力工业部。

（3）政企分开阶段（1998—2002年）

该时期，为提升电力企业的竞争能力，国家将电力企业与管理机构分开，成立了国家电力公司，撤销了作为国务院职能部门的国家电力部，把电力部的权力交给新组建的国家经贸委电力司，由电力司负责国家电力产业的政府管制职能。1998年在多个省市进行"厂网分开，竞价上网"的改革试点，这开创了我国电力市场的新局面。2002年2月10日，国务院批准了《电力体制改革方案》（国发〔2002〕5号），确定"'十五'期间电力体制改革的主要任务是：实施厂网分开，重组发电和电网企业；实行竞价上网，建立电力市场运行规则和政府监管体系，初步建立竞争、开放的区域电力市场，实行新的电价机制；制定发电排放的环保折价标准，形成激励清洁电源发展的新机制；开展发电企业向大用户直接供电的试点工作，改变电网企业独家购买电力的格局；继续推进农村电力管理体制的改革"。

（4）市场化改革阶段（2002年至今）

2002年以来，在国务院的推动下对原国家电力公司进行分拆重组，把原国家电力公司的发电和输电业务彻底分开。原国家电力公司的发电资产被改组或者重组为5个全国性的独立发电公司。而国家电力公司主要经营剩下的输、配电业务，并分拆为国家电网和南方电网两大公司。实行更大范围的电力"竞价上网"，试图建立自由竞争的发电市场。2002年12月29日，成立国家电力监管委员会来履行中国电力行业的政府规制职能。由于缺乏深厚的法律制度支撑监管机构充分发挥监管作用，电力监管委员会的监管职能还不能有效履行，在2013年3月国务院政府机构改革中，国家电力监管委员会与能源局合并，这一次重新组建的国家能源局，完善了我国能源监督管理体制。

2. 电力监管体制

为贯彻实施 2002 年国务院出台的《电力体制改革方案》，实现政监分离的监察体系，从 2003 年改革至今，在管理体制上基本形成了以国家发改委、国家能源局、国家电监会管理为主，国资委、财政部、环保部、国家税务总局等其他相关部门管理相配合的管理体系，中国电力企业联合会作为电力行业协会实行行业管理。经过这一系列的改革，电力监管职能逐步分散到相关职能部门[86]。2003 年至今电力具体监管职能分布如表 5-3 所示。

表 5-3　2003 年至今电力监管职能分布

时间	改革要点	主要电力监管职能
2003 年	国务院原体改办和国家经贸委部分职能并入，改组为国家发展和改革委员会	国家电力行业行政管理职能
2003 年	设立国家电力监管委员会	制定市场运营规则，监管市场运行，维护公平竞争；向政府价格主管部门提出调整电价建议；监管电力企业生产标准，颁布和管理电力业务许可证；处理电力纠纷；负责监督社会普遍服务政策的实施
2003 年	设立国务院国有资产监督管理委员会	代表国务院行使出资人职责，负责对包括电力行业的国有资产的监督和管理
2008 年	设立国家能源局	拟定电力行业发展战略、规划和政策，提出相关体制改革建议；实施对电力的各项管理；开展能源国际合作
2010 年	设立国家能源委	研究拟定国家能源发展战略，审议能源安全和能源发展中的重大问题，统筹协调国内能源开发和能源国际合作的重大事项
2013 年	重组国家能源局，国家能源局、国家电力监管委员会的职责整合，由国家发展和改革委员会管理；不再保留电力监管委员会	拟定并组织实施电力发展战略、规划和政策，提出电力体制改革建议，负责电力行业监管等

5.2.2 煤 炭

1. 煤炭管理体制演变

煤炭是我国重要的战略资源，为符合我国经济体制改革的目标取向，我国的煤炭管理体制几经调整，具体改革历程如表 5-4 所示。

表 5-4　煤炭行业管理体制改革历程[87]

年　份	内　容
1949 年 10 月	国家设立了燃料工业部，负责管理煤炭、石油和电力工业
1955 年 7 月	第一届全国人民代表大会第二次会议决定撤销燃料工业部，分别成立石油工业部、电力工业部和煤炭工业部
1970 年 1 月	国家撤销煤炭工业部，将煤炭、石油、化工 3 个部合并成燃料化学工业部
1975 年 1 月	国家决定撤销燃料化学工业部，重新成立煤炭工业部，并将以前下放给地方管理的煤炭企事业单位陆续收归煤炭工业部管理
1988 年 4 月	第七届全国人民代表大会第一次会议批准国务院机构改革方案，决定成立由煤炭、石油、核工业部和水利电力部的部分政府职能组成的能源部，再次撤销了煤炭工业部，组建了除内蒙古及东北三省外全国统配煤矿的中国统配煤矿总公司
1993 年 3 月	撤销能源部，重组煤炭部、电力部
1998 年 3 月	第九届全国人民代表大会第一次会议批准国务院机构改革方案，决定不再保留煤炭部，在国家经济贸易委员会下设主管煤炭行业的国家煤炭工业局，不再直接管理企业，全国 94 户国有重点煤矿被下放到地方政府管理
2000 年 3 月	组建了国家煤矿安全监察局，与国家煤炭工业局"一个机构、两块牌子"，将各省原来的煤炭工业局加挂煤矿安全监察机构的牌子，实行财政统一拨款的垂直管理体制
2001 年 3 月	撤销国家煤炭工业局，有关行政职能并入国家经贸委
2003 年 3 月	国家经贸委撤销，在国家发改委下设能源局，负责制定我国煤炭工业中长期发展政策
2005 年 2 月	国务院成立了国家能源领导小组办公室，代表国家意志对煤炭等能源实行统一协调管理。同年，《煤炭法》修订工作正式启动
2008 年 3 月	设立国家能源委员会（能源管理高层次议事协调机构），组建副部级的国家能源局，继续由国家发改委管理，不再保留国家能源领导小组及其办事机构
2010 年 1 月	国务院决定成立国家能源委员会，主要职责是负责研究拟定国家能源发展战略，审议能源安全和能源发展中的重大问题，统筹协调国内能源开发和能源国际合作的重大事项

2. 煤炭监管体制

我国煤炭行业监管职能主要集中在国家发改委、国土资源部、国家煤矿安全监察局、国资委、生态环境部、商务部、财政部、国家能源局等部门[88]。其中,各煤炭监管机构对应的监管职能如表 5-5 所示。

表 5-5　煤炭监管机构及职责

监管部门	监管职能
国家发改委	主要负责全国煤炭行业的整体发展规划、体制改革和大型煤矿项目建设、矿区规划、投资的审批;负责安排煤炭行业的生产,协调煤炭行业运行,安排与煤炭行业生产运行相关的重大事项;负责制定价格政策、协调煤炭价格问题
国土资源部	主要负责煤炭资源与储量的管理,包括核准煤炭资源、审批勘探权和开采权以及土地使用权等,颁发勘探和开采许可证,审批勘探权和开采权的转让和租赁等
国家煤矿安全监察局	负责煤矿安全监察、事故处理等事务
国资委	对煤炭企业国有资产的保值增值实行监督和管理,推进国有煤炭企业的现代企业制度建设,管理产权交易等
生态环境部	审批煤矿建设和关闭项目的环境影响报告,同时对煤炭开采过程中的环境污染、生态破坏等进行监督管理
商务部	负责培育煤炭产品的商业环境,与其他部门共同开展引进外资和制定煤炭进出口政策等,对煤炭对外贸易工作进行具体的配额管理以及许可证的发放等
财政部	主要负责煤炭企业的收入分配管理
国家能源局	负责研究提出煤炭行业的战略规划、产业政策和体制改革建议,并负责煤炭行业监管职能

煤炭监管的最重要部分是安全监管。我国现有煤矿安全监管体制的基本框架是由 1999 年《煤矿安全监察管理体制改革实施方案》确立的。根据该方案,在中央,在我国原有的煤炭行业管理部门基础上设煤矿安全监察机构,实现行业管理和安全监管的职能合并;在地方,

煤炭行业管理部门改组为煤矿安全监察机构，行业管理任务重的地方仍然保留行业管理部门。

5.2.3　总　结

通过以上对电力和煤炭行业的分析，其监管体制形式和不足之处总结如表 5-6 所示。

表 5-6　我国能源行业监管体制总结

能源行业	电　力	煤　炭
监管体制	以国家发展和改革委员会管理为主：拟定并组织实施电力发展战略、规划和政策，提出电力体制改革建议，负责电力行业监管等	主要集中在国家发改委、国土资源部、国家煤矿安全监察局、国务院国资委、国家环境保护部、商务部、财政部、国家能源局等部门
不足之处	（1）监管职能配置不合理，各部门监管职能分散、责任不明；（2）在促进发电领域的竞争与保证市场公平方面缺乏有效的监管手段与措施	（1）监管体系内中央各部委间存在重复管理；（2）监管职能分属不同的监管机构，导致监管机构设置过多且分散

5.3　电信行业监管体制改革实践

5.3.1　电信管理体制演变

我国电信业 20 多年来经历了多次改革，以推动市场形成较为充分的市场竞争，目前形成移动、电信、联通三家运营商竞争的市场格局。2014 年，广电获得宽带业务牌照，几家公司业务相互渗透，有力地推进了三网融合的发展，通信市场群雄并起的局面逐步形成。

电信行业主要经历了以下四次大变革：

（1）1994—1997 年。中华人民共和国成立后成立的"中国邮电电信总局"即电信的前身，归属邮电部管理，长期实行邮电合营的经营模式。1994 年之前，邮电部垄断了整个电信服务市场，随着其他部委的介入以及私人网络的出现，邮电部垄断性市场出现了竞争对手，中央政府开始实行政企分离，引入竞争。

（2）1998—2001 年。上一时期中，联通的成立给中国电信市场带来了竞争，这一定程度上促进了市场发展。但是，由于政企不分，管制的公正性和管制效率较低及联通本身的资产规模和市场份额过小，未能形成真正意义上的市场竞争，所以再次拆分电信被提上了议程。

（3）2002—2008 年。这一时期，我国电信业经历了显著的产业结构调整。

（4）2008 年 6 月开始至今。此时期电信业产业重组，旨在进一步促进国内市场有效竞争的同时增强电信服务的发展。

我国电信管理体制改革发展历程如表 5-7 所示。

表 5-7　我国电信管理体制改革发展历程[89]

时　间	内　容
1988 年	通信部于 1988 年成立，其附属于邮电部，负责专用网络和公共网络的管理、协调、批准
1994 年	由国务院多部委联合组建中国联通，正式打破了电信对市场的长期垄断。联通初期仅经营寻呼业务，后来放开了移动业务
1998 年	国家对电信业管理机构进行改革，是在原电子部和原邮电部的基础上，组建了新的信息产业部，信息产业部成为我国电信业的管理机构。随后实现了政企分开，邮电分营
1999 年	中国电信被分拆为中国移动、中国电信和中国卫通，分别经营移动通信、固定电话和卫星业务
2000 年	当时的中国电信对卫星通信等业务进行了剥离，组建了新的中国电信；随着该轮通信体制改革基本完成，我国形成电信、移动、联通、卫通、小网通、吉通六大运营商的竞争格局
2001 年	中国铁通正式成立，中国电信行业开始形成七强争雄的竞争格局
2002 年	中国电信一分为二，华北、东北和山东 10 个省公司整体划出，与中国网通公司、中国吉通公司合并，成立中国网通集团公司；其余省市电信公司组建为中国电信集团公司；现中国联通、中国铁通、中国移动公司继续单独经营，这 5 家公司加上中国卫星通信公司形成新电信的竞争格局

续表

时　间	内　　容
2008 年	现有的 6 家运营商变成"3+1"模式（新电信、新联通、新移动+原有的卫通），中国联通的 CDMA 网与 GSM 网被拆分，前者并入中国电信，组建为新电信，后者吸纳中国网通成立新联通，铁通则并入中国移动，组成新移动，原有的中国卫通保持不变
2014 年	中国广播电视网络有限公司（简称中国广电）成立，负责全国有线电视网络的业务发展，并经营三网融合业务。中国广电成立拥有有线电视网络资源，并已经获得宽带运营资格，实质上成为第四大通信运营商。 由国家倡导，移动、联通、电信入股发起的铁塔公司成立。铁塔公司的成立实现了多家公司资源的整合，有助于节约国家资源，提高经济效益，缓解各家公司建设基站选址难题

5.3.2　电信监管体制

我国现行电信监管体制是采取中央、地区两级监管，同时民间组织参与监管的模式。

（1）中央电信监管机构

根据《中华人民共和国电信条例》（以下简称《电信条例》）规定，国务院工业和信息化部，对全国电信产业实施监督管理。作为政府的行业主管部门，工业和信息化部同时承担了政策职责和监管职责，既要促进电信行业发展，又要对电信市场进行监管。其主要负责：拟定实施行业规划、产业政策和标准，监测工业行业日常运行，推动重大技术装备发展和自主创新，管理通信业，指导推进信息化建设，协调维护国家信息安全等。可见，工业和信息化部作为电信主管部门，主要是管规划、管政策、管标准，指导行业发展，但不干预企业生产经营活动。

政府其他部门将依照职责分工，在职责范围内对电信产业实施相应的监督管理。但是，对重大市场准入、重大资费政策调整、服务质量、重大投资等的控制权掌握在发改委、国资委等政府部门手中。

（2）地区电信监管机构

根据国务院相关规定，我国的地区电信管理机构是省、自治区、直辖市的通信管理局。省、自治区、直辖市的通信管理局在工信部的直接领导下，依照《电信条例》等法律法规，对辖区电信产业实施监督管理。其中，省级管理机构主要是负责价格监督执行以及部分政府指导价备案工作。

目前，我国的电信价格监管机构主体是信息产业部和地方的通信管理局，但除了这两个部门之外，国务院、发改委、物价部门可以行使相应的价格监管职能。

（3）民间监管组织

中国通信企业协会是经民政部核准注册登记，由通信运营企业、信息服务、设备制造、工程建设、网络运维、网络安全等通信产业相关的企业、事业单位和个人自愿组成的全国性、行业性、非营利的社团组织。它成立于 1990 年 12 月，原名为中国邮电企业管理协会，2001年 5 月更名为中国通信企业协会（简称中国通信企协），协会业务主管单位为工业和信息化部。

其主要职责是：研究分析行业发展状况和趋势，为政府主管部门和企业提供建议和参考；承担政府委托购买服务；经政府有关部门批准或根据政府主管部门授权，维护消费者的合法权益；承担通信行业管理与咨询服务；承接企业委托课题研究，以及调查、评估、咨询；举办通信发展论坛、研讨会，组织对通信业发展的研究分析；为企业提供通信质量、先进技术型企业评估等咨询服务[90]。

从我国电信监管体制现状及国际电信监管改革趋势（详见专栏5-2）来看，我国电信监管体制主要存在以下两方面缺点：

（1）相关法律不健全，管理机构无法可依

有效的电信法为国家通信业的健康发展提供有力保障。但我国电信行业立法一直进展慢，2000 年《电信条例》才颁布，《电信条例》的实施，是中国电信业发展史上具有里程碑意义的大事，标志着我国电信业步入了依法发展和管理的轨道[91]。《电信条例》规范了电信市场的竞争行为，有力地维护了市场竞争秩序。可是，我国电信监管体制的基本电信法仍未出台，立法远远滞后于电信业的发展及监管的需要，仅仅依靠《电信条例》无法弥补不足。

（2）电信行业的监管权力较为分散

《电信条例》明确规定工信部对全国电信产业实施监督管理。但事实上，具有监管功能的还有其他部门，比如发改委等，这些部门之间职责难免存在交叉与冲突，会对工信部的监管力度造成影响。

【专栏 5-2】 从国际电信监管改革趋势中我们能学到什么

随着互联网技术的迅猛发展和互联网应用的快速渗透，基础电信业的经济技术规律和产业形态发生了根本性的变化。电信业已经在实际意义上实现了网业分离，互联网企业不仅能够以低廉的成本提供话音、短信等传统电信业务，还广泛渗透到金融、教育、医疗、工业等国民经济各领域。因此，虽然电信网络仍然具有自然垄断性，电信业务已经变成具有较高竞争性的业务。在电信业属性发生根本性变化以及基于互联网的应用带来越来越多的用户数据保护等问题时，基于传统电信业的电信监管体系迫切需要调整。目前各国监管机构已经开始积极尝试新一轮的电信监管转型，并已出现了趋势性特征。

第四代监管体系正在逐步形成

根据国际电信联盟（ITU）的统计，全球多数国家已经走过了对主导电信企业产权改革、推动电信市场开放的阶段，对外资的持股限制也在逐步放松。自 20 世纪 80 年代开始，以英国、日本、美国为代表的发达国家电信市场开始了一系列改革措施，通过对原国有电信企业的产权改革、有序的市场开放、拆分重组，塑造了产权明晰、自主经营、竞争有序的市场体系。根据最新的数据，全球已有超过 120 个国家完成了国有电信企业的产权改革，130 多个国家开放了电信市场，允许民资和外资开展运营。多数国家允许外资在主要市场拥有主导权，全球约 2/3 的市场对外资投资没有限制，17% 的市场允许外资占主要股权或控股。

全球监管机构正在探索建立第四代监管体系。国际电信联盟将电信监管划分为四个阶段：第一阶段，以对垄断（公共或私有）事业进行严格管理为标志，目的是鼓励改善国有垄断电信业务经营的效率和服务，实际上监管在模拟竞争的效果。第二阶段，监管以部分私有化和对竞争性基础设施供应商的许可为特征，这一阶段的监管侧重于平衡对市场主导者网络的开放接入目标和保护政府基础设施投资与后续投资的需要。第三阶段，随着全面的私有化和电信广电融合而开展，电信监管转向注重促进服务提供商之间的竞争以及对消费者的权益保护。第四阶段，监管是基于数字生态系统的新型监管。新兴信息技术、电信和媒体/娱乐行业之间的融合带来了一个全新的、复杂的数字生态系统。第四代监管必须对基于宽带与融合网络的业务进行更大范围的监管。同时宽带网络和互联网服务正越来越多地被视为必需的公用事业，监管机构需保障不同社会团体接入宽带网络的权利，实现和保护网络投资之间的平衡。

着力推动网络设施投资和应用监管

促进基础设施投资和对互联网应用的监管成为国际电信监管最重要的内容。2014 年以来，多个国家利用财政资金集中发力国家宽带基础设施。印度计划将"国家光纤网络（NOFN）"项目的竣工期限由 2017 年 3 月提前至 2016 年 12 月。该项目总投资 2 010 亿卢比（约合 200 亿元人民币），旨在使高速宽带连接覆盖印度 25 万个村庄。泰国政府 2015 年年初宣布，计划成立一家全国骨干网络控股公司，以提高宽带普及率和解决宽带覆盖盲点。该国家骨干网公司下设电信铁塔公司和光纤网络公司，将运营泰国全部现有的电信网络资产，并向电信运营商出租网络。英国政府也与沃达丰等基础运营商达成协议，英国电信运营商到 2017 年将投资 50 亿英镑（约合 442 亿元人民币），用于改善移动网络基础设施。可以看到，各国政府已经把宽带网络提高到前所未有的高度，并集中国家财政力量大力促进高速宽带网络的发展及其在农村地区的覆盖。

各国监管机构积极调整互联网应用爆发背景下的电信监管重点。一是积极推进个人信息保护立法。2014 年 3 月欧洲议会通过《欧盟个人数据保护条例（草案）》，以一个统一、泛欧的数据保护法，代替目前各成员国碎片化的现有立法，并明确了"遗忘权""数据可携权"等新型用户权利。俄罗斯通过《个人数据保护法》修正案，要求网站存储的俄罗斯公民的个人数据必须存在俄罗斯国内的服务器上。另外，日本、韩国、澳大利亚也纷纷修订原有个人信息保护的法律法规。二是加强网络安全。在网络监控方面，美国国会出台《2014 年全年预算法案》，将用于改善网络安全的预算提高到 670 亿美元（约合 4 500 亿元人民币）。印度出台《电信安全政策（草稿）》，规定电信监管机构可要求电信公司向执法部门提供辅助监控、接入电话、文本信息、数据信息等。在关键基础设施保护方面，美国白宫发布《促进关键基础设施网络安全的框架》（第一版），旨在加强电力、运输、电信等所谓"关键基础设施"部门的网络安全。三是有关网络中立的争论从未停歇。美国2011年出台的《开放互联网指令》引起激烈争论。2014年5月美国联邦通信委员会（FCC）通过新版网络中立法规，允许基础电信企业向内容服务提供商收取费用。但是，新版的网络中立法案引起了巨大争议。2015年2月FCC投票通过了最新版"网络中立"管制方案，禁止斥资兴建网络的宽带服务商区别对待接入其网络的服务对象。但该方案遭到了电信运营商团体的强烈反对，两家通信机构就此将FCC诉诸法庭。欧洲议会在2014年4月批准了网络中立法案，仍等待欧盟委员会的批准。欧盟委员会新主席容克上台后，目前网络中立法案处于搁置状态。

从国际趋势看我国未来改革方向

自主经营的企业主体是竞争机制发挥作用的基础，我国电信业需积极推进国有企业混合所有制改革。党的十八届三中全会提出"使市场在资源配置中起决定性作用"。而治理结构完善、自主经营的企业主体是市场机制得以发挥的重要因素之一。虽然我国基础电信企业早年通过资本市场上市和引入战略投资者，塑造现代市场主体，但我国三家基础电信企业目前仍均由国有资本主导，其他资本成分难以在企业治理中起到约束和监督作用。企业的产权改革尚未完成，有效治理结构仍不完善，企业有待成为真正的法人主体，亟须加强混合所有制改革探索。

顺应行业发展趋势，放开竞争性业务的市场准入，加大基础业务市场的开放力度。随着互联网技术业务的快速发展，话音业务、宽带网络末梢的接入业务已经具备了较强的竞争性，这是基础市场扩大开放的技术经济基础。2014年，在移动虚拟转售业务对民资开放的基础上，我国又出台了对民资开放宽带接入网业务试点的意见。这吸引民资参与"最后一千米"的网络建设，弥补了运营商投资不足的问题。但应该看到，基础市场内仍以三家国有基础电信企业为主，民营企业尚未成为推动市场竞争的有效力量。从这个意义上说，我国需要继续推进基础电信市场的开放进程，进一步扩大基础业务的开放范围。

与此同时，我国也面临互联网发展给监管带来的挑战，需要加快监管体系转型。一方面，互联网应用的快速发展，带来用户信息保护、跨境数据流动、查处违法违规网站接入等问题，需加快面向以互联网为核心的监管体系的转型。另一方面，互联网对经济社会的全面渗透，通信网络设施的基础性作用更加突出，因此，在制度设计时需要考虑基础电信企业的投资动力和投资收益，促使其更好地完成信息通信基础设施的升级换代。

资料来源：人民邮电报，http: //news.163.com/15/0408/09/AMLUO4K800014AED.html

5.4　金融行业监管体制改革实践

5.4.1　金融行业管理体制演变

金融的运行不仅直接影响着经济建设的进程，而且在很大程度上关系着社会发展的状况。自中华人民共和国成立以来，我国金融行业管理体制变革主要是一个市场化过程。

（1）"大一统"的金融管理体系（1948—1978年）

1948年12月1日，在华北银行、北海银行和西北农民银行的基础上，中国人民银行在河北省石家庄市正式成立，设立总行、区行、分行和支行四级机构，开始发行人民币，同时开展了接管官僚资本银行及其他金融机构等工作。

中华人民共和国的金融体系是通过统一解放区银行、没收官僚资本银行、改造私人银行与钱庄以及建立农村信用社等途径建立起来的。

从1952年开始，全国金融体系形成大一统的局面，由中国人民银行和财政部两大巨头主导全国金融体系。1969年，中国人民银行也被并入财政部，对外只保留中国人民银行的牌子，各级分支机构也都与当地财政局合并，成立财政金融局。

同时，在此阶段实行统收统支的外汇管理制度。企事业单位和社会团体收入的外汇，必须按照官方汇率缴售给国家；支出的外汇，则需要经有关部门批准后按照官方汇率向国家购买。

在此阶段，可以认为中国不存在现代意义上的金融管理体系。

（2）现代金融管理体系萌芽期（1979—1984年）

1978年12月，中国金融改革开放启动，五届全国人大一次会议决定：中国人民银行总行从财政部分离而独立，这标志着现代中国金融体系建设的开始。

自1979年开始，工行、农行、中行、建行先后或独立、或恢复、或设立。1979年，中国人民银行开办中短期设备贷款，打破了只允许银行发放流动资金贷款的旧框架。同年2月，为了加强对农村经济的扶持，中国农业银行重新恢复成立。同年3月，为适应对外开放和国际金融业务发展的新形势，中国银行从中国人民银行中分离出去，作为国家指定的外汇专业银行统一经营和集中管理全国的外汇业务，国家外汇管理局同时设立。同年10月，第一家信托投资公司——中国国际信托投资公司成立，揭开了信托业发展的序幕。1980年，第一家城市信用社在河北省挂牌营业。1983年，中国建设银行重建。

从1984年1月1日起，中国人民银行不再办理针对企业和个人的信贷业务，成为专门行使金融管理、制定和实施货币政策等职能的中央银行，同时新设中国工商银行。至此，中央银行制度的基本框架初步确立。

在此阶段，中央银行制度框架基本确立，主要国有商业银行基本成型，资本市场上股票开始发行，保险业开始恢复，适应新时期改革开放要求的现代金融管理体系初显雏形。

（3）现代金融管理体系全面建设期（1985—1993年）

1985年1月1日，我国开始实行"统一计划，划分资金，实贷实存，相互融通"的信贷资金管理体制。

1986年1月，国务院发布《中华人民共和国银行管理暂行条例》，使中国银行业监管向法治化方向迈出了重要的一步。

1992年10月，国务院证券委员会（简称证券委）和中国证券监督管理委员会（简称证监会）宣告成立。证券委和证监会的成立迈出了我国金融业"分业经营、分业监管"的第一步，标志着中国证券市场统一监管体制开始形成。

1993 年 12 月，国务院颁布《关于金融体制改革的决定》，明确了中国人民银行制定并实施货币政策和实施金融监管的两大职能，并明确提出要把我国的专业银行办成真正的商业银行。至此，专业银行的发展正式定位为商业银行。与此同时，银行类金融机构（例如交通银行、中信实业银行、深圳发展银行）和非银行类金融机构（中国国际信托投资公司、中国东方租赁有限公司）纷纷成立，信托、融资租赁、基金行业开始出现。

在此阶段，金融开始向法治化发展，体系更加完善，中国人民银行领导下的商业银行的职能开始逐渐明晰，业务范围开始扩大，银行金融机构开始建立，资本市场开始发展，股票交易、期货等陆续规范，促使金融管理体系更加适应市场经济需求。

（4）现代金融管理体系全面配套改革期（1994—2001 年）

1994 年，国务院集中出台了一系列金融改革措施，对中央银行体系、金融宏观调控体系、金融组织体系、金融市场体系和外汇管理体系进行了全面改革。三大政策性银行成立，标志着政策性银行体系基本框架建立。

1998 年 11 月，对保险监管体制进行了重大改革，中国保险监督管理委员会成立，标志着我国保险监管机制和分业管理的体制得到了进一步完善。

1999 年 7 月，《中华人民共和国证券法》正式实施，对资本市场发展起到了巨大作用。

在此阶段，金融改革继续深化，进一步向法治化、规范化迈进。中国人民银行的货币调控职能加强，银行外的金融监管职能由银监会、证监会、保监会承担。政策性银行建立，银行证券法制化继续深化，金融体系各系统职能更加清晰完善，分工更加明确，期货等新兴金融业继续发展。

（5）现代金融管理体系改革加速期（2002 年至今）

自 2001 年 12 月中国正式加入世界贸易组织（WTO），我国的金融业开始从政策开放（完全根据自己的需要决定对外开放的领域、程度和步调）转向制度性开放（需要根据 WTO 规定的一系列制度框架并参考国际最佳实践，按照既定时间表全面开放金融业），金融业的改革步伐明显加快。

2003 年 4 月，中国银监会正式对外挂牌，专门履行银行业监管职责，中国金融管理"一行三会"的格局形成。经过三次变革后，央行实现了货币政策与证券、保险、银行监管职能的分离，专注于"制定和执行货币政策，维护金融稳定，提供金融服务"这三大支柱职能。同时，银监会与证监会、保监会一道，构筑了一个严密的监管体系，全方位地覆盖银行、证券、保险三大市场。

2003 年 12 月 16 日，中央汇金公司成立，代表国家对中国银行和中国建设银行等重点金融企业行使出资人的权利和义务。此后，国有金融机构的重组启动，在财务重组、引进战略投资者和机构重组的基础上，国有四大商业银行陆续完成股份制改造，并在上海和香港上市。

十多年来，外资金融机构也积极进入。我国政府颁布了《境外金融机构投资入股中资金融机构管理办法》《中华人民共和国外资银行管理条例》《中华人民共和国外资银行管理条例实施细则》等一系列法律法规予以支持。

5.4.2 金融行业监管体制

金融是现代市场经济的核心，持续推进、完善金融监管是金融市场健康发展与稳定运行的基本前提，有利于防范金融风险，稳定金融市场。我国金融监管变革主要经历以下五个阶段[92]。

（1）金融监管的初始萌芽阶段（1949—1978 年）

1948 年 12 月 1 日，中国人民银行正式成立，1949 年中华人民共和国成立后，中国人民银行代表政府接管了"四行二局一库"（"四行"是中国银行、交通银行、中国农民银行、中央银行，"二局"是邮政储金汇业局和中央信托局，"一库"是中央合作金库）为主体的国民党官僚资本的银行和保险公司。

1953—1978 年，交通银行、建设银行先后被并入财政部，农业银行也被并入人民银行。从中华人民共和国成立到 1983 年，中国人民银行始终未能独立履行中央职能，也很难发挥监管作用。因而，在此阶段，中国人民银行的双重职能（既是国家管理金融的机关，也是办理商业银行业务的机构）严重弱化了其监管职能，所以此阶段就只能算作中国银行业监管的萌芽阶段。

（2）统一监管向分业监管的逐步过渡阶段（1979—1991 年）

随着 1979 年中国农业银行正常运行、1983 年中国建设银行的重新独立、1984 年中国工商银行以及 1994 年政策性银行的出现，银行业市场逐步繁荣起来。

随着上海证券交易所和深圳证券交易所的设立，证券市场复苏，保险市场也紧随其后重新恢复发展，至此我国金融市场行业经营格局也逐渐确立，各金融机构经营业务相互渗透。

这样一个时代背景下的中国人民银行承担着两个使命：一是根据国务院的决定继续行使其中央银行职能，制定和执行货币政策，维护货币稳定；二是根据 1986 年国务院《银行管理暂行条例》，人民银行作为金融市场上的唯一监管者负责全面监督和管理市场上的所有金融机构，包括银行、证券、保险等。

（3）"一行三会"分业监管的确立阶段（1992—2004 年）

随着 20 世纪 90 年代金融市场的繁荣发展，人民银行的综合监管能力不足，"分业经营、分业监管"的发展方向被提上日程。

1992 年 10 月 26 日，中国证监会正式成立，统一监督管理全国证券市场。1998 年证监会取代了国务院证券委的职责，形成了以中国证监会为主和集中统一的证券监管体系。

1998 年 10 月，中国保监会正式成立，使保险监管从中国人民银行金融监管体系中独立出来，分业监管的监管体制初步形成。

2003 年 3 月 10 日，第十届全国人民代表大会第一次会议通过《关于国务院机构改革方案的决定》，明确成立中国银行业监督管理委员会（以下简称中国银监会），行使银行监管职能，同年 4 月 28 日中国银监会正式挂牌成立。2003 年 12 月 27 日，第十届全国人民代表大会常务委员会第六次会议通过《中华人民共和国银行业监督管理法》，以法律形式明确中国银监会的法律地位和职能。自此，我国"一行三会"的金融监管模式正式形成，实现了"政监分离"①，此时中国人民银行行使宏观维护金融稳定、制定和执行货币政策的职能；证监会负责统一管理全国证券期货市场，维护证券期货市场秩序，保障其合法运行；保监会负责依照法律、法规统一监督管理全国保险市场，维护保险业的合法、稳健运行；银监会负责统一监督管理银行、金融资产管理公司、信托投资公司及其他存款类金融机构，维护银行业的合法稳健运行。

（4）分业监管体制继续深化的阶段（2005—2017年）

随着金融创新不断深入，新型金融工具不断模糊不同金融行业的产品界限，我国出现了分业经营制度下混业经营的情况。在经济全球化影响不断加深下，增加了监管对象多样性和不可预测性，这带来了新的挑战，也在不断推动着金融监管思想的发展。在金融法律保障上，对《证券法》《公司法》《中国人民银行法》等多部法律进行了修订。在金融监管组织上，我国学者重点开展对监管机构协调性的研究，提出监管联席会议等监管协调制度，以应对监管范围的交叉和真空。在金融监管业务上，我国认识到以微观监管为主的金融监管方式在应对系统性风险时作用有限，提出了加强宏观审慎监管。

（5）"一行两会"分业监管的确立阶段（2018年至今）

2018年3月13日，十三届全国人大一次会议第四次全体会议就国务院机构改革方案做出了说明。改革方案提出，将中国银行业监督管理委员会和中国保险监督管理委员会的职责整合，组建中国银行保险监督管理委员会（简称银保监会），作为国务院直属事业单位。这标志着中国金融体系监管框架将进入"一行两会"时代。2018年4月银保监会正式重组，同时将银保监会的重要法律法规草案与审慎监管基本制度职责划入中国人民银行，银保监会则依照法律、法规统一监督管理银行业和保险业，维护银行业和保险业合法、稳健运行，防范和化解金融风险，保护金融消费者合法权益，维护金融稳定。

---

① 根据监管机构的独立程度及其与行政系统权力的配置关系，可将金融监管分为"政监分离""政监适度分离""政监合一"三种模式，分别表示监管机构独立且权力集中，监管机构相对独立于政府行政部门，监管机构监管职能与政府行政职能合一。

我国金融行业监管变革历程具体如表 5-8 所示。

表 5-8　金融行业监管变革历程[92]

年　份	内　容
1948 年	中国人民银行在河北石家庄成立，并于 1949 年 2 月由石家庄迁入北京（当时为北平），此阶段，中国人民银行的主要任务是发行人民币，接收国民党政府的银行，整顿私人钱庄，行使最原始的金融监管职能
1952 年	全国金融体系形成大一统的局面，由人民银行和财政部两大巨头主导全国金融体系
1969 年	人民银行也被并入财政部，对外只保留中国人民银行的牌子，各级分支机构也都与当地财政局合并，成立财政金融局
1978 年	人民银行从财政部独立。此时，人民银行作为金融监管机构的央行职能和经营银行业务的商业银行职能仍然是统一的，既行使中央银行职能，又办理商业银行业务；既是金融监管的国家机关，又是全面经营银行业务的国家银行
1986 年	国务院颁布《中华人民共和国银行管理暂行条例》，从法律上明确中国人民银行作为中央银行和金融监管当局的职责，一方面行使货币政策调控职责，另一方面也肩负起对包括银行、证券、保险、信托在内的整个中国金融业的监管职责
1992 年	随着我国经济体制改革的步伐不断加快，中国的金融监管体系也从人民银行统一监管逐步走向分业监管，标志性的事件即为国务院证券委和中国证监会宣告成立，中国证券市场统一监管体制开始形成。其中，国务院证券委对全国证券市场进行统一宏观管理，中国证监会作为国务院证券委的执行部门，负责监管证券市场
1998 年	国务院证券委和中国证监会合并，称为中国证监会，同时中国保监会成立，负责监管我国的保险业，此后人民银行不再承担保险业的监管职责
2003 年	中国银行业监督管理委员会（银监会）正式挂牌成立，履行原本由人民银行履行的银行业监管职责。人民银行不再肩负具体的金融监管职责，其使命变成了维护金融稳定，制定和执行货币政策。此后，便形成了"一行三会"的监管格局，实现了行政管理职能与监管职能适当分离，即"政监分离"
2017 年	由于分业监管的弊端出现，国务院金融稳定发展委员会设立，旨在加强金融监管协调，补齐监管短板
2018 年	将中国银行业监督管理委员会和中国保险监督管理委员会的职责整合，组建中国银行保险监督管理委员会，作为国务院直属事业单位，至此形成了"一行两会"的监管格局

5.5 国内典型行业监管体制改革的启示

（1）加强法治建设，使行业监管行为有法可依

只有建立完善的监管法律，使监管有法可依，才会有利于监管的规范化。目前，电力监管和煤矿安全监管的体制和立法基本上是按照独立的、专业的现代监管模式建立的，对我国建立统一的能源监管体制奠定了很好的实践基础和法律基础[88]。同时，金融监管的立法也较为规范。但不能忽视的是，在邮政、水路交通、航空交通、电信等领域仍然存在立法滞后、监管法律不够全面等具体问题。

在电力监管方面，形成了以《电力监管条例》（2005）为核心，《电力用户向发电企业直接购电试点暂行办法》《电力市场监管办法（试行）》《电力市场运营基本规则》《供电营业规则》《供用电监督管理办法》《电力生产事故调查暂行规定》《电力安全生产监管办法》《水电站大坝运行安全管理规定》等规章为补充的电力监管法律体系，确立了我国电力监管机构的地位、职责、执法程序、方式、权限和范围，明确了被监管者的权利和义务。

在煤矿安全监管方面，形成了以《煤矿安全监察条例》（2000）、《安全生产许可证条例》（2004）、《国务院关于预防煤矿生产安全事故的特别规定》（2005）、《生产安全事故报告和调查处理条例》（2007）为核心，以《煤矿安全监察员管理办法》《煤矿安全监察行政复议规定》《煤矿安全监察行政处罚办法》《煤矿建设项目安全设施监察规定》《煤矿安全生产基本条件规定》《煤矿安全监察罚款管理办法》《煤矿企业安全生产许可证实施办法》《煤矿安全规程》等规章为补充的煤矿安全监察法律体系，明确了我国的煤矿安全监察机构的职责、地位、执法权、执法程序、方式和范围等基本问题，确立了被监管者的权利和义务。

在我国金融监管方面，自1995年以来，全国人大及其常务委员会通过了"四法一决定"（"四法"为《商业银行法》《中国人民银行法》《票据法》和《保险法》，"一决定"为《全国人大常委会关于惩治金融犯罪的决定》），使其构成中国金融体制分业监管的法律基础。2003年12月27日，第十届全国人民代表大会常务委员会第六次会议通过《中

华人民共和国银行业监督管理法》，以法律形式明确中国银监会的法律地位和职能。

在邮政监管方面，《邮政法》明确了监管主体、职能，但未细化具体职责，制度设计不完整。在企业经营许可、寄递实名验视等方面的法律法规保障存在缺失情况；水运管理机构作为事业单位实施水运管理职能时，并未有相应法律法规的明确授权，在进行水路交通行政执法时，存在执法权威不够、手段薄弱等问题；我国目前已经出台了《中华人民共和国民用航空法》《国务院关于开办民用航空运输企业审批权限的暂行规定》《外商投资民用航空业规定》等法律法规，但未形成整体体系，仍有一些民航管理方面的内容，如不正常航班处置、旅客机闹、飞行员考核等无法可依，从而造成法律发展滞后于实际问题[93]。

目前，我国尚未颁布"电信法"，2000 年国务院颁布的《电信条例》也仅做了原则性的规定，重大监管政策及政策调整主要是靠国务院、国家发展和改革委员会单独或联合下发文件。可见，我国电信业的监管依据，主要是行政命令，而非法律或法规，政府监管具有随意性，缺乏完善的监管法律体系。为确保"电信法"的有效实施，还需要《反垄断法》和《反不正当竞争法》等相关法律的配套实施，以保障电信市场规范化运行，引导电信企业健康发展。

（2）监管机构设置专业化

专业化的监管机构，能够更好地履行监管职能，提高监管质量。比如，我国能源结构以煤为主，但由于煤矿安全事故多发的自身特点，我国成立了煤矿安全监察局，实行垂直管理，在预防和处理煤矿事故中起到了非常重要的作用。2003 年，设立了国家电力监管委员会，实现了对电力行业的专业化监管。而 2013 年，国家电力监管委员会与能源局合并，这一次重新组建的国家能源局，使得能源行业管理职能适度集中。由于中国人民银行的综合监管能力不足，于 1992 年、1998年、2003 年分别成立中国证监会、保监会、银监会，实现对金融行业的专业监管，此后证监会统一监管全国证券期货市场，维护证券期货市场秩序，保障其合法运行；保监会依照法律、法规统一监督管理全国保险市场，维护保险业的合法、稳健运行；银监会统一监督管理银行、金融资产管理公司、信托投资公司及其他存款类金融机构，维护银行业的合法、稳健运行。

（3）保证监管的独立性但应注重渐进性

为了确保监管机构监管职能的有效履行，需要保证其监管职能与政策制定职能的分离，即保证"政监分离"。这种监管方式强调宏观政策职能与微观监管职能分别由不同的机构行使，有利于政府职能的合理分工，加强法规和政策的监督执行，也有利于提高政府监管的专业化水平，提高监管的有效性。2003年国务院机构改革方案实施以来，我国金融行业形成"一行三会"的监管格局，实现政策制定机构和监管执行机构的分离，由中国人民银行负责制定、执行货币政策，证监会、保监会和银监会分别履行对证券市场、保险市场和银行业的监管职能。2008年国务院机构改革方案实施以来，国家发改委、国家能源委员会、国家能源局主要履行能源宏观政策职能，拟定我国的能源发展战略、规划和政策；煤矿安全监察局、国家电力监管委员会则主要履行煤矿安全监管、电力监管等微观监管职能。能源政策职能与监管职能的分离，有助于实现我国能源行政管理的目标，更好地促进能源市场化改革，提高能源管理的效率。

但目前来说，这种职能分离是有限的，一步到位较难实现，因此有必要根据各行业发展的实际情况做出调整，甚至也可先采取"政监合一"的方式，循序渐进。比如，长达十年的国家电力监管委员会实践历程辛酸而羸弱，"政监分离"结构在客观上是"失败"的尝试。因此，在2013年3月国务院政府机构改革中，国家电力监管委员会与能源局合并，由重新组建的国家能源局拟定并组织实施电力发展战略、规划和政策，提出电力体制改革建议，同时负责电力行业监管等，在电力市场发育尚不完善的情况下，能够有效提高电力监管的有效性和权威性，短期内符合我国电力行业发展态势与公共治理方向。

（4）明确监管主体职能定位

对于各监管机构的职责划分，要明确清晰，既要避免"双头办理"，造成监管资源浪费及监管秩序混乱，又要防止出现"监管真空"。我国道路交通、水路运输交通安全监督管理机构在职能划分和机构隶属关系上还存在交叉，未能充分体现统一效能的原则，如我国道路交通安全监管的主管部门是交通运输部和公安部，但工信部、质监部等政府部门也涉及交通安全方面的管理，这在一定意义上造成部门间的职责交叉，交通管理分割，容易引发道路交通管理体制中部门间的分歧与矛盾。

5.6　本章小结

考虑到传统自然垄断产业的技术经济特征和改革程度的差异性，不易对我国自然垄断行业监管体制改革实践进行笼统判断与概括，而通过结合不同行业的典型个案的描述却有助于初步掌握行业监管体制已有改革的进展层次和经验启示。因此，本章针对我国主要典型行业中的交通运输行业（除铁路、管道）、能源行业、电信行业、金融行业等领域的监管体制改革进行"盘点"，并概括上述典型行业政府监管体制改革的启示：加强法制建设，使行业监管行为有法可依；监管机构设置专业化；保证监管的独立性但应注重渐进性；明确监管主体职能定位。

以上介绍的我国主要典型行业监管体制改革实践，虽然行业特性与铁路不同，但纵观其监管改革历程都取得了不同程度的成就，有可取相通之处并值得我国铁路监管体制改革借鉴。

第6章 我国铁路行业监管体制改革的总体构想

纵观国外铁路改革历程，不少国家改革效果显著，并取得了丰硕成果，但由于各国国情不同，铁路监管体制和改革没有可供完全照搬的标准范式，我国铁路监管体制改革应当注重渐进性和开创性。

6.1 铁路监管体制改革的总体要求

6.1.1 总体目标

通过铁路法律体系为铁路监管改革保驾护航，遵循铁路行业发展规律，从铁路服务于国民经济和社会发展全局出发，按照分工合理、权责一致、监督有力、分类监管的基本要求，逐步完善我国铁路监管体制，实现铁路企业成为市场主体，形成统一开放、公平公正、有效竞争的铁路运输市场。

6.1.2 基本原则

1. 独立性原则

在国外的铁路监管体制及国内典型行业监管体制中，监管机构的独立性是现代监管机构的一个主要特征，其目的是保持监管执法的公正性。独立性原则主要是指铁路监管机构的职能在外部应当独立于传统的行政管理部门和被监管的企业。

　　独立性原则具体要求是实行政监分离与政企分离。其中：

　　（1）政监分离是指将行政管理职能与监管职能适当分离，将政策制定与执行职能相分离，这是保证监管机构的独立性和监管政策的连贯性的前提条件，同时也是监管独立的本质要求。"政监分离"较难一步到位，可考虑从"政监合一"逐步过渡到"政监分离"。

　　（2）政企分开是指将监管职能从被监管企业中独立出来，取消被监管企业的行政监管职能。我国铁路长期受计划经济体制的影响，政企不分，政监不分，不仅使得政府行政职能存在错位和缺位现象，而且造成各政府机关之间职能交叉。

　　2. 协调性原则

　　协调性原则强调监管机构与其他政府部门间、监管机构间、监管机构内部各单位间的分工与协调。协调性原则的具体要求有：

　　（1）监管机构的专业性。相较于传统的行政管理部门，专业性是监管机构的重要特点。如铁路安全生产技术标准、铁路工程质量技术标准等，都需要监管机构具备相应的专业领域知识，才能实现监管职能。

　　（2）监管机构职能范围合理。比如说能够由市场机制和铁路行业自律组织解决的，监管机构不予干预。

　　（3）监管程序设计要科学、透明、公正。监管机构执法的行政程序要进行科学设计，同时确保程序规则的透明度和公正性。

　　3. 法定性原则

　　法定性原则是指监管职责用法律法规的形式明确和固定下来，监管机构履行职能必须在法定的权限范围内，其职能不得与法律相抵触。法定性原则的具体要求有：① 保障立法先行，即通过法律授予监管机构相应的监管职能；② 监管机构无权在法律之外自定职能；③ 监管机构职能的确定符合法定的程序。

　　我国常常以国务院"三定（定职能、定机构、定编制）"方案的形式确定监管机构的职能，在法定性方面尚需不断改进。而且，通常是监管机构已经成立，而相关立法却没有跟上，例如专业性监管机构国家铁路局成立后，是通过国务院下发的"三定方案"的法规性文件确定其职能，而我国《铁路法》却并没有及时进行修改。

4. 持续性原则

国外的铁路监管体制改革无不经历了数次波折，充分说明铁路监管机构的构建与改革一般是一个长期性的过程，不可能一蹴而就。考虑到我国铁路的复杂性，铁路监管体制改革应保持稳中求进的工作基调。一是铁路监管机构的设置应争取一次顶层设计、分阶段实施、逐步调整到位；二是既要注重逐渐改革铁路监管机构的职能和组织机构，又要注重相关的配套改革，包括监管理念、监管方式、运行机制、配套立法等各方面的改革。

6.1.3 基本思路

1. 借鉴国外铁路监管立法先行的经验

纵观国外铁路行业的监管改革历史可以发现，不论铁路监管处于怎样的阶段，铁路改革总有法律作为执行依据。英国在颁布《铁路法》之后，才有了双重政府监管体制的建立；美国的《斯塔格斯铁路法》，为美国地面运输委员会成立奠定基础；德国的《铁路新秩序法》，助力后续铁路改革顺利进行；等等。

因此，本书建议我国将《铁路法》修改纳入国家立法计划，建立完善以《铁路法》为主体的铁路行业法律法规体系，以立法手段对铁路市场监管制度体系进行总体设计和全面部署。同时，将铁路市场监管机构的主要职责，以及铁路建设和运输市场准入与退出规则、铁路运价制定规则、铁路运输市场竞争规则、铁路企业兼并与收购规则等，以法律条文或部门规章的形式做出明确规定，形成一整套实施铁路市场监管的纲领性文件，为监管机构真正做到科学监管、依法监管、有效监管提供制度保障[15]。

2. 合理处理政策主管部门与行业监管机构之间的关系

独立性是铁路监管机构履行职责的核心要求。根据监管独立性原则，实现政监分开，政企分开，使监管机构的决定不受其他政府机构的不当影响。监管机构的独立性应包括以下三点要求：① 铁路监管机构设置独立，这种独立性不仅仅体现在它与任何运营企业没有任何关系，更主要的是它独立于其他政府机关（或者名义上隶属于某个部门，实际也是相对独立的），即监管机构不享有制定铁路行业发展规划等行政管理职能，也不受一般行政管理部门的干预和控制。② 法律地位独立，即由法律明确规定监管机构的独立地位，并赋予职权和职责。③ 有独立和充足的经费来源，它是保障铁路监管机构能够独立运行的经济基础[94]。

　　监管机构应专注铁路行业监管，可将经济性监管职能主要集中于专业性监管机构，以增强铁路吸引社会资本进入的能力，发挥市场在资源配置中的决定性作用；把社会性的监管职能交由社会综合监管机构承担，以提高监管效率。专业性监管机构主要负责监督铁路安全、客货运输、服务质量、运输市场准入等方面的内容。财政部、国家发改委、国资委等综合监管机构主要承担社会监管职能，其监管分工如下：财政部主要负责监督铁路国有资本投资运营公司、制定公益性补偿机制以及铁路债务方案等；国家发改委主要负责统筹铁路发展规划等；国资委主要负责监督铁路国有资产、国有资本的安全。

　　3. 制定灵活有效的经济监管政策

　　美国 1976 年颁布实施的《铁路复兴和规章改革法》和 1980 年颁布实施的《斯塔格斯铁路法》，对铁路管制逐步放松，主要体现在：① 放松了对铁路行业准入与退出的规制。为增强行业内竞争，鼓励新的铁路运输企业进入铁路行业；允许经营不善的铁路运输企业按照法定程序退出市场，并且通过股权转让等手段允许新的铁路运输企业进入市场。② 放松了价格规制。根据法律规定，铁路运输公司可以根据市场状况在法定范围内自由确定价格，在此基础上，货运公司还可以单独与货主自由协商确定单次运输价格。对铁路运输公司定价的行为由规制机构监督，如果有违反公平竞争的定价行为，则由规制机构给予最高限价的规制。

　　英国国会通过《英国铁路法》，为英国铁路行业引入竞争提供了法律依据。以《英国铁路法》为核心的铁路行业规章制度，对路网和运输业区别规制：对路网基础设施进行严格规制，而对客运和货运则放松准入规制，逐步引入竞争。

日本铁路行业进入放松规制时期后，颁布《国有铁道改革法》取代严格规制时期制定的法律，以对重组后的铁路行业进行规制，主要是放松准入与价格规制。按照新的行业规制法，新的铁路运输公司有独立的经营权和明晰的责任，铁路运输企业的经营投资和融资均按照市场经济运行规律自主决定，与其他市场经营主体受同样的准入规制。在放松价格规制方面，日本采用的是运价上限认可制，铁路运输企业在运价上限认可的范围内，享有一定的定价自由。

我国铁路不同领域企业具有不同的产业性质和技术经济特征，不能笼统地对铁路各领域企业实行放松管制或强化管制，必须根据它们不同的产业性质和技术经济特征，实施分类管制，采取灵活有效的经济监管。总结上述国外铁路监控体制改革实践，可以发现：针对铁路运输企业，为适应市场需求、扩大竞争，应当适度放松经济监管；针对铁路路网企业，为保证运输安全、确保公平竞争，应当实行严格管制。应当继续加强铁路行业的社会性监管，重点是加强铁路安全方面的监管[95, 96]。因此，我国在实施"统分结合的网运分离"后，应对路网和运营企业区别规制：对路网进行严格规制，进行统一规划、调度指挥，而对客运和货运则放松准入与退出、价格规制，逐步引入竞争。

4. 立足现状，采取渐进式改革方式，逐步过渡到理想监管模式

根据我国铁路监管现状，按照循序渐进的改革思路，我国铁路监管体制改革可按以下两个步骤进行：

第一步：在交通运输部内，设立专业监管机构，另设有其他综合监管机构，这是我国铁路监管的现有模式，但应考虑做实做强专业监管机构国家铁路局的监管职能，创建单独问责机制。在此阶段，可不设置新的监管机构，交通运输部继续承担政策性监管的工作，财政部、国家发改委、国资委、环保部等综合监管机构履行社会性监管的职能，而进一步加强国家铁路局的安全监察、运输监管、工程质量及设备监管等职能。这种模式是过渡性的，在铁路行业发展壮大和铁路市场化达到一定程度后，铁路监管机构应当朝着独立化的方向发展。

第二步：在交通运输部之外，构建独立的专业监管机构，保证机

构设置独立、法律地位独立及经费来源独立。此阶段，有必要组建一个统筹协调各监管机构的组织机构，确保各监管机构依据法律法规分类独立监管铁路各项内容，可将经济性监管职能主要集中于专业性监管机构，以增强铁路吸引社会资本进入的能力，发挥市场在资源配置中的决定性作用；将社会性的监管职能交给社会综合监管机构进行承担，以提高监管效率。

5. 根据国有企业不同功能定位，构建分类监管体系

中共中央、国务院印发的《关于深化国有企业改革的指导意见》明确指出，应将国有企业分为商业类和公益类，并实行分类改革、分类发展、分类监管、分类定责、分类考核，推动国有企业同市场经济深入融合[113]。当前我国铁路各领域的竞争性和垄断性捆绑在一起，对铁路实行的是"一刀切"的监管方式，而实际上铁路企业不同领域的性质不同，需要实行分类监管，区别可竞争环节与具有自然垄断性质的环节，才能增强监管的有效性和合理性。以铁路路网和运营为例，铁路路网主要具有自然垄断性，而铁路运营主要具有竞争性，两者的监管侧重点和监管方式应有区别。对路网应重点监管其互联互通、路网服务质量等，加大信息公开力度；对运营应重点监管公司层面依法行使重大决策、选人用人、薪酬分配等的权利。因此，首先应进一步明确铁路各领域的功能定位和发展目标，然后根据功能定位对不同领域企业采取绝对控股、相对控股、参股等控制方式，最后以此为基础明确各领域的监管重点，对不同领域企业制定相应的监管模式、考核机制和政策设计，提升监管的针对性和有效性，进一步激发铁路各领域企业的活力。

6.2　我国铁路监管机构设置模式及监管对策

6.2.1　监管机构设置模式备选方案

1. 三种备选方案

借鉴国外铁路监管体制改革经验，立足我国铁路实际情况，我国铁路监管机构设置一般具有以下三种模式：

（1）在交通运输部之外，构建独立监管机构

组建独立于中国铁路总公司和政府的监管机构，通过法律给予监管机构很大的独立权力，在一定范围内可以单独决定政策。

这种监管机构设置模式，优点是摆脱旧的监管体制束缚，完全按照新的监管体制来运行，有利于保证监管的独立性、专业性和权威性。但是这种方案的弊端是，因为全新的监管体制运行，缺乏实施经验和专业能力，处置不当，易造成监管不到位的情况。况且，我国铁路行业仍然处于改革推进阶段，监管组织及其监管职能也相应逐步调整到位，加之，此监管模式涉及的部门较多、职能调整变化较大，监管机构一步到位，无疑加大了设置的难度和复杂性。

此种监管机构模式可以作为我国铁路改革与重组基本到位后考虑实施的备选模式之一。

（2）在交通运输部之内，构建独立监管机构

设置与交通运输部门相统一的铁路专业监管机构，具体做法是在交通运输部之内设立铁路专业监管机构，此种模式与我国现行铁路政府监管机构的设置很相似。不同的是，它需要通过立法规定其独立的监管权力与地位，该监管机构可以作为集中统一监管，有关经济监管的范畴均属于该机构监管，专业监管机构比如说现行的国家铁路局，与其他政府宏观调控职能部门是相对独立的。

我国的铁路监管机构——国家铁路局，下设科技与法制司、安全监察司、运输监督管理司、工程监督管理司、设备监督管理司等主要机构，全面负责我国铁路的安全、运输、工程以及设备质量等方面的监督管理，但我国国家铁路局尚缺乏经济监管职能（运价监管、铁路建设投资监管）。为此，我国铁路还需进一步健全铁路监管职能，规范运输企业市场竞争行为，使铁路更好地满足经济社会发展的需要。

（3）由综合大交通监管机构统一监管

2014年，我国初步建立起与综合交通运输体系相适应的大部门体制机制。由交通运输部负责推进综合交通运输体系建设，统筹规划铁路、公路、水路、民航以及邮政行业发展。相应地，在行业监管方面，

也可构建一个大交通监管机构，对包括铁路在内的所有交通方式实施监管。这种模式，要求监管内容整体统一，如果各个运输方式监管都不在一个层面上的话，会影响监管效率。

2. 备选方案对比

方案一是在交通运输部之外，构建独立监管机构，独立于铁路总公司和政府，通过法律给予其独立监管权力。方案二是在交通运输部中再成立一个监管机构，专门负责对铁路行业的监管，新成立的铁路监管机构仍然隶属于交通运输部。方案三是在交通运输部这一层面统一对铁路、公路、水路等各类交通方式进行监管，不再针对铁路专门成立一个下属的监管机构。

以上监管机构的设置模式，具有以下两点共性：① 要求实行政监分离，即政府的行政管理职能与铁路监管职能应当恰当分开，即监管政策的制定机构与监管职能的履行机构应该是独立的;② 要求确保铁路监管机构的法律地位，以保证监管机构的权威性。

6.2.2　我国铁路监管机构设置模式改革

结合前面提出的铁路监管体制改革的基本思路，依据铁路监管的"分步实施原则"，本书认为我国铁路监管机构的设置，应当按照循序渐进的方式，适时地、分阶段采用不同的铁路监管设置模式。

1. 我国目前铁路监管模式

目前，我国铁路的监管模式是在交通运输部之内，设置国家铁路局，国家铁路局下设科技与法制司、安全监察司、运输监督管理司、工程监督管理司和设备监督管理司等主要机构，全面负责我国铁路的安全、运输、工程和设备质量等方面的监督管理，完善监督管理制度和技术标准体系，监督铁路企业落实安全生产主体责任，承担国家规定的公益性运输任务情况。除此之外，交通运输部、国家发改委、国资委、财政部、环保部等也承担一定的铁路监督管理职能，其各自职能为：交通运输部负责政策性的监管，制定铁路发展规划并对整个铁路行业进行政策性行政管理，立法指导与监督；国家发改委负责铁路行业运价监管和投资管理；国资委是铁路行业国有资产的管理部门；财政部主要监管铁路财税；环保部负责对铁路污染排放的监管。

此模式下，交通运输部下设的国家铁路局的实质是铁路行业的专业监管机构，但由于目前缺乏法律赋予其独立监管的权力，且缺少专门技术和人员储备，全面接手监督管理事项难度较大，需要多方配合，国家铁路局的监管独立性相对较弱。同时，国家铁路局也承担了原铁道部的一些行政职能，这样又造成行政管理与政府监管于一体的情况，监管职能的履行容易受政治和政策变化的影响，不满足监管机构独立性的要求，不利于发挥国家铁路局的专业监管职能。因此，这种模式只能是过渡性的，在铁路行业发展壮大和铁路市场化达到一定程度后，铁路监管机构应当朝着独立化的方向发展。

2. 我国未来铁路监管模式

（1）近期铁路监管模式

在此阶段，可不设置新的监管机构，在保持交通运输部、国家发改委、国资委、财政部、环保部等综合监管机构现有职能不变的前提下，考虑做实做强专业监管机构国家铁路局的监管职能，创建单独问责机制，并通过立法规定其独立的监管权力与地位，与其他政府宏观调控职能部门保持相对独立。理由如下：

① 国家产业政策为铁路发展提供有力支持。交通运输部，作为我国交通运输行业提供宏观政策的制定部门，是保证我国综合交通运输的协调发展，具有制定铁路产业发展战略、政策和规划，培育和完善铁路运输市场体系等职能的行政管理部门；国家铁路局在交通运输部的领导下，根据铁路行业的实际情况，落实完成铁路产业政策的拟定目标。

② 保持国家铁路局现有专业监管职能不变，这里主要考虑到设置专业化、相对独立监管职能配置是未来监管的趋势，但应考虑做实做强现有监管职能，如安全监管。

就我国铁路安全监管现状来看，国家铁路局的安全监管能力和有效程度受到极大限制。由于中国铁路总公司控制着全国绝大部分的铁路线路、客货运输，在铁路运输市场中处于事实上的垄断地位，而其作为铁路运输企业则会更多考虑安全管理活动的经济利益，同时国家铁路局和中国铁路总公司均由原铁道部蜕变而来，其职员大都来自原铁道部，监管者和被监管者均是半军事化管理的铁路系统出身，监管过程难免会有偏袒，最终将削弱国家铁路局安全监管执法的权威性、公信力和实际效果。比如，国家铁路局开展的铁路交通事故信息公开工作始终无法落实，至今铁路交通事故信息公开渠道仍然受阻。

我国地域辽阔，铁路运输在整个国民经济中具有不可替代的显著地位，因此，确保铁路运输安全的万无一失是铁路运输行业的首要之举，需要做实做强国家铁路局的安全监管职责。

（2）中长期铁路监管模式

在此阶段，我国铁路行业可以在交通运输部之外，建立独立的专业监管机构，并组建一个统筹协调各监管机构的组织机构，确保各监管机构依据法律法规分类独立监管铁路各项内容。独立性是铁路监管机构履行职责的核心要求。本书认为，在交通运输部之外，构建独立专业监管机构，其独立性应包括以下三个方面：一是机构设置独立，主要是指监管机构要摆脱一般行政管理部门干预和控制；二是法律地位独立，必须在法律上明确规定监管机构的独立地位，赋予相应的职权和职责；三是经费来源独立。此时，可将经济性监管职能主要集中于专业性监管机构，以增强铁路吸引社会资本进入的能力，发挥市场在资源配置中的决定作用；将社会性监管职能交给社会综合监管机构进行承担，以提高监管效率。

专业性监管机构主要负责监督铁路安全、客货运输、服务质量、运输市场准入与退出、价格等方面的内容。财政部、国家发改委、国资委等综合监管机构主要承担社会监管职能。财政部主要负责监督铁路国有资本投资运营公司、制定公益性补偿机制以及铁路债务方案等；国家发改委主要负责统筹铁路发展规划等；国资委主要负责监督铁路国有资产、国有资本的安全。

由于此监管模式涉及的部门较多，职能调整变化较大，实际操作具有一定难度，可考虑在我国铁路改革与重组基本到位后实施。

6.3 铁路各监管机构监管职能构想

6.3.1 国家铁路局监管职能

国家铁路局作为我国铁路专业监管机构，应进一步做实做强其铁路监督管理职能，尤其加强对安全监察、运输监管、工程质量及设备监管等方面的监管。同时，为增强铁路吸引社会资本进入的能力，发挥市场在资源配置中的决定作用，可参考中国民用航空总局（民航监管机构）承担拟定民航行业价格、收费政策并监督实施，提出民航行业财税等政策建议职能的做法，将经济性监管职能集中于国家铁路局。

（1）在安全监管方面：研究分析铁路安全形势、存在问题并提出完善制度机制建议。组织拟定铁路安全监督管理办法并监督实施，组织或参与铁路生产安全事故调查处理，指导、监督铁路行政执法工作。但当前国家铁路局的安全监管职能还比较薄弱，为进一步增强其职能作用，一方面需要建立健全相关法律，强化监管机构的执法权，用以制约监管对象；另一方面应当加大对国家铁路局的专业技术、人员及资金投入，使其有足够的能力开展监管工作。

（2）在运输监管方面：组织监督铁路运输安全、铁路运输服务质量、铁路企业承担国家规定的公益性运输任务情况，严格按照法律法规规定的条件和程序办理铁路运输有关行政许可并承担相应责任，组织拟定规范铁路运输市场秩序政策措施并监督实施。

（3）在工程监管方面：组织拟定规范铁路工程建设市场秩序政策措施并监督实施，组织监督铁路工程质量安全和工程建设招标投标工作。

（4）在设备监管方面：组织监督铁路设备产品质量安全，严格按照法律法规规定的条件和程序办理铁路机车车辆设计生产维修进口许可、铁路运输安全设备生产企业认定等行政许可并承担相应责任。

6.3.2 财政部监管职能

财政部代表国务院对中国铁路总公司履行出资人职责，这意味着财政部依法享有对中国铁路总公司资本受益、重大决策和选聘经营管理者等权利。财政部应加强对中国铁路总公司国有资本的经营预算管理，并严格监督预算的实施，应定期对中国铁路总公司预算执行情况进行专项审计，同时兼顾预算执行的数量与质量。为提高财政部对铁路的监管效率，财政部应重点监管资金相对较大的铁路项目，确保财政资金的运用合理而高效。

财政部应制定科学、合理的公益性补偿机制，并针对铁路公益性运输服务亏损补贴资金实行监督检查，以保证补贴资金的合理使用，从而充分发挥铁路公益性运输服务财政补贴的效率和效益。建立起完善的铁路运输财政补贴效果考评制度。一方面对享受补贴的铁路运输服务企业内部的财务制度、财政补贴资金的使用情况等进行考核；另一方面，对财政补贴资金的使用效率和效益进行评价，在具体的考评过程中，财政部可以采用定性和定量相结合的方式开展考评活动，以定量考评为主，通过建立一系列的补贴资金使用效率和效益的评价指标，来反映财政补贴的实际效果。同时，从政府和铁路运输服务使用者的角度设定一系列的考核评价指标，形成多方参与的铁路运输服务考评机制。此外，可以将当期考评结果与下期财政补贴相挂钩，以激励铁路运输企业提高补贴资金使用效率[69]。

在债务处置的研究上，首先需要明确铁路债务主体，要理顺铁路的产权关系并进行产权重组。处置铁路债务的方法包括基于债务免除、转增资本金、债转股以及产权流转等。财政部作为铁路综合监管机构，应按照公益性和经营性的不同，制定具有可持续性的债务处置方案，加强金融创新，吸引社会资本投资铁路，并对铁路债务处置过程进行有效监督。

在对中国铁路总公司公司制改革审批上，财政部审批下列股权管理事项：① 中国铁路总公司及所属企业单项投资额超过两亿元（含两亿元）的非铁路客货运输业务领域股权投资；② 所属企业账面值超过 1 亿元（含 1 亿元）且导致国有资本失去控股地位的公司制改建、股权转让。

6.3.3　国家发改委监管职能

国家发改委对铁路行业的监管主要包括研判铁路行业发展趋势，

统筹铁路发展规划，提出铁路重大基础设施布局建议并协调实施，综合分析铁路行业运行情况，协调有关重大问题，提出有关政策建议等，如制定铁路网的中长期规划、对铁路运输价格的制定与监管、批复中国铁路总公司发行中国铁路建设债券等。

（1）统筹铁路发展规划职能

国家发改委的主要职责之一是统筹铁路发展规划。铁路建设的过程是逐步推进的，需要经过长期的规划、论证及前期的准备工作，制定合理的工期来进行统筹安排。因此，铁路建设需要国家发改委统筹需求与可能，兼顾社会效益与经济效益，合理、适度、有序地向前推进铁路发展。

（2）对铁路运输价格的制定与监管

长期以来，铁路客运和货运票价都是由国家发改委制定的，国家铁路局和铁路运输企业并没有定价权。铁路运输定价缺乏弹性，严重影响了价格的市场调节功能。因此，我国应该适度放松铁路运输价格管制，并实行分类定价，让竞争性业务充分竞争。而国家发改委作为铁路的综合监管机构之一，应严格控制和监管铁路运输成本的核算，建立科学的定价体系。

（3）批复中国铁路总公司发行中国铁路建设债券

国家发改委承担规划铁路重大建设项目和生产力布局的责任，拟定全社会固定资产投资总规模和投资结构的调控目标、政策及措施，衔接平衡需要安排中央政府投资和涉及铁路重大建设项目的专项规划。安排中央财政性建设资金，按国务院规定权限审批、核准、审核铁路重大建设项目和大额用汇投资项目。

国家发改委为更好履行其管理职能，可以采取以下四项措施：① 规范审批、核准备案，公布权力清单，而且要简化手续、优化程序，在线办理，限时办结，把审批变成一种服务；② 国家发改委和有关部门要建成纵横联动协管的机制；③ 加强规范的约束力；④ 加强信息化建设，要通过在线办理、相互联网，争取在网上审批、在网上监管[97]。

6.3.4 国资委监管职能

国资委应完善和落实国有资产保值增值的考核监督工作，按照铁路企业各自的特点，制定所监管铁路企业（工程、装备领域）的经营责任制形式和考核指标体系。此外，还应完善对所监管铁路企业国有资产的日常监督，加大国有资本监管的宣传力度，提高国有资本监管意识，切实加强所属国有资本的监管。

（1）切实做好国有资本监管的基础工作，负责督促检查所监管铁路企业贯彻落实国家安全生产方针、政策及有关法律、法规、标准等工作。对国有资本进行定期检查，以发现所监管铁路企业在国有资本运营过程中存在的突出问题，掌握国有资本监管工作的薄弱环节，督促企业的日常经营活动符合法律、法规的要求。

（2）承担监督所监管铁路企业国有资产保值增值的责任。建立和完善国有资产保值增值指标体系，制定考核标准，通过统计、稽核对所监管铁路企业国有资产的保值增值情况进行监管，负责所监管铁路企业工资分配管理工作，制定所监管铁路企业负责人收入分配政策并组织实施。

（3）建立和完善对铁路企业财产损失的处置机制。铁路企业在处置不良资产和损失时，应坚持以下原则：第一，要查清责任，其中涉及违法、违纪行为的损失，对负有直接责任的主管人员、其他有关人员进行经济处罚和行政处罚，涉嫌犯罪的移交司法部门进行处理；第二，要根据国家、中国铁路总公司有关规定和各铁路局集团有限公司内部财务管理办法的规定制定合适的确认报批程序与审批权限；第三，对某些产品已没有市场、扭亏无望的国有企业，应果断地停产、转产或者宣布破产，以防止国有资产的更大流失；第四，主动适应市场，更新对不良资产的处置观念；第五，在铁路内部培育产权交易市场，鼓励优势企业参与不良资产的交易。

6.4　铁路五大领域分类监管构想

6.4.1　分类监管

2015 年 8 月 24 日，中共中央、国务院印发《关于深化国有企业改革的指导意见》，明确指出需要分类推进国有企业改革。首先根据国有资本的战略定位和发展目标，结合不同国有企业在经济社会发展中的作用、现状和发展需要，将国有企业分为商业类和公益类，然后通过界定功能、划分类别，实行分类改革、分类发展、分类监管、分类定责、分类考核，提高改革的针对性、监管的有效性、考核评价的科学性，推动国有企业同市场经济深入融合，促进国有企业经济效益和社会效益有机统一[113]。

我国铁路按照功能可划分为五大领域，即工程领域、装备领域、路网领域、运营领域和资本领域。由于铁路行业各领域所具有的性质不同、在铁路中扮演的角色不同，其发展情况也不尽相同，对应的功能定位和发展目标也有差别①。根据铁路各领域不同的功能定位，应分别采取国家独资、绝对控股、相对控股、参股等控制方式，以契合企业发展。同时，根据铁路各领域的职能履行情况，对质量、安全等环节制定专门的监管制度，采取不一样的监管措施，从而实现精细化监管，提高监管效率，增强监管的有效性。

6.4.2　功能定位

1. 铁路工程领域的功能定位

铁路工程领域企业主要负责铁路基础设施的建设、优化和维护等，其建设具有投资规模大、建设周期长、施工技术复杂等特点，因投资成本太大导致私人企业等不愿投资，从而决定了基础设施投资的过程具有投资主体的政府主导性。同时，在国家"一带一路""中国高铁走出去"等倡议下，铁路工程领域企业应当积极参与国际竞争，这一过程也需要得到国家的支持，为了便于它们"走出去"，政府仍应保持较高的股权，以体现国家意志。但如果政府过度干预基础设施建设和运营，就会使原本稳定的经济活动变得混乱起来，危害交通基础设施的发展，同时还会影响政府基本职能的履行。因此，为了有利于企业的经营发展而减少不必要的行政干预，也应积极引进社会资本，本书建议在铁路工程领域投资中国家必须占主导地位，企业采用国家相对控股的形式。

---

① 具体参见"铁路改革研究丛书"之《铁路国家所有权政策研究》第 3 章。

2. 铁路装备领域的功能定位

铁路装备领域企业作为部分战略性高新技术产业和支柱产业的骨干企业，其功能目标为支撑、引导和带动整个社会经济的发展，在实现国家宏观调控目标中发挥重要作用。中国铁路装备首先为我国铁路的运营提供重要设备设施，其次也是中国高铁"走出去"发展战略的重要支撑，除了具有公益性，还具有一定的商业竞争性，国家可提供一定支持并放开一定的市场竞争。因此，本书建议现阶段铁路装备领域采用国家绝对控股的形式，在装备企业发展成熟、竞争力足够强大后可放松至相对控股形式。

3. 铁路路网领域的功能定位

铁路路网领域企业主要从事铁路线网等配套设施建设、维护和全网列车的统一调度指挥、车站正常运转，拥有对线路、桥梁、隧道、信号、供电设备和车站等资产的依法管理权。由于路网以公益性为主，该领域的企业需要国家严格管控，因此路网领域企业可以定位为完全公益性或者以公益性为主、商业性为辅这两种形式。将路网领域企业定位为公益性的企业时，建议铁路路网领域国有企业采用国家独资形式；将路网领域企业定位为以公益性为主、商业性为辅时，建议采用国家绝对控股的形式。

4. 铁路运营领域的功能定位

铁路运营领域企业的主要职能是为旅客和货主提供优质的运输服务，设计满足市场需求的各类运输产品，以保持市场占有率，促进我国铁路运输行业在公平有序竞争中实现快速健康发展；对运输市场进行调查并做出运输需求预测分析，根据运输需求开发有竞争力的优质运输产品和运输服务；管理、调节和控制交通运输需求，从时间、空间分布两个方面影响与促进交通运输流的适度生成和合理分布，制订运输计划，防止或缓解交通运输"瓶颈"的交通拥挤和阻塞。由于运营领域企业体现出的商业性比较明显，可以将其定位为商业性企业，或以商业性为主、公益性为辅的企业。只考虑运营领域企业商业性的情况下，为了使该领域企业能够充分竞争，建议国家放松控制，采用相对控股甚至不参股的形式。为了使我国铁路运营领域企业在国际上更具竞争力，需要国家保持一定的控制，同时为了保证国家公益性运输和军事运输的需求，也需要国家保持控制力。从这两个意义上来看，可对比较重要的铁路运营领域企业采用国家相对控股甚至严格至绝对控股的形式。

5. 铁路资本领域的功能定位

铁路在我国交通运输领域起着骨干作用，加强对铁路国有资本的管控成为新时期深化铁路改革的重要举措。为契合新一轮国企改革，未来将在铁路领域成立或组建中国铁路国有资本投资运营公司，并通过它对铁路工程、装备、路网、运营领域企业进行管理与控制，优化铁路领域产业布局，实现铁路国有资产保值增值。铁路资本领域企业属于功能性国企[①]，国家占主导地位，并且需要国家财政予以支持，因此可以将该领域企业定位为公益性或者以公益性为主、商业性为辅这两种形式：① 若定位为公益性为主的企业，需要国家严格控制，建议采用国家独资的形式；② 若定位为以公益性为主、商业性为辅的企业，应该在国家绝对控制的条件下充分融合社会资本，在充分利用资金的同时保证国家的利益，因此建议采用国家绝对控股的形式。

6.4.3 分类监管构想

1. 铁路工程领域的监管构想

铁路基础设施建设作为国家经济发展战略的组成部分，可以增加公共产品和服务供给。但目前在工程质量、安全生产、工程造价、投资环境以及环保水保方面，还存在影响铁路可持续发展的阻碍。有必要提高铁路工程领域的监管能力和水平，以更好地促进企业在铁路基

[①] "功能性国企"指关系国民经济命脉的"重要行业和关键领域"及有特殊功能的领域。这些领域的国有企业控制能力强或较强，对该领域企业主要考核公共服务责任，或同时考核资本财务回报责任，兼顾经济效益，国家可给予必要的特殊支持和特别规制。对应的是"竞争性国企"，指以市场化为导向，主要提供竞争性产品或服务的企业，以经济效益最大化为主要目标，兼顾社会效益。

础设施建设过程中采取措施，确保安全生产、工程质量、环境保护和水土保持，努力降低工程造价，从而实现预期的铁路工程投资效益，使得铁路建设形成良性循环，促进铁路投融资体制改革，推进中国铁路可持续发展。

铁路工程建设项目一直具有数量多、战线长、资金流量大等特点，如果不纳入科学、合理、有效的监管，势必会引发腐败问题或滥用职权等渎职问题，导致国家财产重大损失，严重阻碍社会的进步和铁路企业的发展，因而需要加强铁路工程领域的监管力度。

在质量安全方面，减少铁路基础设施建设的行政许可或行政审批等前置性审批，加强铁路建设的"事中、事后"监管。同时，应重视监管过程的顶层设计，铁路政企分开后，原铁道部颁布的工程质量安全部门规章及一系列规范性文件与新的监管体系已不适应，需要抓紧修订，用制度规范铁路工程建设行为。着力健全安全生产长效机制，落实行业安全监管责任，切实加强安全隐患排查治理和预防控制。健全质量管理和安全生产责任体系，落实治理管理和安全生产主体责任，完善质量安全管理制度，夯实安全生产基础，进一步提高质量安全保障能力。

在招投标方面，可建设覆盖各地区铁路监管局，包括招标投标监管平台在内的铁路工程监管信息系统，力争通过一套系统一张网，为铁路工程建设领域的参建各方和行政监管部门提供服务。应针对当前工程招标活动中的突出问题，完善相关监管文件，为监管提供支撑和保障。同时，需要强化廉政风险控制，要采取措施，加强防范，严格自律，树立和维护铁路工程监管部门的清廉正气形象。

2. 铁路装备领域的监管构想

铁路装备制造业的技术水平极大地影响着铁路行业基础设施建设的发展水平，高水平的铁路装备制造业水平能够保障铁路行业设施装备的质量安全。然而铁路装备制造企业的产业集群发展意识不强，在运营模式方面又比较封闭，使得铁路装备制造业集群发展受到了限制，我国铁路装备制造业的技术没有达到最高水平。可见，铁路装备制造业还有一定的改进空间，需要继续努力进行大力改进和调整，这样才能够让铁路行业进入又好又快的发展当中。因此，在铁路装备领域应着力提升铁路装备现代化水平，提升铁路发展质量和效益，让铁路发展成果更多更公平惠及人民；积极研究探索创新铁路装备产品质量安全监管新机制，确保铁路专用设备安全可靠，不断增强人民的安全感。

在质量安全监管方面，落实地区铁路监督管理局的属地化监管主体责任，将铁路装备质量安全摆在突出位置，加强监督检查，保持监管力度。充分发挥装备技术中心的技术优势，加强铁路装备质量安全信息收集、统计和分析，为铁路装备质量安全监管手段创新提供技术支撑。

在采取严格的质量监管措施时，也需要建立起相应的鼓励机制，以推动装备领域技术的创新，激发产业的发展活力。尤其应围绕"一带一路"建设重点，加强铁路装备相关国际交往，及时向国内铁路专用设备生产企业反馈行业动态和最新需求，引导企业创新产品生产工艺和流程，创造更多符合国际国内市场需求的新设备，并借助国际舞台大力推介中国自主知识产权的铁路专用设备产品，为国内铁路专用设备生产企业走向世界提供坚强后盾。

3. 铁路路网领域的监管构想

路网领域作为自然垄断行业，其各种行为对整个铁路运输市场有着巨大的影响。国家如何对路网公司行为进行有效监管和引导，将直接影响铁路改革成效。

在价格监管方面，由于铁路运输企业对路轨的依赖程度高，线路使用费的标准以及列车时刻表的确定在很大程度上决定着运输公司的命运。在这种情况下，路网使用费如何确定，将直接关系到这一改革最后能否取得成功。接入价格太高会减弱路运企业的竞争能力，降低私人资本进入路运市场的积极性；接入价格太低则会导致国家财政亏损严重，路网建设及改造资金短缺。在路网公司接入价格方面，路网公司的接入费收取标准应由国家发改委统一确定，同时再赋予路网公司根据实际情况调整的权利，允许路网公司根据不同地区、不同线路的实际情况在此价格以下浮动。在收费标准的确定上，可考虑在核定前几个年度全国铁路系统用于路网基础设施（包括车站、信号、供电设备等）的建设、更新、维修、改造支出与折旧、员工支出、管理费用等固定支出的平均水平基础上，确定各自的权重，再确定线路使用费收取基准水平。

在质量监管方面，网运分离后，路网公司实行国家控制的垄断式经营，各客货运输公司向路网公司购买线路运营权。在这样的构架下，路运公司将处于明显的讨价还价的劣势地位。为避免路网公司由于竞争不足而致使企业提供的物品和服务质量出现下降，以保障运输企业的权益，需对路网公司提供的路网服务质量进行管制。具体措施如下：① 制定路网服务的质量标准并由政府主管部门管制执行。政府制定和颁布具有法律意义的质量标准，规定路网公司提供的路网服务必须达到的低限服务。质量监管部门根据各运输企业的反馈意见，对路网企业的服务质量和经营状况定期进行评估、监督，向社会公布有关结果。② 质量管制与激励性管制相联系。对路网公司采用价格上限管制的激励性管制办法，综合考虑网络可靠性、服务准时性、路运企业满意度等影响因素对价格进行实时调整。一方面，可以给予路网公司一定的经营激励，因为如果路网公司能够将生产率提高到合同规定的水平以上，企业就可以获得额外的报酬；另一方面，在价格上限管制下，政府管制机构只需注意路网接入价格是否控制在上限以内，而并不需要审定其成本，因而大大节约了管制成本，还可以避免由于管制者和企业间的信息不对称造成的管制失效。同时，价格上限法还可以有效降低网络接入价水平，实现路网企业和路运企业间的利润平衡。

4. 铁路运营领域的监管构想

在某条铁路线规划以后，首先由工程领域的企业对铁路进行工程项目的建设，线路建好之后运营企业向铁路装备领域的各企业购买运输装备，运营公司再从路网公司购买路网的使用权，统筹协调各个专业部门和各个生产环节的关系，完成铁路旅客运输和铁路货物运输任务，实现铁路的运营工作。从中可以看出，运营领域是铁路五大领域中的最后环节，这意味着运营领域的发展肩负着带动工程、装备、资本、路网领域发展的重任，同时其运输服务水平又影响着铁路运输业的发展水平。所以，对铁路运营领域进行有效监管，对促进国民经济发展具有积极作用。

在市场准入和退出监管方面，网运分离后，社会资本投资铁路运营领域的门槛降低，投资意愿增加。实际上应鼓励更多的社会资本投资铁路运营企业，充分发挥各方的积极性，多渠道、多元化筹措建设资金，促进铁路运营企业的发展，特别是让一些煤炭、港口、快递等企业参股铁路运营领域的企业，一方面推进铁路投融资体制改革，另一方面促进铁路与产业链上下游的全产业融合。但当社会资本进入铁路运营领域的门槛降低后，其进入和退出铁路运营市场的监管机制就必须要制定并完善起来，以此保证铁路运营市场的业务秩序。

尤其需要注意的是，为了提供公平的竞争环境，必须以法律法规的形式严格禁止路网公司以任何形式（全资、控股或参股）获得铁路客货运营资格。否则，庞大的路网公司在利益驱使下会衍生出众多的有直接共同利益的运营公司，这些公司在利用路网资源的时候享有事实上的优先权，从而会破坏市场竞争的公平性。同时，应当建立起各铁路运营公司间进行有限竞争的合理机制，以调节各铁路运营公司间的关系。

5. 铁路资本领域的监管构想

铁路属于国有企业，国有企业是壮大国家综合实力、保障人民共同利益的重要力量，必须加强和改进国有资产的监管，以防止国有资产流失，实现国有资产保值增值。主要的监管措施有以下四点：① 着力强化内部监督。突出对关键岗位、重点人员特别是"一把手"的监督，加强对权力集中、资金密集、资源富集、资产聚集的部门和岗位的监督，防止权力滥用。② 着力强化外部监督。不断完善国有资产监管机构监督，加强外派监事会监督，健全国有资本审计监督体系，进一步明确各部门职责分工，实现企业国有资本审计监督全覆盖。此外，还应强化社会监督，实施信息公开，有效保障社会公众对铁路国有资产运营的知情权和监督权。③ 着力强化监督能力。完善内部监督机制，建立涵盖各治理主体及审计、纪检监察、法律、财务等部门的监督工作体系，进一步健全外部监督协同机制和完善信息公开制度，同时应加强监督队伍建设，强化监督队伍履职保障。④ 着力强化责任追究。加大对违规经营责任的追究力度，对违法违纪违规问题突出、造成重大国有资产损失的，严肃追究铁路各领域的主体责任和监察机构的监督责任。

就各领域国有资产的监管主体和管控方式而言，《中共中央关于全面深化改革若干重大问题的决定》中明确提出将国资监管体制从"管人、管事、管资产"转变为以"管资本"为主，确定了"管资本"、组建"国有资本投资公司"和"国有资本运营公司"的原则及方向。以此为契机，未来可在铁路领域成立或组建中国铁路国有资本投资运营公司，实现对铁路各领域企业的管理与控制，优化铁路领域产业布局，实现铁路国有资产保值增值。中国铁路国有资本投资运营公司以股权的形式参与铁路路网、运营、工程、装备等领域的实业企业，根据不同领域企业的特性而进行绝对控股、相对控股或是参股，并根据国家发展战略的需要进行相应调整，不干预企业的生产经营活动，体现国家在铁路资本领域的所有权政策，实现铁路各领域企业的良好运营，合理规划、整合市场资源，优化铁路产业布局，进一步促进我国铁路的发展壮大，同时也为出资人带来相应的收益。

在工程领域，铁路工程是我国交通运输建设领域的重要组成部分，铁路工程建设肩负着"走出去"决策的重要使命。因此，为切实保障铁路国有资本的保值增值，提高企业竞争活力，国家对铁路工程的控制力不应过度，但需保持较高股权，以体现国家意志，在保证国家对该领域仍具有一定控制力与影响力的同时有效提高企业经营效率，即采用国家相对控股的形式。

在装备领域，虽然当前我国铁路装备领域不断发展壮大，但铁路装备技术与管理经验与发达国家仍存在一定差距。为了进一步优化铁路装备领域产业布局，同时积极鼓励中国铁路"走出去"，国家在铁路装备领域资金投入方面需做到对该领域有一定的控制力和影响力，在铁路装备领域保持较高股权，以体现国家意志，同时应充分利用市场配置资源，通过市场机制提高效率，即现阶段采用国家绝对控股的形式，在装备企业发展成熟、竞争力足够强大后可放松至相对控股形式。

基于"统分结合的网运分离"经营管理体制，应将铁路路网收归为一个大、统、全的国有企业，统一规划建设、调度指挥，以充分发挥路网作为国家基础设施的重要作用；将铁路运营权下放到若干小、专、精的各类社会资本广泛参与的运营企业，充分放开竞争性业务，使这些企业在充分竞争的条件下提供更加优质高效的运输服务。所以，在路网领域，因其具有自然垄断特性，基础投资量很大，投资回收期长，一般民营企业或个体很难进入，可采用国家独资或国家绝对控股的形式。在运营领域，应允许各类社会资本举办铁路运营公司，有实力的铁路专线物流公司或铁路旅客运输公司，可自行参与铁路运营，无须国家投资，真正做到完全放开铁路运营市场，即采用国家相对控股甚至不参股的形式。

6.5　备选方案

针对我国铁路监管现状，目前有两种铁路监管备选方案：一种是分散监管方案，即在维持现有监管机构不变的基础上，明确各个机构的监管职责，例如，要进一步做实做强国家铁路局监管职责，要进一步明确财政部提出处理债务方案和制定公益性补偿机制方案的职责，另一种是集中监管方案，即组建铁监会或铁监委①，集中行使目前由各个部门承担的监管职责。

6.5.1　分散监管方案

针对我国铁路各监管部门监管效率有待提高、监管能力有待提升的现状，笔者建议应该明确各机构的监管职能。铁路专业性监管机构主要是指国家铁路局，负责监督铁路安全、客货运输、服务质量、运输市场准入和退出等方面的内容；综合监管机构主要包括财政部、国家发改委、国资委等。其中，财政部主要负责组建并监督铁路国有资本投资运营公司、制定公益性补偿机制以及铁路债务处置方案等；国

---

① 借鉴中国银行监督管理委员会（简称：中国银监会或银监会），将其命名为铁监会或铁监委。

家发改委主要负责统筹铁路发展规划、监管铁路运输价格等；国资委主要负责监督铁路国有资产、国有资本的安全。

1. 国家铁路局的监管职能

国家铁路局作为我国铁路行业的专业监管机构，应主要负责铁路安全监察、运输监管、工程质量和设备质量等方面的监督管理，完善监督管理制度和技术标准体系，监督铁路企业落实安全生产主体责任。

对于从事铁路建设、运输、设备制造维修的单位，国家铁路局应加强安全监督管理，定期或不定期地对相关单位是否严格执行铁路生产安全和产品质量安全的国家标准、行业标准进行安全检查，并对安全管理人员进行定期安全教育培训，同时严格监督保证安全生产所必需的资金投入。

国家铁路局应依法制定处罚条例，对违反铁路安全监管条例的单位或个人，应根据违法行为的性质和具体情节行使相应的处罚权。

2. 财政部的监管职能

财政部代表国务院对中国铁路总公司履行出资人职责，这意味着财政部依法享有对中国铁路总公司资本受益、重大决策和选聘经营管理者等权利。

财政部应加强对中国铁路总公司国有资本经营预算管理，并严格监督预算的实施，定期应对铁路总公司预算执行情况进行专项审计，并同时兼顾预算执行的数量与质量。为提高财政部对铁路的监管效率，财政部应重点监管资金相对较大的铁路项目，确保资金合理而高效地运用。

财政部应制定科学、合理的公益性补偿机制，并针对铁路公益性运输服务亏损补贴资金实行监督检查，从而保证补贴资金的合理使用，充分发挥铁路公益性运输服务财政补贴的效率和效益。

此外，在债务处置的研究上，财政部应首先明确铁路债务主体，要理顺铁路的产权关系并进行产权重组。财政部作为铁路综合监管机构，应按照公益性和经营性的不同，加快制定具有可持续性的债务处置方案，并对铁路债务处置过程进行有效监督。

3. 发改委的监管职能

国家发改委的职能包括负责制定铁路网的中长期规划、批复新的铁路建设、批复中国铁路总公司发行中国铁路建设债券，以及制定和监管铁路运输价格等，尤其是在铁路运价这一领域，国家发改委应加快推进科学高效的定价制度建设，严格成本监审，强化价格监督，使监管更加完善、透明。

在当前铁路改革不断推进的大趋势下，国家发改委对推动体制机制创新、促进市场竞争、完善投资环境、合理配置资源、促进铁路事业加快发展有重大的影响力。国家发改委应积极鼓励社会资本进入铁路领域，加快推进铁路混合所有制改革，并建立健全风险防范和监督机制，对铁路项目可能产生的政策风险、商业风险、环境风险、法律风险等进行充分分析，加强事中事后监管，维护铁路公平竞争秩序。

4. 国资委的监管职能

在铁路领域，目前工程企业（如铁建、中铁）、装备企业（如中车、通号）等的国家出资人代表是国资委，而当前"网运合一"背景下的路网和运营的国家出资人代表是财政部。

因此，国资委的监管职能包括：① 按照出资人职责，负责督促检查工程、装备领域企业贯彻落实国家安全生产方针政策及有关法律法规、标准等工作。② 分类监管工程、装备两大领域的国有资产，避免国有资产的流失，确保国有资产的安全与完整。③ 承担监督所监管企业国有资产保值增值的责任。建立和完善国有资产保值增值指标体系，制定考核标准，通过统计、稽核对所监管企业国有资产的保值增值情况进行监管，负责所监管企业工资分配管理工作，制定所监管企业负责人收入分配政策并组织实施。④ 通过法定程序对所监管企业负责人进行任免、考核并根据其经营业绩进行奖惩，建立符合社会主义市场经济体制和现代企业制度要求的选人、用人机制，完善经营者激励和约束制度。⑤ 负责组织所监管企业上交国有资本收益，参与制定国有资本经营预算有关管理制度和办法，按照有关规定负责国有资本经营预决算编制和执行等工作。

6.5.2　集中监管方案

与分散监管方案相对应的另一备选方案是集中监管方案，该方案的具体内容为：组建一个独立于目前各个监管部门的机构，可以借鉴中国银行业监督管理委员会（简称中国银监会或银监会），将其命名为铁监会，其职能是集中行使目前作为铁路专业监管机构的国家铁路局以及作为铁路综合监管机构的财政部、国家发改委、国资委这几个铁路监管机构对铁路行业所承担的监管职责。

集中监管方案的实质是将国家铁路局、财政部、国家发改委、国资委等机构对铁路行业的监管职能分别剥离出来，组建一个新的监管机构（即铁监会或铁监委），然后将剥离出来的各项监管职能均交给铁监会或铁监委来实现铁路的统一监管。

6.5.3　备选方案比较

1. 分散监管方案的适应性分析

分散监管方案中有关监管部门很容易出现监管缺位[①]。例如，国务院〔2013〕47号函中第八条对建立公益性运输补贴机制、第十条对解决铁路负债问题均做出了明确要求（详见专栏 1-1），但实际上财政部处置铁路公益性和负债问题受阻；国家铁路局的安全监管职责长期弱化甚至虚化；国家铁路局下设的科技与法制司在职能履行中也存在不足。

（1）公益性方面

根据国务院关于组建中国铁路总公司有关问题的批复，交通运输部、财政部等应研究建立铁路公益性运输补贴机制，对铁路承担的学生、伤残军人、涉农物资等公益性运输任务，以及青藏线、南疆线等有关公益性铁路的经营亏损给予补贴。距离 2013 年国务院〔2013〕47号函公布已有六年之久，但我国公益性补贴仍在制度性安排上不完整，在处理铁路公益性问题上没有形成完整的体系，补偿机制形式过于单一，缺少相关的保障机制。

---

① 需要注意的是，对铁路公益性和负债监管的缺位，是由于铁路公益性和债务处置问题的复杂性，而不是财政部不作为。

（2）负债方面

根据国务院关于组建中国铁路总公司有关问题的批复，由财政部会同国家有关部门研究提出铁路总公司及其下属企业负债的具体处理方式。截至 2018 年一季度末，铁路总公司的负债 5.04 万亿元，首次突破 5 万亿元，负债率 65.20%，铁路总公司及其下属企业负债问题依然很严重。我国长期以来运力十分紧张，供不应求，正是这种供求关系，决定了铁总用巨额债务换来的是推动经济发展、民生改善的重要优质资产。短期看，铁路建设依靠债务性资金还可以维持，但就长期而言，无异于"饮鸩止渴"。各铁路监管部门应加强监管，切实履行对铁路的监管职能，尽快解决铁路债务问题，让铁路更好更快地发展。

（3）安全方面

根据《国家铁路局主要职责内设机构和人员编制规定》（详见专栏 6-1），安全监察司主要职责为：研究分析铁路安全形势、存在问题并提出完善制度机制建议；组织拟定铁路安全监督管理办法并监督实施，组织或参与铁路生产安全事故调查处理，指导、监督铁路行政执法工作。然而在实际铁路生产过程中，国家铁路局的安全监管职责长期弱化甚至虚化。

【专栏 6-1】 国务院办公厅关于印发国家铁路局主要职责内设机构和人员编制规定的通知 国办发〔2013〕21 号

根据第十二届全国人民代表大会第一次会议批准的《国务院机构改革和职能转变方案》和《国务院关于部委管理的国家局设置的通知》（国发〔2013〕15 号），设立国家铁路局（副部级），为交通运输部管理的国家局。

一、职能转变

（一）取消的职责

1. 取消开行客货直通列车、办理军事运输和特殊货物运输审批。

2. 取消企业自备车辆参加铁路运输审批。

3. 取消企业铁路专用线与国铁接轨审批。

4. 取消设置或拓宽铁路道口人行过道审批。

5. 取消铁路超限超长超重集重承运人资质许可。

6. 取消铁路工业产品制造特许证核发。

7. 取消铁路运输管理信息系统认定。

8. 取消铁道计算机联锁设备制造特许证核发。

9. 取消铁路货物装载加固方案审批。

10. 取消铁路计算机信息系统安全保护措施审批。

11. 取消铁路工程及设备报废审批。

12. 取消铁路日常清产核资项目审批。

13. 取消印制铁路客货运输票据审批。

14. 取消铁路基建大中型项目工程施工、监理、物资采购评标结果审批。

15. 根据《国务院机构改革和职能转变方案》需要取消的其他职责。

（二）加强的职责

加强铁路运输安全、工程质量安全和设备质量安全的监督管理，完善监督管理制度和技术标准体系，监督铁路企业落实安全生产主体责任、承担国家规定的公益性运输任务情况。

二、主要职责

（一）起草铁路监督管理的法律法规、规章草案，参与研究铁路发展规划、政策和体制改革工作，组织拟定铁路技术标准并监督实施。

（二）负责铁路安全生产监督管理，制定铁路运输安全、工程质量安全和设备质量安全监督管理办法并组织实施，组织实施依法设定的行政许可。组织或参与铁路生产安全事故调查处理。

（三）负责拟定规范铁路运输和工程建设市场秩序政策措施并组织实施，监督铁路运输服务质量和铁路企业承担国家规定的公益性运输任务情况。

（四）负责组织监测分析铁路运行情况，开展铁路行业统计工作。

（五）负责开展铁路的政府间有关国际交流与合作。

（六）承办国务院及交通运输部交办的其他事项。

三、内设机构

根据上述职责，国家铁路局设 7 个内设机构：

（一）综合司（外事司）

承担机关日常运转、政务公开、新闻发布、财务和资产管理、离退休干部等工作。组织监测分析铁路运行情况，组织开展铁路行业统计工作。承担国际、港澳台地区交流合作事务及外事工作。

（二）科技与法制司

组织拟定铁路技术标准，承担铁路技术监督工作，推动铁路科技创新。组织起草铁路监督管理的法律法规、规章草案，参与研究铁路发展规划、政策和体制改革工作，承担行政复议、行政应诉工作。

（三）安全监察司

研究分析铁路安全形势、存在问题并提出完善制度机制建议。组织拟定铁路安全监督管理办法并监督实施，组织或参与铁路生产安全事故调查处理，指导、监督铁路行政执法工作。

（四）运输监督管理司

组织监督铁路运输安全、铁路运输服务质量、铁路企业承担国家规定的公益性运输任务情况，严格按照法律法规规定的条件和程序办理铁路运输有关行政许可并承担相应责任，组织拟定规范铁路运输市场秩序政策措施并监督实施。

（五）工程监督管理司

组织拟定规范铁路工程建设市场秩序政策措施并监督实施，组织监督铁路工程质量安全和工程建设招标投标工作。

（六）设备监督管理司

组织监督铁路设备产品质量安全，严格按照法律法规规定的条件和程序办理铁路机车车辆设计生产维修进口许可、铁路运输安全设备生产企业认定等行政许可并承担相应责任。

（七）人事司

承担机关和地区铁路监督管理局等直属单位的人事管理、机构编制、队伍建设等工作。机关党委负责机关和在京直属单位的党群工作。

四、人员编制

国家铁路局机关行政编制为 130 名。其中：局长 1 名、副局长 4 名，总工程师、安全总监各 1 名，司局领导职数 23 名（含机关党委专职副书记 1 名）。

五、其他事项

（一）涉及铁路监督管理的规章由国家铁路局起草并提请交通运输部部务会议审议通过后，由交通运输部发布。

（二）国家铁路局设立沈阳、上海、广州、成都、武汉、西安、兰州 7 个地区铁路监督管理局，负责辖区内铁路监督管理工作，行政编制 350 名，领导职数按 1 正 2 副配备。

（三）所属事业单位的设置、职责和编制事项另行规定。

资料来源：http://www.gov.cn/zwgk/2013-05/15/content_2403673.htm

（4）改革方面

国家铁路局科技与法制司，主要负责组织拟定铁路技术标准，承担铁路技术监督工作，推动铁路科技创新；组织起草铁路监督管理的法律法规、规章草案，参与研究铁路发展规划、政策和体制改革工作等。

中国铁路总公司发展和改革部，主要负责研究总公司发展战略和规划、重大改革、全局性改革等工作。

两个机构均负责铁路改革及监管工作，但在推进改革的过程中，其对职责的履行均存在不足之处。

由此可知，铁路监管部门对部分职责监管缺位，亟须加强各监管部门对铁路的监管力度，切实履行监管职责。

2. 集中监管方案的适应性分析

集中监管方案是将各种监管职能整合于一个监管机构。集中监管一方面可以避免多个监管机构监管职能重叠等问题，从而实现高效监管，但另一方面也存在一家独大、监管权力过度集中的问题（如果其他行业都有类似需求，那么可能又会出现几十个行业管理局的情况，而这早在多年前的政府机构改革中被摒弃），因而目前该方案存在较大争议。

6.6　本章小结

本章在政府监管的理论基础上，借鉴第 4、5 章国内外相关行业监管体制改革的经验，立足我国铁路监管体制实际，主要研究内容为：① 提出铁路监管体制改革目标及基本思路；② 结合目前监管体制设置的一般模式，提出我国铁路监管机构设置的构想及权力配置建议；③ 就国家铁路局作为我国铁路专业监管机构，财政部、国家发改委以及国资委作为综合监管机构对铁路的监管职能分别进行了阐述;④ 根据铁路五大领域的功能定位，提出各领域的分类监管构想。

本书认为，我国铁路监管机构的设置，应当按照循序渐进的方式，适时地、分阶段采用不同的铁路监管设置模式。当前我国铁路的监管机构设置模式为在交通运输部之内，设立专业监管机构，另设有其他综合监管机构履行社会性监管职能，但近期应考虑做实做强专业监管机构国家铁路局的监管职能，创建单独问责机制。我国铁路行业未来中长期可以在交通运输部之外建立独立专业监管机构，组建一个统筹协调各监管机构的组织机构，确保各监管机构依据法律法规分类独立监管铁路各项内容。可将经济性监管职能主要集中于专业性监管机构，将社会性监管职能交给社会综合监管机构进行承担，提高监管效率。

铁路监管体制改革没有可供完全照搬的成功标准模式，因此我国铁路监管体制改革应当注重渐进性和开创性。

第 7 章　我国铁路监管体制的保障机制

　　铁路监管体制的改革，需要加强顶层设计、法律保障、利益平衡机制保障、监督机制保障、人员保障和技术保障，以完善铁路监管改革工作中的配套保障机制，从而更好地发挥铁路监管的作用。

7.1　加强顶层设计

　　监管体制本身就是一个系统工程，它由监管主体、监管客体、监管对象等子系统构成，这个庞大的系统中，又涉及监管政策的设定、监管方式的选择、监管体系与政策的评估调整等多个环节。由此看出，铁路监管体制改革必然是一个复杂和渐进的过程，加之体制变革必然涉及利益格局调整与再分配，推动与制约改革的力量并存。在此客观背景下，启动铁路监管体制改革首先需要加强顶层设计，设立一个对铁路监管体制改革重要事项进行综合协调的组织机构，为铁路监管体制改革指明方向。

7.2　加强法律保障

　　从美国、日本和英国的经验来看，针对铁路监管改革存在的诸多问题以及配套改革措施，它们都是坚持立法先行，通过修订和完善铁路监管改革法规，加强顶层设计，从法律上明确铁路监管改革的目标、措施和实施步骤。

在我国铁路深化改革时，亟须构建层次分明、立体完善的法律保障体系为铁路监管体制改革保驾护航。《铁路法》在我国铁路中具有重要地位，为使其适应新时期铁路市场化改革的需要，就《铁路法》中关于铁路监管方面的规定主要提供以下几点建议[98]：

（1）在《铁路法》中对铁路监管机构法律地位、职能权力、隶属关系、行为规范等进行明确。法律应保障铁路监管机构合法的监管地位及监管的权威性，为监管机构行使铁路监管权提供法律依据，同时也要约束监管机构合法行使权力，用法律确保监管机构依法监管。

（2）要加强对铁路监管机构的监督与管理。保证专业监管机构即国家铁路局独立行使监管职能，不受政府其他部门及监督对象的干扰，以公正客观地行使监管职能。可将对监管政策的研究划拨给政府法规研究部门，实现立法权与执法权的分离，即政府法规研究部门享有立法权，而铁路监管机构享有执法权。

（3）在《铁路法》中明确对铁路监管机构的约束监督机制，防止监督失灵。在监管机构中，可划分具体责任给专业的部门或人员，并按照铁路监督规则对监督结果负责。在监督机构内部设立独立的问责机构，负责追究当事人及领导的责任，明确监督结果的具体负责人，做到有责可纠、有责必纠、独立问责。

（4）政府对铁路监管涉及面广，《铁路法》不能完全涵盖监管相关的所有方面，建议研讨出铁路监管的主要内容，确定铁路监管的目标、框架内容以及铁路监管机构的权力，并以《条例》《管理办法》《实施细则》等予以明确。

7.3 加强利益平衡机制保障

目前，我国铁路监管中主要涉及以下三种利益主体：（1）铁路监管机构及相关政府部门，主要包括铁路行政管理部门（包括交通运输部、国家发改委、财政部、国资委、环保部）、铁路监管机构（国家铁路局）；（2）铁路行业参与者，主要包括中国铁路总公司、铁路行业协会等；（3）铁路消费者和公众。三种利益主体各自代表了不同的利益内容。铁路监管体制改革中，必须处理好这三种利益之间的关系。

7.3.1　利益平衡机制的内容

（1）经济利益、社会利益和环境利益的平衡

实现铁路经济利益、社会利益和环境利益三者之间的平衡，主要体现为处理好前两者与环境利益之间的矛盾。铁路工程属线形工程，施工周期长，跨越空间大，动用土石方工程量大，沿线取、弃土场多。因此，在勘测设计、施工期建设及运行期等不同的阶段、不同的时期会引发不同程度的生态环境问题，主要表现为占用耕地、破坏植被，使区域土地利用格局和地表土壤使用现状改变[99]。

（2）行业利益和消费者利益的平衡

在我国铁路是由中国铁路总公司管理 18 个铁路局集团有限公司，各个铁路局集团有限公司下设车务、机务、工务、电务、车辆、供电、客运等基本站段，是把具有公益性、垄断性特点的路网基础设施与具有竞争性、经营性特点的客货运输合为一体的管理体制，使得可放开竞争的铁路运营领域垄断现象很严重。铁路行业的这一垄断现象必然会引起行业利益与消费者利益二者之间的冲突，主要表现在以下几个方面。

第一，在铁路运营领域垄断经营模式下，消费者的选择权、建议权等基本消费权利很难得到保障。

首先，铁路行业运营领域的垄断经营，导致市场上运输产品和服务提供者单一或者数量有限，消费者在消费运输产品或服务时，基本无法行使选择权。其次，在处于垄断地位的铁路运输企业面前，消费者处于弱势地位，即使消费者对铁路运输企业提供的产品或服务的质量有意见，向运输企业行使建议权也较少得到运输企业的积极回应。

第二，竞争机制难以形成，外资、民营资本进入困难。

首先，铁路行业的路网和运输业务，都需要巨大的资本投入。路网公司投资完成，即使它想退出市场，也不能收回最初的投资成本，这使得铁路路网的建设沉没成本巨大。铁路自然的垄断特性，加之客观存在的市场进入壁垒，导致外资、民营资本进入铁路行业十分困难。

其次，在运输能力相对紧张、国家铁路既是铁路的调度指挥者又是运营者的情况下，铁路统一调度不可避免地会牺牲非国家铁路的利益以保证国家铁路利益最大化，因而破坏了市场公平的竞争环境，极大地削弱了各类社会资本特别是非国有资本参与铁路运营的积极性。

第三，铁路运价机制不够科学合理。

我国现行的体制是中国铁路总公司统领国家铁路路网和运输业务，致使中国铁路总公司在运输市场上处于垄断地位，铁路实行全国统一定价机制，加上成本是"倒逼"式的定价，无法体现各区域、各线路、各运输产品的成本差异，无法真实反映成本与运价的关系。

为保障国民物资运输，实现国民经济诸多指标，我国铁路一直以较低的价格提供运输产品服务。我国铁路普通列车的票价是 1995 年 10 月 1 日调整后的价格，客运票价以成本为主要考虑的定价因素，客运价格=基价×基价里程+各里程递减票价率×各区段里程+运杂费。图 7-1 为 2006—2010 年我国铁路和美国铁路的客运运价数据统计对比。

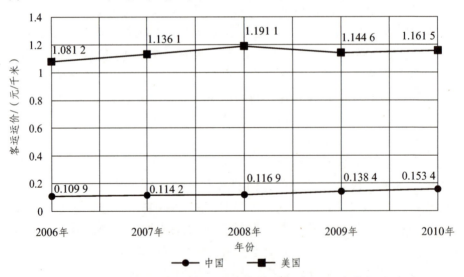

图 7-1　2006—2010 年我国铁路和美国铁路的客运运价数据统计对比

由图 7-1 可知，我国铁路的客运平均运价率长期处于较低水平，且 2006—2010 年近 5 年的铁路客运平均运价增长缓慢，加之通货膨胀等货币因素，使得我国铁路运价长期背离价值，这严重限制了铁路系统的盈利能力。由于我国铁路服务票价低廉，铁路运输的便捷舒适度以及人们的消费惯性、人口流动需求对铁路客运运能提出了巨大挑战。因此，买票难、车厢拥挤、票贩泛滥曾经是全国各大干线铁路普遍出现的问题[23]。

在我国铁路货物运价方面，也存在运价号过多、价格差别加大、铁路轻质货物定价不合理、运价加成条件复杂及铁路货运"一口价"体系不完善等问题。

第四，铁路行业经营性与公益性矛盾。

解决铁路行业经营性与公益性的矛盾，妥善处置铁路的公益性，一直是各国政府致力解决的问题。日本国铁在改革前期，关于国铁的"公共性"与"企业性"有过不少深刻的阐述。例如，大岛国雄认为"在公共性和企业性上，应该将'作为目的的公共性'和'作为手段的企业性'相互联系起来加以认识"。再如，角本良平认为"当为达到目的而破坏达到目的的手段时，目的的实现就变得不可能"。

中国铁路的公益性从总体上可以分为两类：一是公益性运输，二是公益性线路。公益性运输主要包括如下内容：抢险和救灾物资运输、支农物资运输、军运物资运输、伤残军人和学生运输、市郊旅客运输、特定物资运输等。公益性线路，主要是指政府出于政治、经济、军事、国防以及国土开发、消除地区差距等目的而兴修的铁路项目，这些线路的收益难于弥补建设成本或运输成本，即使亏损也必须维持运营。在我国铁路网中，不乏出于国土开发、巩固边疆、加强国防等目的而建设的线路，取得的社会效益及对沿线经济社会发展的拉动作用收效甚好，却往往是以牺牲铁路运营企业的经济效益为代价的。按照现行规定，铁路运输企业承担上述公益性运输，应当以低于正常运价甚至完全免费的形式给予公益性运输请求方优惠[100]。

通俗地讲，铁路公益性好比"鸡蛋"，铁路好比一只"下蛋的母鸡"，如果要经常吃到"鸡蛋"，那就必须让"母鸡"持续健康地活着；"杀鸡取卵"式地使用铁路公益性，最终损害的是公众未来享受铁路公益性的权利。我国铁路作为国家经济大动脉，能够也必须承担公益性运输，这是不可推卸的责任与义务。但是，铁路承担的公益性运输应该得到合理补偿，这是经济内在规律的必然要求。

7.3.2 利益平衡机制的方式

为实现铁路相关利益平衡机制，可以采取以下几种方式：

（1）丰富生态补偿机制

生态补偿（Eco-compensation）是以保护和可持续利用生态系统服务为目的，以经济手段为主调节相关者利益关系的制度安排。更详细地说，生态补偿机制是以保护生态环境、促进人与自然和谐发展为目的，根据生态系统服务价值、生态保护成本、发展机会成本，运用政府和市场手段，调节生态保护利益相关者之间利益关系的公共制度。

对生态补偿的理解有广义和狭义之分。广义的生态补偿既包括对生态系统和自然资源保护所获得效益的奖励或破坏生态系统和自然资源所造成的损失赔偿，也包括对造成环境污染者的收费。狭义的生态补偿则主要指前者。一般生态补偿的情况如表 7-1 所示[101]。

表 7-1 生态补偿的地区范围、类型、内容和补偿方式

地区范围	补偿类型	补偿内容	补偿方式
国际补偿	全球、区域和国家之间的生态和环境问题	全球森林和生物多样性保护、污染转移、温室气体排放、跨界河流等	多边协议下的全球购买；区域或双边协议下的补偿；全球、区域和国家之间的市场交易
国内补偿	流域补偿	大流域上下游间的补偿；跨省界的中型流域的补偿；地方行政辖区的小流域补偿	地方政府协调；财政转移支付；市场交易
	生态系统服务补偿	森林生态补偿	国家（公共）补偿财政转移支付；生态补偿基金；市场交易；企业与个人参与
		草地生态补偿	
		湿地生态补偿	
		自然保护区补偿	
		海洋生态系统	
		农业生态系统	
	重要生态功能区补偿	水源涵养区，生物多样性保护区，防风固沙、土壤保持区，调蓄防洪区	中央、地方（公共）补偿；非政府组织的捐赠；私人企业参与
	资源开发补偿	土地复垦、植被修复	受益者付费；破坏者负担；开发者负担

生态补偿的方法和途径很多,按照不同的准则有不同的分类体系。生态补偿按照补偿方式可以分为资金补偿、实物补偿、政策补偿和智力补偿等;按照补偿条块可以分为纵向补偿和横向补偿;按照空间尺度大小可以分为生态环境要素补偿、流域补偿、区域补偿和国际补偿等。而补偿实施主体和运作机制是决定生态补偿方式本质特征的核心内容,按照实施主体和运作机制的差异,生态补偿大致可以分为政府补偿和市场补偿两大类型。

政府补偿方式:根据中国的实际情况,政府补偿机制是目前开展生态补偿最重要的形式,也是目前比较容易启动的补偿方式。政府补偿机制是以国家或上级政府为实施和补偿主体,以区域、下级政府或农牧民为补偿对象,以国家生态安全、社会稳定、区域协调发展等为目标,以财政补贴、政策倾斜、项目实施、税费改革和人才技术投入等为手段的补偿方式。政府补偿方式中包括下面几种:财政转移支付、差异性的区域政策、生态保护项目实施、环境税费制度等。

市场补偿机制:交易的对象可以是生态环境要素的权属,也可以是生态环境服务功能,还可以是环境污染治理的绩效或配额。通过市场交易或支付,兑现生态(环境)服务功能的价值。

我国目前生态补偿以政府补偿方式为主,主要采用财政转移支付、差异性的区域政策、生态保护项目实施、环境和资源税费制度等形式;市场交易的补偿方式适用还很少,不利于发挥企业与民间保护生态环境的积极性和主动性。

(2)完善铁路定价机制

改革我国的铁路价格监管制度,完善铁路定价机制,推进铁路定价市场化。

铁路客票价格机制应当反映一定的市场供求关系,可根据运输淡旺季、时刻、车型、速度、舒适度、消费群体、人数等因素实行差别定价,实现市场供求和竞争情况自主确定客运价格。以运输里程的差别定价为例,注意铁路客运经过的经济区域,对需求较弱的西部地区,票价要给予一定优惠,东部经济发达人口密集区采用竞争定价策略。同时注意积极提升客运服务质量,加强成本控制[102]。

铁路货运定价机制建议以市场化为导向,从基于运输成本的供给角度定价转向基于货运价值的需求角度定价，待铁路运价完全与市场接轨后，则考虑取消现有按品类名称对应运价号的办法，采取与货主直接议价的方法确定价格[103]。

（3）引入竞争机制

铁路网运合一的经营管理体制已经成为阻碍社会资本参与铁路建设和运营的"玻璃门"，直接导致铁路竞争机制缺乏，市场配置资源的决定性作用难以发挥。铁路引入竞争机制必须处理好铁路网运关系，保证路网统一性以便充分发挥效率，同时还要注意吸引各类社会资本进入铁路形成竞争机制。

构建铁路现代企业制度，是增强铁路运输企业活力竞争力和提高铁路运输业发展质量的必然选择。现代企业制度是指以市场经济为基础，以完善的企业法人制度为主体，以有限责任制度为核心，以公司企业、股份企业为主要形式，以产权清晰、权责明确、政企分开、管理科学为条件的新型企业制度[104]。党的十八届三中全会和中央深改委多次会议明确提出，必须适应市场化、国际化的新形势，进一步深化国有企业改革，推动国有企业完善现代企业制度。

发展铁路混合所有制经济，通过对铁路进行产权多元化改革可以使铁路企业从产权关系上摆脱对政府的过度依赖，打破所有制、行政区域的限制，扫除市场进入壁垒和障碍，消除经营权垄断的基础，促进运输企业之间的相互竞争。发展铁路混合所有制就是要实现铁路产权的多元化，党的十八届三中全会通过的《中共中央关于全面深化改革若干重大问题的决定》明确强调："产权是所有制的核心"，并再次重申要"健全归属清晰、权责明确、保护严格、流转顺畅的现代产权制度"。在铁路产权多元化改革中，使铁路国有资本与社会资本等各种所有制资本相结合，让市场机制在优化资源配置中起决定性作用。

加强铁路投融资体制改革，以充分发挥铁路的主体作用。由于铁路建设投资动辄上百亿、上千亿元，社会资本规模难以适应，民营企业进入铁路后没有生产的决策权。同时，铁路建设投资回报周期长，利润率太低，公益性得不到补偿，社会资本的投资回报得不到保障，因此铁路建设对社会资本没有吸引力。

随着铁路投融资体制改革、混合所有制改革的推进，铁路运输企业将成为完全自主经营的市场主体，在铁路现代企业制度下，公益性补偿对象也就逐步明确，从而为建立和完善铁路运输公益性补偿机制创造了有利条件。

（4）建立公益性补偿机制

目前，我国铁路实行的公益性补偿形式是"政府内部转移支付"，即交叉补贴、税收减免、铁路建设基金等，这种公益性补偿存在缺乏系统的制度设计、政府单方面决策为主、社会参与不足、补偿范围界定方法不够科学合理、公益性补偿对象和补偿方式不完善、补偿标准和方法缺乏科学基础、监督机制缺乏及补偿效果不明显等问题。

公益性服务作为铁路的一项重要职能，关系到铁路能否持续为经济发展做出贡献。建立有效公益性补偿机制，能保障铁路公益性服务功能持续输出。在全面深化铁路改革进程中，应制定适合我国国情、路情的公益性补偿原则，对公益性铁路和运输产品的科学界定、公益性补偿主体和补偿对象的明确、铁路公益性补偿经济指标核算方法的确定以及公益性补偿的监督与评价等问题做深入研究，建立和完善以市场机制为导向的铁路公益性补偿机制[105]。

（5）疏通利益表达机制

可考虑全面引进行政听证制度，完善旅客权益保护的监督机制。行政听证制度是指行政机关在行使行政权，做出影响行政相对一方当事人的权利义务的决定前，就有关的事实问题和法律问题听取利害关系人意见的程序性法律制度。在铁路做出影响旅客切身利益的重大决策时，引进行政听证制度，有利于铁路旅客的权益保护[106]。

充分发挥铁路行业协会职能。行业协会主要职能包括：提出铁路行业规划；提供铁路市场信息、技术信息、社会信息等信息；沟通政府与企业的联系。因此，通过铁路行业协会，政府的政策、法令、计划等在企业得以贯彻；铁路行业协会作为行业利益的代表者，也可向政府反映本行业的愿望和要求；通过发放调查表、组织专题会议和代表大会等，协会了解会员及消费者的困难和需求，进行协商后以法律允许的形式将意见转达给政府。铁路行业协会在市场中起着连接政府、企业及消费者的纽带作用，沟通和连接经济管理层和社会投资者的导向作用[107]。

7.4 加强监督机制

在深化监管机构改革的同时，要强化对监管机构的监督和约束，确保监管机构履行监管职能。

7.4.1 提高监管透明度

经济合作与发展组织（OECD）曾指出，一种富有开放性的监管文化是良好监管的特质，封闭式的政府监管模式往往导致低效与腐败，而开放和透明能够保持监管的健康与活力[108]。监管透明度主要表现在：披露的方式、披露的及时性、披露的频率以及披露的质量和内容。

评判监管透明度良好主要依据以下四点：① 负责监管的机构的作用、职责和目标必须清楚；② 制定和上报监管政策的过程必须公开；③ 公众能够方便地获得监管政策的有关信息；④ 监管机构的负责性与诚信保障。

监管透明性要求监管规制语言表达的简明性，以保证公众能够清晰、容易地理解监管目标和内容。我国铁路监管机构充分认识到增强监管透明度的重要意义，不断通过政务公开、规范落实信息披露制度来增强公众对铁路监管机构的了解和信任。

今后，可以继续从完善官方网站、健全新闻发言人制度、运用新闻媒体及年报等渠道，披露有关监管法规、政策及相关措施落实等方面情况，认真接受铁路行业、社会公众及新闻媒体的监督。

对国家重要政策的出台，通过征求包括监管对象在内的相关部门的意见和建议，并及时在网上发布，征求社会各界的意见和建议，提高政策的质量和效果。

及时对铁路行业违法违规行为通报，以增强监管行为的客观公正性及透明度，提高公众对监管部门的信任，增进对铁路行业的信心，促进铁路监管机构依法履行监管职责。

7.4.2　完善公众参与机制

在监管机构独立性的基础上，现代政府监管不仅要求通过监管的专业性、科学性来保障其实质正当性，而且强调通过监管的民主性来保障其形式的正当性，这种监管中的民主性当前主要通过公众参与途径予以体现。公众参与机制的引入旨在确立更为开放的监管决策制度，它要求监管机构在规则制定和规则执行的所有环节，都应当充分保障所有利害关系人的参与权，通过各方信息沟通，最后监管机构在全面、客观、公正的基础上做出监管决定。

随着政府管理向治理的转变、社会主义政治民主的不断推进，我国公众参与的制度和法规也在逐步建立和完善。1982 年我国《宪法》就明确确立了参与制民主，党的十六大报告及国务院《依法行政实施纲要》都明确要坚持决策民主化，扩大公众参与途径。《价格法》《立法法》等也为公众参与提供了明确的法律依据。价格听证、立法听证等公众参与制度已经成为一种较为成熟的民主决策程序。我国政府监管机构，主要采用的是听证会和专家咨询委员会这两种公众参与制度。将公众参与机制应用于决策程序中，也有助于调整政府行政机关权力过大的"行政轴心"结构。

7.4.3　建立监督影响评估机制

引入监管影响评估机制，促进监管机构科学、理性决策，实现"防止监管权滥用"和"提高监管绩效"的双重目的。

如果监管影响评估程序缺位，可能造成监管机构介入本应由市场调节或其他替代措施解决的问题，或不能及时退出，从而导致监管过度；另外，如果将紧缺的监管资源配置给效率低的监管领域，将导致监管资源配置的不合理。

监管影响评估机制的建立和实施非常复杂，其制约因素很多，比如政治、法律、程序等问题，以及监管影响评估的质量控制和结构设计。

监管影响评估机制在中国尚处于倡导和酝酿阶段。借鉴国外经验，应当做好以下准备[33]：

（1）以立法的形式明确监管影响评估的要求。监管影响评估要持续发挥改进监管质量的作用，必须于法有据。

（2）认真分配监管影响评估机制的各项责任。监管机构应负责提交规章草案和监管影响评估报告，另外设立一个独立的质量控制机构，审查监管影响评估报告，确保其质量，保证监管影响评估原则的实施。

（3）合理确定监管影响评估程序的适用范围。考虑到分析能力、资源有限性以及效率问题，应根据本国国情确定监管影响评估程序的适用范围，将分析资源集中在关键领域，增强分析结果的可信度，从而增加因政策改善带来的收益。

（4）培训监管官员。注意培养他们监管影响评估的程序意识，争取在整个行政组织中尽快实现这种行政文化意识的转变；然后是具体的分析方法和数据收集的技术培训。

（5）使用统一但灵活的分析方法。建议对所有监管决定都运用成本-收益分析方法，但具体的分析方法根据对可行性和分析成本的实际判断而定。

（6）建立并实施数据收集机制。数据收集是监管影响评估最困难的环节之一。监管影响评估是否有效依赖于规章潜在影响的评估数据的质量。

（7）公开相关信息和分析结果。这在一定程度上缓解了公众的信息不对称问题，真正实现透明和公众参与的价值，从而将监管机构决策与公众参与、政府监督有机结合起来。

7.5　加强人员保障

充足的监管人员是铁路监管机构实现铁路有效监管的必要条件，但是目前铁路监管机构的人员储备无法有效监管铁路行业企业。以国家铁路局安全监察为例，由于缺乏充足的人力、物力，其安全监管职责长期弱化甚至虚化。

2013 年 3 月 10 日，铁道部撤销，其职责分拆成两部分：中国铁路总公司承担企业职责；国家铁路局承担监督、管理职责，同时对技术标准、运输安全、工程质量、服务质量等进行监管。国家铁路局下辖沈阳、上海、广州、成都、武汉、西安、兰州 7 个监督管理局和北京铁路督察室，可以说中国铁路总公司的一切企业行为都在国家铁路局的监管之下。然而现实中，由于人员和技术全部在中国铁路总公司手中，国家铁路局在监管的具体执行中常常心有余而力不足。

2018 年 6 月 11 日，国家铁路局武汉铁路监督管理局将铁路安全监管业务委托给郑铁集团安全监督管理办公室（以下简称"安监办"），而郑铁集团是中国铁路总公司的下属企业。此次以协议明确监管权，采取委托模式作为过渡，也是基于当前铁路行业监管实际情况做出的现实选择。但需要强调的是，委托监管不能是结果，只能是过渡方案，其最终的目的应该是通过委托监管做好人员和技术储备，最终做实做强国家铁路局安全监管能力，达到独立监管的目的。由此可见，加强监管人员的储备，对提升国家铁路局的监管职能，推动铁路安全监察工作不断加强具有重要意义。

7.6　提升技术保障

以互联网、大数据、云计算、物联网、北斗导航系统等信息网络技术为代表的新技术，为实现铁路监管现代化提供强大的技术保障。铁路可广泛应用互联网、大数据等新技术，收集、提供与监管有关的企业内外部信息等，基于不断完善的数据服务平台不断提高铁路监管能力。不仅限于此，铁路还可通过拓展北斗卫星、应急通信等技术应用范围，以实现铁路运输设备设施状态和内外部环境自感知、自诊断、自决策为基础，建设运输生产系统，提高铁路监管效率。以下简要阐述互联网、大数据和云计算三种信息网络技术在铁路监管方面的应用。

7.6.1　互联网

1."互联网+行业监管"的发展趋势

国家发改委《关于 2014 年国民经济和社会发展计划执行情况与 2015 年国民经济和社会发展计划草案的报告》将"互联网+"定义为代表一种新的经济形态，即充分发挥互联网在生产要素配置中的优化和集成作用，将互联网的创新成果深度融合于经济社会各领域之中，提高实体经济的创新力和生产力，形成更广泛的以互联网为基础设施和实现工具的经济发展新形态。"互联网+"的兴起，给政府监管提出了新的思路与要求[109]。

（1）监管类型由管制型向服务型转变

一般的政府监管方式是一种传统管制型模式，使得政府监管带有强制性，整个监管体系以政府为中心，主要依靠强制性行政手段，对监管对象的活动进行监督管制。"互联网+"模式的出现，在冲击了传统行政体制、改革政府管理模式的同时，也使得政府监管的方式向服务型监管方式转变。政府监管部门需要不断尝试在行政过程中减少强制性手段和硬性管理措施，努力增加柔性管理办法，注重开发政府监管的新型服务职能。

（2）监管方式由单向向互动转变

"互联网+"模式具有实时、互动特点，政府监管应注重利用互联网技术的特点及时充分地反馈监管对象的诉求，将传统政府监管由上而下的单向监管方式转变为网上网下结合的互动监管方式。

（3）监管方式由手工向智能转变

传统政府监管采取实地手工操作的监管方式，人力物力成本较高且效率低。互联网技术的应用可以使政府打破物理组织的界限，通过互联网平台提供各类政府服务，实现政府管理职能。

在"互联网+"共享经济的推动下，政府监管可以利用互联网技术以及信息数据技术通过网上处理的方式实现新型智能监管方式的转变。以深圳商事登记"全流程、全业务、无纸化"网上办理模式为例，该模式将互联网新技术与商事登记注册业务深度融合，引入 PKI（数字证书技术），申请人借助银行 U 盾等数字证书，可通过互联网提交电子申请材料，股东可远程电子签名，商事登记机关实行网上受理、审查，颁发电子营业执照（或电子通知书），并保存电子档案。这种模式使得在业务量激增的情况下，商事登记岗位人员数量不增反降。其核心在于通过运用"互联网+"技术，运用"跨界"理念，大胆打破各部门原有职能界限，对烦琐的跨部门办事流程进行颠覆性创新[110]。

2. 互联网在铁路监管中的作用

推动实施"互联网+铁路监管"。在铁路监管过程中，运用互联网思维可以在技术层面上给铁路监管主体提供参与监管的便捷性、执行监管的高效性。

借助"互联网+"实现铁路监管向电子化和数字化迈进，以铁路监管信息化推动铁路监管现代化，充分运用大数据等新一代信息技术，打造铁路监管大数据平台，增强铁路监管的智慧化、精准化水平，尽早尽快识别出监管对象存在的问题，提出相应的监管对策，降低监管成本，提高监管效率。

同时，可利用大数据平台推进线上线下一体化监管，克服铁路监管机构重叠、职能分散带来的"碎片化"以及各监管部门自行体系、自设标准、执法和监管标准不统一等问题，建立综合监管体系，发挥各种监管资源的综合效益。在加强各部门信息共享的基础上，探索建立风险监测机制，建立健全跨部门、跨区域执法联动响应和协作机制，消除监管盲点，降低执法成本。

7.6.2　大数据技术

1. "大数据+行业监管"的发展趋势

大数据是治理现代化的一种技术路径，它通过海量的数据搜集和精准的数据分析增强决策的科学性。利用大数据可以推动政府管理从传统向现代化转型，提升管理效率，提高监管质量[111]。

（1）帮助政府提高监管水平和效率

政府通过大数据可以获取更加精确真实的信息大数据的产生，主要由机器自动生成，真实准确，不易受主观因素影响。基于大数据技术对这些数据进行处理，和传统现场人工监管、依靠小数据分析的监管方式相比，具有数据内容更加丰富、真实的特点，得到的结论也更能客观地反映真实状况。

（2）帮助政府更及时地发现问题

科学开发和利用大数据能够缩短监管所需经历的时间周期，弥补传统监管方式在及时性方面的不足。"Google 流感趋势"就是通过大数据实现预测的典型案例。

（3）实现政府监管更加透明

大数据的开放性要求增大政府的透明度。政府部门应向民众公开政务数据、公共服务数据、基础数据等信息，免费供社会公众查询、下载，并应提供应用程序开放接口，以方便对信息资源进一步深入开发利用产生价值。政务公开程度的提高，能使民众及时获取政府信息，亦能提升政府公信力。

（4）促进政府各部门的协同合作

大数据的包容性理念和数据获取存储技术打破了政府各部门间的边界。与传统技术不同，通过跨系统、跨平台、跨数据结构的数据共享平台，可实现政府内部各部门协同流畅，让被割裂存储于不同部门的数据在统一平台上得到开放，大幅削减信息孤岛现象。

随着大数据的普及，李克强总理也曾在国务院常务会议上就部署运用大数据优化政府服务和监管做出了阐述（详见专栏 7-1）。

【专栏 7-1】　李克强：运用大数据优化政府监管

"我们正在推进简政放权，放管结合、优化服务，而大数据手段的运用十分重要。"2015 年 6 月 17 日的国务院常务会议上，李克强总理说。

当天会议的一项议题，是部署运用大数据优化政府服务和监管，提高行政效能。

借助大数据推动政府职能转变，这是李克强总理始终关心的问题。自 2014 年 3 月 "大数据" 首次出现在《政府工作报告》中以来，这个新名词便频频被总理提及，国务院常务会议题也多次涉及大数据运用。

"运用大数据，加强对市场主体的服务和监管，这是转变政府职能的重要手段。"李克强说。

他进而阐述，这也是建设透明政府、阳光政府的内在要求。政府信息、数据及时公开，让企业清楚、百姓明白，这是最起码应该做的。

"昨天还有人跟我反映，'办个证跑断腿'的现象还有的是，老百姓根本就搞不清楚到底有多少道手续和什么手续。"总理说，"公开不公开这些最基本的办事程序，反映出我们的政府服务有没有诚意。"

李克强特别强调运用大数据推进市场信用平台建设的重要性。"市场监管的数据、企业违法失信的数据，这些数据的公开不应该受到任何质疑。否则社会就无法正常运行。"

他同时指出，要注重数据、信息之间的关联，进一步推动政府信息开放共享，消除信息"死角""孤岛"。

"我们运用大数据转变政府职能，不仅是国家经济社会发展对效率的需求，其实这本身也涉及国家安全。"总理说，"建立统一的数据平台，是建设现代化国家的基础性工程，也有利于国家安全。"

资料来源：http://www.gov.cn/xinwen/2015-06/17/content_2881052.htm

2. 大数据在铁路监管中的作用

推动实施"大数据+铁路监管"。在铁路监管过程中，可打造铁路监管大数据平台，以更加精准、智能化的方式收集、整理并分析铁路企业的运营情况，借助大数据的强大功能提供更为可靠的监管手段，从更专业的角度履行其监管职能，定期按时为公众公布详细的监管结果，切实做大做强铁路监管主体的监管职能。

同时，就铁路监管中目前存在的多部门共同监管的情况，需进一步明确各监管部门的监管职能，通过建立大数据共享平台，加强各监管部门之间的信息沟通、数据连接、技术借鉴、人员互助，充分利用监管资源，形成监管合力，增强实际监管的可操作性，提高监管效率。

7.6.3　云计算

1."云计算+行业监管"的发展趋势

美国国家标准与技术研究院（NIST）定义：云计算是一种按使用

量付费的模式，这种模式提供可用的、便捷的、按需的网络访问，进入可配置的计算资源共享池（资源包括网络、服务器、存储、应用软件、服务），这些资源能够被快速提供，只需投入很少的管理工作，或与服务供应商进行很少的交互。"云计算"概念被大量运用到生产环境中，国内的"阿里云"与云谷公司的 XenSystem，以及在国外已经非常成熟的 Intel 和 IBM，各种"云计算"的应用服务范围正日渐扩大，影响力也无可估量。

云计算是一种计算资源的新型利用模式，客户以购买服务的方式，通过网络获得计算、存储、软件等不同类型的资源。云计算服务以其快速伸缩、泛在接入、自助按需、资源池化、服务可计量的创新服务特性很快成为业内关注的焦点，各地政府部门、重点行业纷纷进行规划部署。积极推进云计算服务在政府监管部门的应用，这有利于减少各部门、各地方分散重复建设，有利于降低信息成本，提高资源利用率[112]。

对政府用户而言，云计算不仅能够提高办公效率、节约信息化成本，还能够帮助其实现管理创新和服务型政府转型。政府不仅仅是云计算的重要应用主体，更是重要的市场规则制定者、产业运营监督者和产业发展推动者。政府的推动可以促进云计算产业跨越式发展。例如，各地政府结合当地产业规划，积极建立云计算产业发展与创新基地，通过资金支持大力培育云计算技术服务厂商，建立面向城市管理、产业发展、电子政务、中小企业服务等领域的云计算示范平台，推动IT 厂商向云计算服务商转型，并引导云计算技术和服务厂商向产业基地集聚，组建云计算产业联盟，形成合力参与全球云计算产业竞争。在云计算产业发展中，政府用户关注的核心聚焦在数据安全、云计算的标准建设及产业生态系统打造等方面。

企业能够利用云计算整合其现有的数据中心，实现对已有 IT 资源的充分利用，提高信息系统的效率和性能，加强经营决策的实时性。各类面向行业的云服务能够为企业发展提供重要支撑，使企业（特别是中小企业）加快研发进程，缩短产品投入市场的时间。因此，企业在部署云计算服务时，更注重云的安全性、云服务提供商的运营经验及现有的成功案例等。

2. 云计算在铁路监管中的作用

推动实施"云计算+铁路监管"。在铁路监管过程中，推广与使用云计算技术，逐步形成信息化监管模式，可以最大限度地减少监管过程人力、物力等的投入，同时提高监管品质。

以铁路监管的数据存储为例，铁路监管过程会产生大量的数据，这些数据的保存、维护需要专门的人员，数据存储量的扩容也是比较困难的事，同时数据迁移、存调都会造成额外的工作量并耗费相当长的工作时间，采用云数据存储可以有效解决以上问题。

安全是云计算在铁路监管中大规模应用的前提。应用环境和数据脱离用户可控范围，数据和应用环境分离，是导致云计算安全问题的根源。因此，云计算在铁路监管信息系统中的应用必须先从"私有云"开始，等技术逐渐成熟后，再向"公有云"发展。

7.7 本章小结

本章主要从顶层设计、法律保障、利益平衡机制保障、监督机制保障、人员保障以及技术保障六个方面着手，提出我国铁路监管体制改革的保障机制。

（1）顶层设计：建议设置铁路监管体制专门委员会，承担统筹协调铁路监管体制改革的各项工作，并集合社会各铁路方面"智囊团"力量，集思广益，联合启动。

（2）利益平衡机制：为实现铁路经济利益、社会利益和环境利益三者之间的平衡，可以采取丰富生态补偿机制、完善铁路定价机制、引入竞争机制、合理公益性补偿机制、疏通利益表达机制等方法来实现铁路相关利益平衡。

（3）法律保障：在我国铁路深化改革时，亟须构建层次分明、立体完善的法律保障体系为铁路监管体制改革保驾护航；针对我国铁路监管中主要涉及的三种利益主体，即铁路监管机构及相关政府部门、铁路行业的参与者、铁路消费者和公众，结合铁路行业现状，根据其发生利益矛盾点，提出利益平衡的机制方式。

（4）监督机制：在深化监管机构改革的同时，要强化对监管机构的监督和约束，确保监管机构履行监管职能，本书从提高监管透明度、完善公众参与机制及监理监督影响评估机制三个方面出发提出建议。

（5）人员保障：通过委托监管做好人员和技术储备，最终做实做强国家铁路局安全监管能力，达到独立监管的目的。

（6）技术保障：本书抛砖引玉简单介绍了互联网、大数据及云计算三种信息网络技术在政府监管领域的应用，并阐述其在铁路监管中的作用，但不仅限于这三种技术。

本书建议，为推进我国铁路监管体制的改革，需要围绕政府监管，保障铁路国家所有权政策、铁路网运关系调整、铁路现代企业制度、铁路混合所有制、铁路投融资体制、铁路债务处置、铁路运输定价机制、铁路公益性补偿机制、铁路企业运行机制、铁路改革目标与路径等其他配套机制的建设，以促进我国铁路的健康有序发展。

第 8 章　结论与展望

8.1　主要研究内容

（1）主要阐述了我国铁路监管基本理论，界定了政府监管的含义与设置原则等，并梳理出与政府监管相关的理论，包括自然垄断理论、可竞争市场理论、政府失灵理论，概述了第三方监管的含义，结合我国当前实际，提出第三方监管存在的必要性。

（2）分析了我国铁路监管的现状，阐明了我国铁路运输行业的基本特征，包括铁路的分类、铁路目前主要业务及性质、管理体制、技术特征及经济特征等，并分析了铁路政府监管的必要性；具体阐述了我国铁路行业监管的内容以及目前国家铁路局、中国铁路总公司、财政部、国家发改委以及国资委的监管职能，并总结了我国铁路行业监管体制改革存在缺乏顶层设计，法律保障较为滞后，专业监管机构的监管职能不足，监管的独立性较难保证，缺乏监管评估、问责等保障机制，分类监管体系尚未确立等问题。

（3）论述了美国、英国、日本、德国、瑞典的铁路监管体制改革实践过程与改革特点，总结出国外铁路的政府监管机构，其在组织形式上主要有两种形式：一种是由政府主管部门直接监管；另一种是由政府组建并授权的专门监管机构间接监管。国外在铁路改革和重组过程中，政府监管机构的组建主要通过以下方式：一是将原国有铁路中属于政府职能的部分逐步剥离出来；二是单独组建专门的监管机构；三是完善和增强原政府行业管理机构对铁路的监管职能；四是根据铁路改革和发展中的实际需要，适时组建新的监管机构。结合以上国家政府铁路监督体制改革的经验，同时考虑到我国铁路运输产业的实际情况和存在问题，可以分析得到以下启示：立法先行、增强监管机构独立性、实行灵活有效的经济监管、推行铁路改革要立足我国基本国情以及实行分类监管。

（4）针对我国典型行业中的交通运输行业（除铁路、管道）、能源行业、电信产业、金融行业等领域的监管体制改革进行"盘点"，并总结出上述典型行业政府监管体制改革的启示。我国典型行业监管体制改革启示：加强法制建设，使行业监管行为有法可依；监管机构设置专业化；保证监管的独立性但应注重渐进性；明确监管主体职能定位。

（5）借鉴国内外相关行业监管体制改革的经验，立足我国铁路监管体制实际，提出我国铁路监管体制改革的目标及基本思路；结合目前监管体制设置的一般模式，提出我国铁路监管机构设置的构想及权力配置建议；就国家铁路局作为我国铁路专业监管机构，财政部、国家发改委以及国资委作为综合监管机构，对铁路的监管职能分别进行了阐述；紧随国有企业分类监管的思路，提出铁路五大功能领域分类监管的措施。此外，还提出分散监管与集中监管两种备选方案。

（6）提出加强顶层设计、加强法律保障、加强利益平衡机制保障、加强监督机制保障、加强人员保障以及提升技术保障这六个方面的保障措施，以期为铁路监管体制改革保驾护航。

8.2　主要研究结论

本书通过分析我国铁路监管体制现状及存在的问题，结合监管基础理论、国内外相关行业监管体制演变历程及经验，提出我国铁路行业监管体制改革的总体目标、主要原则及基本思路，并对我国铁路监管机构设置、职能配置、分类监管及保障机制等关键问题进行了深入分析。本书的主要结论如下：

（1）纵观我国铁路监管体制的发展历史，主要经历了计划经济体制阶段、体制改革和政企分开的初步阶段以及现在的体制改革深化阶段。从我国铁路监管体制现状来看，仍存在缺乏顶层设计，法律保障较为滞后，专业监管机构的监管职能不足，监管的独立性较难保证，缺乏监管评估、问责等保障机制，分类监管体系尚未确立等问题。

（2）本书在明确监管的内涵的基础上，阐明了自然垄断理论、可竞争市场理论及政府失灵理论三种基本的政府监管理论基础，并概述了第三方监管的含义，分析了第三方监管的必要性。铁路的分类、主要业务及性质、管理体制、技术特征及经济特征五个方面，均可以体现我国铁路行业的特殊性，政府在制定各类国家政策时应考虑铁路行业的特殊性。从铁路行业的公共性、外部性、自然垄断性三个角度出发，探讨政府对铁路行业监管的必要性，最终得出铁路行业相较于其他行业更容易出现市场失灵的情况，因此需要对其进行监管。然后介绍了我国铁路行业监管的内容以及目前国家铁路局、中国铁路总公司、财政部、国家发改委以及国资委的监管职能。最后总结了我国铁路行业监管存在的问题。

（3）国外铁路的政府监管机构，在组织形式上主要有两种形式：由政府主管部门直接监管或者由政府组建并授权的专门监管机构间接监管。国外在铁路改革和重组过程中，政府监管机构的组建主要通过以下方式：一是将原国有铁路中属于政府职能的部分逐步剥离出来；二是单独组建专门的监管机构；三是完善和增强原政府行业管理机构对铁路的监管职能；四是根据铁路改革和发展中的实际需要，适时组建新的监管机构。结合以上国家政府铁路监督体制改革的经验，同时考虑到我国铁路运输产业的实际情况和存在问题，可以分析得到以下启示：立法先行、增强监管机构独立性、实行灵活有效的经济监管、推行铁路改革要立足我国基本国情以及实行分类监管。

（4）基于对铁路监管理论的认识，借鉴国内外相关行业监管体制建设方面的经验，考虑到我国铁路监管体制的现状和存在的问题，本书认为，我国铁路监管体制改革的思路是：第一，借鉴国外铁路监管立法先行的经验。纵观国外的铁路行业政府监管改革历史可以发现，不论政府监管处于怎样的阶段，铁路改革总有法律作为执行依据。第二，根据监管独立性原则，实现政监分开、政企分开，使监管机构的决定不受其他政府机构的不当影响。第三，制定灵活有效的经济监管政策，根据铁路不同领域企业的产业性质相应地采取放松或严格管控方式。第四，积极响应根据国有企业不同功能定位进行分类监管的号召，对铁路工程、装备、路网、运营和资本五大功能领域进行分类监管。第五，立足现状、采取渐进式改革方式，逐步过渡到理想监管模式，可分为以下两个步骤进行：

第一步：在交通运输部内，设立专业监管机构，另设有其他综合监管机构，这是我国铁路监管的现有模式，但应考虑做实做强专业监管机构国家铁路局的监管职能，创建单独问责机制。在此阶段，可不设置新的监管机构，交通运输部继续承担政策性监管的工作，财政部、国家发改委、国资委、环保部等综合监管机构履行社会性监管的职能，而进一步加强国家铁路局的安全监察、运输监管、工程质量及设备监管等职能。这种模式是过渡性的，在铁路行业发展壮大和铁路市场化达到一定程度后，铁路监管机构应当朝着独立化的方向发展。

第二步：在交通运输部之外，构建独立专业监管机构，保证机构设置独立、法律地位独立及经费来源独立。此阶段，有必要组建一个统筹协调各监管机构的组织机构，确保各监管机构依据法律法规分类独立监管铁路各项内容，可将经济性监管职能主要集中于专业性监管机构，以增强铁路吸引社会资本进入的能力，发挥市场在资源配置中的决定性作用;将社会性的监管职能交给社会综合监管机构进行承担，以提高监管效率。

8.3 未来研究展望

本书指出，在交通运输部之内，设立专业监管机构国家铁路局，由国家铁路局、财政部、国家发改委以及国资委对铁路行业进行不同层面、不同程度的监管，这是我国铁路监管的现有模式，但铁路监管体制改革尚在推进时期，在铁路行业发展特别是市场化达到一定程度后，铁路监管机构可以考虑朝着独立化的方向发展。

本书建议：

（1）为了使我国铁路监管体制顺利度过过渡期并不断完善，未来需要对我国铁路监管权力配置优化进行深入研究。我国铁路监管体制改革研究应在现有监管权力配置的理论基础上，结合我国铁路行业的特点，针对我国铁路配置监管权力中存在的缺乏监管法律保障、专业监管机构的监管职能不足、缺乏监管评估及问责等保障体制、各监管部门有效协调不足等问题，从法规、制度、文件及通知等更加细致具体的层面优化我国铁路监管权力配置。

（2）应强调分类监管的重要性，对铁路工程、装备、路网、工程、资本等几个不同功能领域，制订不同的监管方案。

（3）本书在结合国内外实践经验及我国铁路监管现状的基础上，提出了分散监管和集中监管两种铁路监管备选方案，但具体哪一种方案更符合我国铁路监管要求，还需视发展情况做出选择并进行不断调整。

参考文献

[1] 李伟. 铁道部另一场的改革：网运分离 [EB/OL]. 财经网.（2013-01-25）[2017-01-12]. http://economy.caijing.com.cn/2013-01-25/112463192.

[2] 罗庆中. 构建中国铁路政府监管框架体系的研究[J]. 中国铁路，2002（6）：27-29+43.

[3] 王培伟. 中国铁路运输管理体制改革取向比较研究[D]. 济南：山东大学，2003.

[4] 王磊. 我国铁路监管改革现状、存在的问题及完善思路[J]. 中国物价，2015（5）：28-31.

[5] 陆东福. 英国铁路考察思考[J]. 铁道经济研究，2006（5）：2-4，7.

[6] 交通运输部. 主要职责[EB/OL]. [2017-01-22]. http://www.moc.gov.cn/jiaotonggaikuang/201510/t20151015_1902308.html.

[7] 国家铁路局. 组织机构[EB/OL]. [2017-01-23]. http://www.nra.gov.cn/zzjg/.

[8] 国家铁路局. 法规制度[EB/OL]. [2017-03-22]. http://www.nra.gov.cn/jgzf/flfg/fl/.

[9] 肖翔. 加快立法推进铁路改革[J]. 中国铁路，2005（2）：14-26.

[10] 赵翔. 浅析美国铁路监管机构[J]. 商，2015（30）：245，232.

[11] 刘迪瑞. 日本国有铁路改革中存在的问题与经验教训[J]. 南昌大学学报（人文社会科学版），2010（1）：97-101.

[12] 阿其图. 英国政府铁路监管体制改革经验及对我国的启示[D]. 北京：华北电力大学，2015.

[13] 李红昌. 瑞典铁路改革重组的现状及理论探讨[J]. 铁道经济研究，2005（4）：39-41，46.

[14] 贺力群. 瑞典铁路改革引发的思考[J]. 中国国情国力，2013（1）：56-58.

[15] 王镠莹，方奕. 国外铁路市场监管及对我国的借鉴[J]. 中国铁路，2014（9）：6-10.

[16] 王晓刚. 国外铁路政府监管体制分析及启示[J]. 铁道运输与经济，2015（5）：100-104.

[17] 曹巧，张卫华，宋冬利. 铁路运输安全监管体系探讨[J]. 交通企业管理，2015（4）：63-65.

[18] 李婉斌. 铁路工程质量政府监管研究[D]. 北京：北京交通大学，2016.

[19] 杨金英. 铁路行业属性分析与政府监管对策研究[J]. 经济研究参考，2014（27）：21-26.

[20] 秦家月，柳志丹. 我国政府监管现状和问题研究[J]. 经济研究导刊，2016（29）：168-169.

[21] 杨强. 铁路运输安全监管体制探究实践[J]. 科技与企业，2016（8）：19.

[22] 王磊. 我国铁路监管改革现状、存在的问题及完善思路[J]. 中国物价，2015（5）：28-31.

[23] 王廷琛. 论我国铁路行业的"双重垄断"属性与政府监管改革[J]. 经济视角（上旬刊），2014（5）：11-15.

[24] 李洁. 铁路行业政府监管与反垄断法监管研究[D]. 成都：西南交通大学，2016.

[25] 林雪梅. 铁路行业的政府监管体制研究[D]. 成都：西南交通大学，2013.

[26] 魏际刚. 新时期深化铁路体制改革思路研究[J]. 发展研究，2016（3）：4-7.

[27] 章军. 中国铁路行业监管机制研究[D]. 长春：吉林大学，2015.

[28] 孔泾源. 中国公共服务监管体制改革[M]. 北京：中国财政经济出版社，2011.

[29] 曾维涛，许才明. 行政管理学[M]. 2 版. 北京：北京交通大学出版社，2014.

[30] 厉国威. 独立审计质量与政府管制[M]. 北京：经济管理出版社，2014.

[31] （日）植草益. 微观监管经济学[M]. 朱绍文，胡欣欣，译. 北京：中国发展出版社，1992.

[32] 肖兴志，宋晶. 政府监管理论与政策[M]. 大连：东北财经大学出版社，2006.

[33] 马英娟. 政府监管机构研究[M]. 北京：北京大学出版社，2007.

[34] 阮赞林，应品广. 反垄断法原理·图解·案例·司考[M]. 北京：中国民主法制出版社，2015.

[35] 臧传琴. 政府规制：理论与实践[M]. 北京：经济管理出版社，2014.

[36] 廖进球，吴昌南. 产业组织理论[M]. 上海：上海财经大学出版社，2012.

[37] 赵会茹，李春杰，李泓泽. 电力产业管制与竞争的经济学分析[M]. 北京：中国电力出版社，2007.

[38] 辜宏强. 中国股票发行监管制度研究[D]. 上海：复旦大学，2006.

[39] BAUMOL W J, WILLIG R D. Contestability: Developments since the Book[J]. Working Papers，1986(38): 9-36.

[40] 王永红，王淙. 经济学基础[M]. 北京：对外经贸大学出版社，2014.

[41] 许克祥. 公共管理学[M]. 合肥：中国科学技术大学出版社，2014.

[42] 刘忠和. 第三方监管理论：金融监管主体角色定位的理论分析[D]. 长春：吉林大学，2005.

[43] 王俊豪. 中国垄断性产业结构重组分类管制与协调政策[M]. 北京：商务印书馆，2005.

[44] 铁道部人事司，铁道部国际合作司，铁道部人才服务中心. 铁路运输企业战略管理[M]. 北京：北京交通大学出版社，2003.

[45] 张黎明，陈雪阳. 市场营销学[M]. 成都：四川大学出版社，2004.

[46] 张广胜，王新利，武拉平. 微观经济学[M]. 北京：中国农业大学出版社，2003.

[47] 丁正红，陈通. 政府投资项目工程保险供应链管理模式研究[M]. 天津：天津大学出版社，2015.

[48] 郭雪萌. 中国铁路国有资本属性及监管机制研究[M]. 北京：北京交通大学出版社，2007.

[49] 李学伟，汪晓霞. 中国铁路信息资源理论基础[M]. 北京：北京交通大学出版社，2004.

[50] 黄民. 铁路公益性理论·识别·实证，[M]. 北京：中国铁道出版社，2005.

[51] 荣朝和. 西方运输经济学[M]. 北京：经济科学出版社，2002.

[52] 荣朝和，高宏伟. 运输业规模经济计量方法的探讨[J]. 北方交通大学学报，1999，23（3）：106.

[53] 高世楫，俞燕山. 基础设施产业的政府监管：制度设计和能力建设[M]. 北京：社会科学文献出版社，2010.

[54] 韩同银，雷书华. 我国铁路基础设施公共性探讨[J]. 石家庄铁道学院学报，2000（S1）：61-64.

[55] 匡文彬. 铁路客运监督管理研究[D]. 成都：西南交通大学，2015.

[56] 戴霞. 市场准入法律制度研究[D]. 重庆：西南政法大学，2006.

[57] 孙林. 铁路货物运输市场准入法律问题研究[J]. 铁道货运，2005（05）：40-43，50.

[58] 毛晓波. 我国铁路行业引入竞争的规制问题研究[D]. 苏州：苏州大学，2012.

[59] 李焕林. 投资学[M]. 大连：东北财经大学出版社，2009.

[60] 刘虹利. 数说经济：2017 年政府工作报告中 20 个关键数字[EB/OL].（2017-03-05）[2017-03-22]. http://www.chinanews.

com/jingwei/03-05/31725.shtml.

[61] 吴东美．西方发达国家政府价格监管重构:模式及制度框架
[J]．中国价格监督检查，2009（5）：53-55.

[62] 中国基础设施产业政府监管体制改革课题组．中国基础设施
产业政府监管体制改革研究报告[M]．北京：中国财政经济出
版社，2002.

[63] 孙敏，王玲，张迪．关于铁路公益性理论的研究[J]．铁道运
输与经济，2015（1）：1-4，65.

[64] 韩买良．铁路行车安全管理[M]．北京：中国铁道出版社，2014.

[65] 北京铁路督察室．关于"2.05"卑水线永兴庄火车站旁选矿厂
水漫铁路线路严重危及铁路运输安全情况公告[Z/OL]．2017.

[66] 陈滋顶，杨浩，张红亮．基于政府监管的铁路运输服务质量
综合评价指标体系研究[J]．综合运输，2016（1）：60-64.

[67] 中国安全生产协会．铁路运输安全管理体系[EB/OL].
（2012-12-18）[2017-03-15]．http://www.china-safety. org.cn/
caws/contents/channel_21049/2012/1218/193130/content_1931
30.htm.

[68] 刘现伟．以管资本为主推进国企分类监管的思路与对策
[J]．经济纵横，2017（2）：33-39.

[69] 张迪．我国铁路公益性运输补贴政策研究 [D]．北京：北京
交通大学，2015.

[70] 刘纪鹏．中国国资改革创新模式探索 [J]．经济导刊，2014
（5）：49-53，56.

[71] 张颖川．国家铁路局将致力铁路运输监管实现突破
[EB/OL]．（2013-05-11）[2017-04-13]．http://www.chinawuliu.
com.cn/zhxw/201305/11/227685.shtml.

[72] 罗庆中．铁路监管框架研究[D]．北京：北方交通大学，2002.

[73] 江宇．发达国家铁路发展史对我国铁路改革的启示[J]．综合
运输，2003（10）：44-47.

[74] 中国铁路经营管理考察团．美国铁路考察报告[J]．铁道经济
研究，2003（2）：16-20.

[75] 赵翔. 浅析美国铁路监管机构 [J]. 商，2015（30）：245.

[76] 日本国土交通省. 日本政府网站[EB/OL].（2015-08-11）[2017-03-25]. http://www.kanguowai.com/site/8031.html.

[77] 孙晋麟. 日本铁路安全管理体制及启示[J]. 中国铁路，2011（3）：73-75.

[78] 崔艳萍，侯敬. 关于德国铁路改革的探讨[J]. 铁道运输与经济，2013（7）：94-97.

[79] 孙萍. 日本铁路改革及启示[J]. 辽宁广播电视大学学报，2007（1）：95-96.

[80] 左大杰. 基于统分结合的铁路网运分离经营管理体制研究[J]. 综合运输，2016（3）：24-35.

[81] 范冠峰. 我国交通行政管理体制创新研究[J]. 经济与社会发展，2011（10）：65-68.

[82] 周菊. 中、美道路交通安全监管体系比较研究[D]. 北京：北京交通大学，2012.

[83] 水运局. 交通运输部水运局机构职能[EB/OL].（2014-02-11）[2017-03-25]. http://zizhan.mot.gov.cn/zfxxgk/bnssj/syj/201409/t20140922_1694830.html.

[84] 国家邮政局. 国家邮政局主要职责[EB/OL].［2017-03-22］. http://www.spb.gov.cn/folder48/folder51/.

[85] 王珺. 我国电力产业的政府规制研究[J]. 商，2015（20）：257.

[86] 王艳. 我国政府电力监管职能研究[D]. 北京：华北电力大学，2014.

[87] 叶雪松. 我国煤炭行业管理体制研究[D]. 长春：吉林大学，2006.

[88] 刘东刚. 中国能源监管体制改革研究[D]. 北京：中国政法大学，2011.

[89] 张晓琳. 中美电信监管模式对比研究[D]. 北京：北京邮电大学，2013.

[90] 中国通信企业协会. 协会简介[EB/OL].（2006-05-13）[2017-03-22]. http://www.cace.org.cn/new/content/2006-05/13/

content_866410.htm.

[91] 王钢. 正确估价《电信条例》重大作用　支撑发展完善电信业法律体系[J]. 通信与信息技术，2010（5）：9-11.

[92] 曾小飞. 我国金融监管体系演变历程及存在问题研究[J]. 智库时代，2018（35）：9-10，13.

[93] 李元楷. 我国民航运输业政府管制改革研究[D]. 广州：华南理工大学，2015.

[94] 王俊豪. 中国电信管制机构改革的若干思考——以美国联邦通信委员会为鉴[J]. 经济管理，2003（8）：81-85.

[95] 戚聿东. 垄断行业改革报告[M]. 北京：经济管理出版社，2011.

[96] 舒英杰. 关于我国铁路规制改革问题的研究[D]. 成都：西南财经大学，2007.

[97] 国际在线. 徐绍史：发改委管理职能正从审批转向监管[EB/OL].（2014-03-05）[2017-04-12]. http://www.chinareform.org.cn/gov/system/speech/201403/t20140306_190337.htm.

[98] 靖琦. 我国《铁路法》之反思与重构[D]. 成都：西南交通大学，2016.

[99] 王志琳. 铁路建设对生态环境的影响分析[J]. 甘肃科技，2011（12）：68-69，15.

[100] 刘莎日娜. 中国铁路重组关键利益相关者及其需求研究[D]. 北京：北京交通大学，2010.

[101] 李文华，井村秀文. 生态补偿机制课题组报告[EB/OL]. [2017-03-22]. http://www.china.com.cn/tech/zhuanti/ wyh/2008-02/26/content_10728024_4.htm.

[102] 张静. 铁路客运定价机制分析[J]. 华东交通大学学报，2016（1）：78-82.

[103] 李然，刘世峰. 我国铁路货物运输市场定价机制探讨[J]. 价格理论与实践，2016（9）：73-75.

[104] 毛立言. 关于现代企业制度的新思考[J]. 经济纵横，2012（11）：12-19.

[105] 左大杰，张瑞婷，李斌，等. 中国铁路亟需综合改革方案[J]. 综

合运输，2016（3）：16-23.

[106] 周家明. 我国铁路旅客权益保护问题初探[D]. 兰州：兰州大学，2009.

[107] 陈兆忠. 浅谈政府与行业协会的关系[J]. 上海企业，2004(8)：11-13.

[108] OECD Organisation for Economic Co-opration and Development. OECD Reviews of Regulatory Reform Canada Maintaining Leadership through Innovation（Complete Edition - ISBN 926419908X）[D]. OECO Organisation for Econornic Co-opration and Development，2002.

[109] 胡仙芝，吴文征. 善用"互联网+"提升政府善治能力[J]. 前线，2016（12）：54-56.

[110] 陈莉. "互联网+市场监管"释放政府监管力量[EB/OL]. [2017-03-22]. http://wb.sznews.com/html/2015-03/ 27/content_ 3179823.htm.

[111] 申孟宜，谷彬. 论大数据时代的政府监管[J]. 中国市场，2014（36）：32-40.

[112] 陈兴蜀，葛龙，罗永刚，等. 云计算服务持续监管研究[J]. 网络与信息安全学报，2016（10）：1-7.

[113] 中共中央、国务院关于深化国有企业改革的指导意见[J].有色冶金节能，2015，31（6）：1-6.

后　记

　　本书是"铁路改革研究丛书"的一本，主要涉及铁路监管体制问题。

　　我国现有铁路监管体制建立并不健全，存在缺乏顶层设计，法律保障较为滞后，专业监管机构的监管职能不足，监管的独立性较难保证，缺乏监管评估、问责等保障机制，分类监管体系尚未确立等问题，制约了铁路行业的发展，铁路监管体制亟须改革。

　　纵观国外铁路行业监管体制改革历史，多数国家建立了独立的、专门的监管机构，由国家行政部门负责制定相关的行业政策和行业规划，行业监管机构负责监督政策和市场规则的执行。我国铁路行业监管机构的主要职能应体现在：对铁路行业进行宏观调控和管理，负责铁路行业政策法规的制定和监督实施，对运输安全进行检查监督，依法加强市场监管，对具有自然垄断性的路网公司进行直接监管，审批客、货运输公司的经营资格和市场准入，调控市场竞争等。

　　我国铁路监管机构的设置，应当按照循序渐进的方式，适时地、分阶段采用不同的铁路监管设置模式，按照以理想模式为目标，尽快实施过渡方案，最终实现市场条件下的现代监管体制。根据我国铁路当前改革发展实际，我们可以构建国家铁路局作为专业监管机构，财政部、国家发改委、国资委等部门作为综合监管机构，辅助国家铁路局对铁路行业实行共同监管的体制。

　　本书以监管基础理论为支撑，通过研究国外铁路及国内典型行业监管体制演变历程和主要经验，分析我国铁路监管体制现状，着重阐述我国铁路行业监管体制改革的总体目标、主要原则及基本思路，并根据监管体制设置的一般模式，提出我国铁路监管机构设置、职能配置、分类监管及保障机制等方面的发展建议。

总体来说，本书内容丰富，涉及面广，实践价值高，写作难度大。但是，考虑到当前铁路改革发展的严峻形势，亟须出版"铁路改革研究丛书"以表达作者的想法与建议。该丛书的初衷是试图构筑全面深化铁路改革的完整体系，而对若干关键问题的阐述可能还不够深入，甚至存在不少疏漏之处，恳请专家与读者提出宝贵意见和建议，以便再版时修改、完善。

西南交通大学黄蓉、陈瑶、丁祎晨、唐莉、王孟云、乔正、诚则灵、任尊、雷之田、戴文涛、曹瞻、胡万明、李斌、张瑞婷、池俞良、马寓、曾江、赵柯达、杨明宇、霍跃、宗小波、熊超、卓华俊、罗桂蓉、徐莉、孙晓斐、李岸隽、陆柳洋、谢媛娣、徐跃华、丁聪、石晶等同学在本书撰写工程中承担了大量资料收集、整理工作，感谢他们为本书的撰写和出版所付出的辛勤劳动。

最后，本书付梓之际，衷心地感谢所有关心本书、为本书做出贡献的专家、学者以及相关铁路领导同志！

左大杰

2018 年 11 月 2 日